पृथ्वीराज रासो : भाषा और साहित्य

पृथ्वीराज रासो
भाषा और साहित्य

नामवर सिंह

राधाकृष्ण प्रकाशन

ISBN : 978-81-7119-723-1

पृथ्वीराज रासो : भाषा और साहित्य

पहला संस्करण : 1956
राधाकृष्ण पहला संस्करण : 1997
छठा संस्करण : 2014
आठवाँ संस्करण : 2025

मूल्य : ₹995

प्रकाशक
राधाकृष्ण प्रकाशन प्राइवेट लिमिटेड
जी-17, जगतपुरी, दिल्ली-110 051
शाखाएँ : अशोक राजपथ, साइंस कॉलेज के सामने, पटना-800 006
पहली मंजिल, दरबारी बिल्डिंग, महात्मा गांधी मार्ग, प्रयागराज-211 001
1, अनमोल सोराबजी संतुक लेन, धोबी तलाव, मरीन लाइंस, मुम्बई-400 002
वेबसाइट : www.radhakrishnaprakashan.com
ई-मेल : info@radhakrishnaprakashan.com

मुद्रक
बी.के ऑफसेट
नवीन शाहदरा, दिल्ली-110 032

PRITHVEERAJ RASO : BHASHA AUR SAHITYA
by Dr. Namwar Singh

पिंगल और डिंगल के परम पण्डित
श्री नरोत्तम दास स्वामी की
पुण्य स्मृति को
सादर

प्रथम संस्करण की भूमिका

इस निबंध में पृथ्वीराज रासो की भाषा पर यथासम्भव सांगोपांग अध्ययन प्रस्तुत करने का प्रयास किया गया है। अभी तक इस विषय पर प्रायः फुटकल विचार ही व्यक्त किए गए हैं, व्यवस्थित विवेचन नहीं हुआ है। प्रस्तुत निबंध में रासो की भाषा के ध्वनि-विचार, रूप-विचार, वाक्य-विन्यास, शब्द-समूह आदि सभी पक्षों पर विचार किया गया है। इस प्रकार इस महत्त्वपूर्ण ग्रंथ की भाषा पर पहली बार व्यवस्थित विचार किया जा रहा है।

वर्तमान स्थिति में जब कि रासो के सुलभ संस्करण संतोषप्रद नहीं हैं और वैज्ञानिक संस्करण अभी भी होने को है, भाषावैज्ञानिक अध्ययन के लिए सर्वोत्तम मार्ग यही है कि प्राचीनतम पांडुलिपियों में से किसी एक को आधार बना लिया जाय। इस निबंध में धारणोज की लघुतम रूपांतरवाली प्रति को आधार माना गया है, क्योंकि एक तो इसका प्रतिलिपि काल (सं. 1667 वि.) अब तक की प्राप्त प्रतियों में प्राचीनतम है और दूसरे, इसमें भाषा के रूप भी अपेक्षाकृत प्राचीनतर हैं। इसके साथ ही मैंने नागरी प्रचारिणी सभा में सुरक्षित बृहत् रूपांतर की उस प्रति से भी सहायता ली है, जिसका प्रतिलिपि-काल सम्पादकों के अनुसार सं. 1640 या 42 है। सभा द्वारा प्रकाशित संस्करण के रहते हुए भी इस पांडुलिपि की सहायता लेना आवश्यक जान पड़ा। ऐसा लगता है कि सम्पादित संस्करण में इसका यथोचित उपयोग नहीं हुआ है। इन दोनों पांडुलिपियों के आधार पर मैंने अपने अध्ययन के लिए रासो के मुख्य तथा केंद्रीय भाग 'कनवज्ज समय' का पाठ तैयार किया है। इस प्रकार प्रस्तुत अध्ययन कुल मिलाकर साढ़े तीन हजार शब्द-रूपों पर आधारित है। किसी रचना की भाषा के वास्तविक रूप का पता देने के लिए इतने शब्द अपर्याप्त नहीं होने चाहिए। गहराई से विवेचन करने के लिए ही पाठ की सीमा निर्धारित की गई है। प्रस्तुत निबंध में भाषावैज्ञानिक विवेचन के साथ 'कनवज्ज समय' का सम्पादित पाठ और उसके सम्पूर्ण शब्दों का संदर्भ-सहित कोश भी दे दिया गया है।

निबंध में यथास्थान शब्द-रूपों की ऐतिहासिकता तथा प्रादेशिकता की ओर

संकेत किया गया है। इस प्रकार एक ओर डिंगल-पिंगल तत्त्व स्पष्ट होते गये हैं तो दूसरी ओर हिंदी की उदयकालीन तथा अपभ्रंशोत्तर अवस्था की भाषा का स्वरूप भी उद्घाटित हुआ है। साथ ही तुलना के लिए तत्कालीन अन्य रचनाओं के भी समानांतर शब्द-रूप दिए गए हैं। आशा है, इन सबसे पश्चिमी हिंदी–विशेषतः ब्रजभाषा के प्राचीन इतिहास को आलोकित करने योग्य कुछ महत्त्वपूर्ण सामग्री प्राप्त होगी।

निबंध का मार्गदर्शन गुरुदेव आचार्य हजारीप्रसाद जी द्विवेदी ने किया है। सम्पूर्ण प्रयत्न उन्हीं की प्रेरणा और प्रोत्साहन का परिणाम है।

लघुतम रूपांतर की प्रतिलिपि के लिए मैं आदरणीय श्री अगरचंदजी नाहटा तथा प्रो. नरोत्तमदासजी स्वामी का अत्यन्त कृतज्ञ हैं। नाहटा जी ने कृपापूर्वक मेरे लिए रासो की अन्य हस्तलिखित प्रतियाँ भी सुलभ कर दी थीं और स्वामी जी ने विविध रूपांतरों के तुलनात्मक अध्ययन के लिए आवश्यक सामग्रियाँ जुटाने की कृपा की थी।

रासो की अन्य हस्तलिखित प्रतियों के लिए मैं अनूप-संस्कृत लाइब्रेरी, बीकानेर तथा काशी नागरी प्रचारिणी सभा के प्रति आभारी हूँ।

–नामवर सिंह

30 मार्च, 1956

नवीन संस्करण की भूमिका

पृथ्वीराज रासो की भाषा वर्षों से अनुपलब्ध है। कोई प्रति मेरे पास भी नहीं। मेरा वश चलता तो इसे दुर्लभ ही रहने देता। दुर्लभ ग्रंथ का भी अपना आकर्षण है। लेकिन छापाखाने के युग को यह आकर्षण भी सहन न हुआ। जब स्वयं एक प्रकाशक ही अपने पाँवों पर कुल्हाड़ी मारने के लिए आमादा है तो आप क्या कर सकते हैं ! इसलिए अब प्रस्तुत है पृथ्वीराज रासो की भाषा का यह पुनर्मुद्रण– बल्कि नवीन संशोधित-परिवर्धित संस्करण ! चालीस वर्षों के बाद !

पृथ्वीराज रासो को हिंदी का आदि महाकाव्य कहलाने का गौरव प्राप्त है; किंतु हकीकत में इसकी स्थिति काफ़ी विडम्बनापूर्ण है। शायद जन्मकुंडली में ग्रहों का योग ही गड़बड़ है। अब तक की जीवन-यात्रा में बाधाएँ ही बाधाएँ दिखती हैं। उन्नीसवीं शताब्दी में रॉयल एशियाटिक सोसाइटी ने सम्पादन करके प्रकाशन का कार्य आरम्भ किया तो कुछ ही समय बाद प्रकाशन रोक दिया गया। कहा गया कि इतिहास के लिए उपयोगी नहीं है। बीसवीं शताब्दी के आरम्भ में काशी नागरी प्रचारिणी सभा ने सम्पूर्ण 'रासो' को सम्पादित करके कई जिल्दों में प्रकाशित कर दिया और पाठकों की सुविधा के लिए आधुनिक हिंदी में विस्तृत कथासार भी छाप दिया। पर छपते ही प्रामाणिकता को लेकर भारी विवाद उठ खड़ा हुआ। अंततः यह फैसला दिया गया कि सम्पूर्ण ग्रंथ वास्तव में जाली है। फैसला देने वालों में आचार्य रामचंद्र शुक्ल भी थे और उनके कथन का वज़न हिंदी में सबको मालूम है। फिर तो पृथ्वीराज रासो को पुस्तकालयों में दफ़्न होना ही था। वैसे, अस्सी साल बाद नागरी प्रचारिणी सभा ने ग्रंथ का पुनर्मुद्रण आरम्भ कर दिया है, लेकिन हिंदी संसार के लिए इसका कोई विशेष अर्थ नहीं है।

इस बीच डॉ. माताप्रसाद गुप्त ने यथासम्भव सभी उपलब्ध पांडुलिपियों की परीक्षा करके 1963 में *'पृथ्वीराज रासउ'* नाम से एक सुसम्पादित संस्करण भी प्रकाशित कर दिया। प्रकाशक है साहित्य सदन, चिरगाँव (झाँसी)। पर इसके कारण न तो स्थिति में कोई परिवर्तन आया और न इन तीस-बत्तीस वर्षों में इसके पुनर्मुद्रण की नौबत ही आई। शायद यह भी पुस्तकालयों की ही शोभा बढ़ा रहा होगा।

पृथ्वीराज रासो के भाग्योदय का सम्भवतः पहला गम्भीर प्रयास किया आचार्य

हजारीप्रसाद द्विवेदी ने 1952 में *'हिंदी साहित्य का आदिकाल'* नामक ग्रंथ के द्वारा। स्वाधीनता-प्राप्ति का पहला दशक शुरू ही हुआ था। एक तरह से आज़ादी का भी यह आदिकाल ही था। सर्वत्र राष्ट्रीय नवनिर्माण का उत्साह था। भाषा और साहित्य की नई-नई संस्थाएँ स्थापित होने लगी थीं। इन्हीं संस्थाओं में एक थी पटना की बिहार राष्ट्रभाषा परिषद, जिसके संस्थापक निदेशक होकर आए हिंदी के अनन्य आराधक आचार्य शिवपूजन सहाय। शिव जी ने परिषद के प्रथम व्याख्यान के लिए आमंत्रित किया आचार्य हजारीप्रसाद द्विवेदी को जो तब तक विश्वभारती से काशी हिंदू विश्वविद्यालय आ चुके थे। *'हिंदी साहित्य की भूमिका'* के यशस्वी लेखक ने इस व्याख्यान माला के लिए विषय चुना : *'हिंदी साहित्य का आदिकाल'* जिसके केंद्र में था : पृथ्वीराज रासो !

जिस ग्रंथ को बड़े-बड़े विद्वानों ने अप्रामाणिक, भट्टभणंत और जाली कहकर इतिहास के कूड़ेदान में फेंक दिया था उसमें जाने कैसे आचार्य द्विवेदी को दिलचस्पी पैदा हो गई। सम्भवतः इस कपोल-कल्पित काव्य की कल्प-सृष्टि ने ही उनकी कल्पना शक्ति को अपनी ओर आकृष्ट किया और *'बाणभट्ट की आत्मकथा'* का सर्जक पण्डित रासो के मिथकों, निजंधरी कथाओं, कथानक-रूढ़ियों, उपाख्यानों आदि के बीच से मध्ययुगीन भारतीय मानसिकता के पुनरुद्धार में प्रवृत्त हो गया।

मुझे आज भी वह शाम याद है जब वे विश्वविद्यालय के गायकवाड़ ग्रंथागार से पृथ्वीराज रासो की सारी जिल्दें इकट्ठा लेकर घर पैदल ही आ रहे थे। पुस्तकालय से पढ़ने के लिए इस पुस्तक को लेनेवाले वे पहले पाठक थे। पुस्तकों के बोझ के बावजूद वह एक किलोमीटर का रास्ता ऐसे कट गया कि पता ही नहीं चला। उन चरणों की गति, स्फूर्ति और उत्साह को याद कर आज भी रोमांच हो आता है।

उन्हीं दिनों रासो की तरंगों पर तिरते हुए एक शाम सहसा वे बोले कि तुम्हारी पी-एच. डी. का विषय सूझ गया; पृथ्वीराज रासो की भाषा पर शोध करो। 'हिंदी के विकास में अपभ्रंश का योग' का अगला चरण यही हो सकता है। वैज्ञानिक विधि से सम्पादित संस्करण के अभाव में भाषा-विचार की कठिनाइयों को लेकर मैंने दबी ज़बान अपनी शंका जताई तो उन्होंने डॉ. सुनीति कुमार चाटुर्ज्या से परामर्श करने की राय दी।

कुछ समय बाद 1952 की अप्रैल में जब मैं 'शांति सम्मेलन' में भाग लेने कलकत्ता गया तो गुरुदेव का परिचय-पत्र लेकर सुनीति बाबू से मिला। वे भी गुरुदेव के इस मत से सहमत दिखे कि संयोगिता-पृथ्वीराज प्रसंग पृथ्वीराज रासो में मुख्य है, इसलिए केवल उसी 'समय' के आधार पर ग्रंथ की भाषा का विश्लेषण करने में कोई अनौचित्य नहीं है। भाषावैज्ञानिक अध्ययन के लिए निश्चय ही, एक सुसम्पादित पाठ का आधार आवश्यक है, किंतु इसके अभाव में किसी एक प्राचीन पांडुलिपि से भी काम चल सकता है।

सुनीति बाबू से यह गुरु-मंत्र लेकर इसी वर्ष के अक्टूबर महीने में मैं पृथ्वीराज रासो की पांडुलिपियों की तलाश में बीकानेर की यात्रा पर निकल पड़ा। जगह अपरिचित, रास्ता अनजाना, रहने के लिए ठौर-न-ठिकाना ! उन दिनों शोध-यात्राओं के लिए आजकल की तरह किसी छात्रवृत्ति की भी व्यवस्था न थी। फिर भी संयोग से सारी समस्याएँ सुलझ गईं। सहज ही कई साहित्यिक सुहृद मिल गए। बीकानेर अनायास ही बनारस जैसा हो गया। प्रवास के तीन हफ्ते इस तरह बीते कि पता ही नहीं चला। यह सब बंधुवर चम्पालाल राका के कारण सम्भव हुआ। जहाँ तक पृथ्वीराज रासो की प्राचीन पांडुलिपियों का प्रश्न है, श्री अगरचंद नाहटा और उनसे भी ज्यादा श्री नरोत्तमदास स्वामी की कृपा से लघुतम रूपांतर की दोनों पांडुलिपियाँ सुलभ हो गईं। उस समय फोटो कापी की व्यवस्था न थी, इसलिए मैंने स्वामी जी की धारणोज वाली पांडुलिपि की प्रतिलिपि से एक और हस्तलिखित प्रति तैयार कर ली और मुनि जिन विजय जी की पांडुलिपि से आवश्यक पाठांतर भी नोट कर लिए। इसके अतिरिक्त भी इतनी उपयोगी सामग्री मिली कि यदि चाहता तो काशी लौटकर तीन महीने में शोध प्रबंध पूरा कर डालता। लेकिन पृथ्वीराज रासो की जन्मकुंडली का ग्रहयोग जो था ! सारी सामग्री पड़ी रही और मैं 'इतिहास और आलोचना' के निबंध, आधुनिक साहित्य की प्रवृत्तियाँ, 'छायावाद' आदि पुस्तकें लिखता रहा। शोध विषय से संबंधित यदि कोई काम किया तो सिर्फ यह कि 'संक्षिप्त पृथ्वीराज रासो' नामक एक चयन तैयार किया और उसके लिए 'रासो' पर 'आलोचनात्मक परिचय' शीर्षक से एक लेख लिखा, लेकिन वह भी गुरुदेव के ही कारण।

अंततः शोधप्रबंध भी लिखा गया लेकिन तब जब विश्वविद्यालय द्वारा शोधकार्य की निर्धारित अवधि समाप्त होने को आई। फरवरी, 1956 के अंतिम सप्ताह की एक शाम टहलते हुए पण्डितजी ने कुछ खिन्न स्वर में कहा कि 'तुम्हारे साथ के सभी छात्र अपनी 'थीसिस' जमा करने जा रहे हैं' ! उस स्वर का अर्थ स्पष्ट था। किंतु समय कहाँ था ? उन्होंने हिम्मत बँधाने के लिए कहा : 'सारा काम कर ही रखा है। लिखने के लिए तुम्हारे पास एक महीने का समय बहुत है। परीक्षित ने तो सात दिन में ही स्वर्ग जीत लिया था।' उसके बाद न रात रात रही, न दिन दिन। जाने कहाँ की ताकत आ गई ! 31 मार्च, 1956 को मैंने छपी-छपाई 'थीसिस' गुरुदेव के चरणों में हस्ताक्षर के लिए रख दी। छपी-छपाई इसलिए कि टंकण में बहुत-से झमेले थे। इस बीच होली भी आई और चली गई। दो दिन तबीयत भी ढीली रही। पर काम 18-20 घंटे रोज़ लगातार चलता रहा। ऐसा श्रम जीवन में किसी पुस्तक पर नहीं किया। कभी नहीं। लेकिन यही वह पुस्तक है जिसे पूरी करने के बाद दुबारा पलटकर कभी देखा भी नहीं।

अब यही देखिए कि इस पुस्तक के पूरे प्रूफ पिछले छह महीने से पड़े

हुए हैं किंतु एक नज़र देखने की भी इच्छा न हुई। पता नहीं क्यों ? अचानक एक दिन ख़याल आया कि यह तो गुरु का प्रसाद है और प्रसाद का सम्मान है वितरण !

बहरहाल, गुरुदेव के सम्मान की रक्षा के लिए जिस तरह यह शोध प्रबंध किसी समय पूरा किया था, आज उसी तत्परता के साथ उसका प्रूफ-संशोधन भी किया और कुछ आवश्यक संशोधन-परिवर्धन भी। 'कनवज्ज समय' के पाठ के अंतर्गत कुछ पाठांतरों का समावेश करके शेष पाठांतरों को पाद-टिप्पणियों से हटा दिया गया है। डॉ. माताप्रसाद गुप्त के सुसम्पादित संस्करण के बाद अब इन पाठांतरों की आवश्यकता नहीं रही। इस संशोधन के बाद परिवर्धन सिर्फ इतना ही है कि *'संक्षिप्त पृथ्वीराज रासो'* के अंत में मैंने जो 'पृथ्वीराज रासो का संक्षिप्त आलोचनात्मक परिचय' लिखा था, उसे प्रस्तुत ग्रंथ के अंतिम परिशिष्ट के रूप में जोड़ दिया है। इसलिए पुस्तक का नाम-परिवर्तन भी आवश्यक प्रतीत हुआ और अब यह **'पृथ्वीराज रासो : भाषा और साहित्य'** नाम से प्रस्तुत की जा रही है।

'पृथ्वीराज रासो की भाषा' के महत्त्व का अनुमान इस बात से ही लगाया जा सकता है कि डॉ. माताप्रसाद गुप्त ने मेरे भाषा-विषयक निष्कर्षों को अपने 'पृथ्वीराज रासउ' के अंतर्गत पृष्ठ 150-154 पर साभार ज्यों का त्यों उद्धृत किया है और अधिकांश के साथ अपनी सहमति भी जताई है। दो-तीन बिंदुओं पर उन्होंने संशोधन के भी सुझाव दिए हैं, जिनसे असहमत होने का कोई ठोस कारण नहीं है। निश्चय ही उनके सामने पृथ्वीराज रासो की अन्य पांडुलिपियाँ भी थीं और पाठांतरों की अधिक विपुल राशि भी। इसलिए पृथ्वीराज रासो के भाषा-निर्णय के मामले में वे असंदिग्ध रूप में मुझसे बेहतर स्थिति में थे। भाषा-व्याकरण के क्षेत्र में 'यथोत्तरं मुनीनां प्रामाण्यम्' का सिद्धांत ही मान्य है। इसलिए मैं पृथ्वीराज रासो की भाषा के विषय में भी पाठ-विज्ञान के सबसे बड़े हिंदी आचार्य के मत का सम्मान करता हूँ।

निष्कर्षस्वरूप सम्प्रति इतना ही कहना पर्याप्त होगा कि पृथ्वीराज रासो के पाठ से चौदहवीं-पंद्रहवीं शताब्दी की साहित्यिक भाषा-पिंगल के स्वरूप का अच्छा आभास मिलता है और उससे अपभ्रंशोत्तर उदयकालीन साहित्यिक हिंदी को समझने में मूल्यवान सहायता भी मिलती है।

आदरणीय नरोत्तमदास स्वामी आज यह पुनर्मुद्रण देखने के लिए जीवित नहीं हैं किंतु इसे उनकी पुण्यस्मृति को समर्पित करके परितोष का अनुभव कर रहा हूँ। एक तरह से यह ऋषि-ऋण से उऋण होने का ही तुच्छ प्रयास है।

कुल मिलाकर यह पुनर्मुद्रण वस्तुतः पृथ्वीराज रासो के अध्ययन के लिए अध्येताओं को विनम्र आमंत्रण है।

नई दिल्ली
7 अक्टूबर, 1996

–नामवर सिंह

विषय-सूची

प्रस्तावना

1. पृथ्वीराज रासो हिन्दी की सबसे विवादग्रस्त रचना है। पिछले सौ वर्षों में इतनी चर्चा शायद ही किसी हिंदी ग्रंथ की हुई होगी। इससे उसके महत्त्व का पता चलता है। रासो की चर्चा में इतिहास, साहित्य, भाषाविज्ञान आदि विविध क्षेत्रों के अध्येताओं ने भाग लिया है। यह रासो के महत्त्व की व्यापकता का प्रमाण है। कर्नल टाड[1], डॉ. बूलर[2], डॉ. मारिसन[3], पं. गौरीशंकर हीराचंद ओझा[4], मुंशी देवीप्रसाद[5], डॉ. दशरथ शर्मा[6] प्रभृति प्रसिद्ध इतिहासकारों के अनुसंधानपूर्ण विचारों से पृथ्वीराज रासो की ऐतिहासिक सामग्री पर पर्याप्त प्रकाश पड़ता है। वास्तविक तथ्य का निर्णय इस क्षेत्र के विशेषज्ञों के लिए सुरक्षित रखते हुए यहाँ इतना ही संकेत करना काफ़ी होगा कि नई खोजों से रासो के अनेक तथ्य क्रमशः इतिहास के अन्य स्रोतों द्वारा समर्थित और पुष्ट होते जा रहे हैं। पृथ्वीराज रासो के साहित्यिक पक्ष पर अपेक्षाकृत कम काम हुआ है। फिर भी बाबू श्यामसुंदरदास[7] , डॉ. हजारीप्रसाद द्विवेदी[8], पं. मोतीलाल मेनारिया[9], डॉ. उदयनारायण तिवारी[10], डॉ. विपिनबिहारी

---

1. एनल्स एंड एटीक्विटीज ऑव राजस्थान, 1829; द वाउ ऑव संगौप्ता, एशियाटिक जर्नल (न्यू सीरीज़), जिल्द 25; कनउज खंड, जे. ए. एस. बी., 1838 ई.
2. प्रोसीडिंग्ज़, जे. ए. एस. बी., जनवरी-दिसम्बर 1893 ई.
3. राम अकाउंट ऑव दि जीनियोलॉजीज़ इन दि पृथ्वीराज विजय, वियना ओरिएंटल जर्नल, भाग 7, 1893 ई.
4. नागरी प्रचारिणी पत्रिका, नवीन संस्करण, भाग 1, 1920 ई.; वही, भाग 9; पृथ्वीराज रासो का निर्माणकाल, कोषोत्सव स्मारक संग्रह, 1928 ई.
5. पृथ्वीराज रासो, ना. प्र. पत्रिका, भाग 5, 1901 ई.
6. संयोगिता, राजस्थान भारती, भाग 1, अंक 2-3; सम्राट पृथ्वीराज की रानी पद्मावती, मरु भारती, वर्ष 1; पृथ्वीराज तृतीय की जन्मतिथि, राज. भा., अंक 1, भाग 2; पृथ्वीराज तृतीय और मुहम्मद बिन साम की मुद्रा, जर्नल ऑव न्यूमिस्मैटिक सोसाइटी ऑव इंडिया, 1954; दिल्ली का अंतिम हिंदू सम्राट पृथ्वीराज तृतीय, इंडियन कल्चर, 1944; इत्यादि।
7. हिंदी साहित्य, 1930 ई.
8. हिंदी साहित्य का आदिकाल, 1953 ई.
9. डिंगल में वीर रस, 1940; राजस्थानी भाषा और साहित्य; राजस्थान का पिंगल साहित्य
10. वीर काव्य, 1948 ई.

त्रिवेदी[1] जैसे साहित्य-समीक्षकों ने पृथ्वीराज रासो के काव्य-सौन्दर्य का उद्घाटन करने में काफ़ी काम किया है जिसके फलस्वरूप रसज्ञ जनों को अब रासो में रस मिलने लगा है। बीम्स[2], होर्नले[3], ग्रियर्सन[4], डॉ. तेस्सितोरी[5], डॉ. सुनीतिकुमार चटर्जी[6], डॉ. धीरेंद्र वर्मा[7], डॉ. दशरथ शर्मा[8], प्रो. नरोत्तमदास स्वामी[9] जैसे भाषावैज्ञानिकों और भाषाशास्त्रियों ने समय-समय पर पृथ्वीराज रासो की भाषा का विश्लेषण किया है तथा उस पर अपनी राय प्रकट की है। पुरानी पांडुलिपियों के अन्वेषकों तथा पाठ-विज्ञान के विशेषज्ञ सम्पादकों ने भी पृथ्वीराज रासो के पुनरुद्धार की ओर ध्यान दिया है, जिनमें बीम्स[10], होर्नले[11], डॉ. श्यामसुन्दर दास[12], मोहनलाल विष्णुलाल पंडया[12], मथुराप्रसाद दीक्षित[13], मुनि जिनविजय[14], अगरचंद नाहटा[15], और कविराज मोहन सिंह[16] के प्रयल विशेष महत्त्वपूर्ण हैं। इस प्रकार रासो पर किए गए कार्यों का भी एक विशाल साहित्य है और मनोरंजन इतिहास है। यह स्वयं अपने आप में स्वतंत्र अध्ययन का विषय हो सकता है। परंतु इस संक्षिप्त रूपरेखा से इतना तो अवश्य ही प्रमाणित होता है कि पृथ्वीराज रासो सम्बन्धी समस्याएँ बहुत जटिल हैं और इतने दीर्घ तथा व्यापक प्रयत्न के बावजूद बहुत-सी समस्याएँ अभी सुलझाने को शेष रह गई हैं।

---

1. चंद बरदायी और उनका काव्य, 1952 ई.; रेवातट, 1953 ई.
2. स्टडीज़ इन दि ग्रैमर ऑव चंद वरदायी, जे. आर. ए. एस. बी., जिल्द 42, भाग 1, 1873 ई.
3. गौडियन ग्रैमर, 1880 ई.
4. मॉडर्न बर्नाक्यूलर लिटरेचर ऑव हिंदुस्तान, जे. ए. एस. बी., भाग 1, 1888 ई.
5. ग्रैमर ऑव ओल्ड वेस्टर्न राजस्थानी, इंडियन एंटिक्वेरी, 1914 ई.
6. ओरिजिन एंड डिवेलपमेंट ऑव बेंगाली लैंग्वेज, भूमिका, 1936 ई.
7. ब्रजभाषा, अध्याय 3, 1935 ई.। (हिंदी अनुवाद, 1955 ई.)
8. दि ओरिजिनल पृथ्वीराज रासो–ऐन अपभ्रंश वर्क, राजस्थान भारती, भाग 1, अंक 1, 1946; पृथ्वीराज रासो की भाषा, वही, अंक 4, 1947 ई.
9. पृथ्वीराज रासो की भाषा, राजस्थान भारती, भाग 1, अंक 2-3, 1946 ई.
10. दि मैरेज विद पद्मावती, जे. ए. एस. बी., जिल्द 38, भाग 1, 1869; ट्रांसलेशंस ऑव सेलेक्टेड पोर्शंस, वही, जिल्द 41, 1872 ई.
11. बिब्लिओथेका इंडिका, न्यू सीरीज़ 304, 1874; वही सं. 452, 1881 ई.
12. पृथ्वीराज रासो, नागरी प्रचारिणी सभा, 1904-1912 ई.
13. असली पृथ्वीराज रासो (पहला समय), लाहौर, 1938 ई.
14. पुरातन प्रबंध संग्रह, भूमिका, 1935 ई.। मुनि जी ने लघुतम रूपान्तर की एक पुरानी पांडुलिपि भी खोजा है।
15. नाहटा जी द्वारा खोजी तथा संग्रह की गई पांडुलिपियों के विवरण के लिए देखिए राजस्थान भारती, मरुभारती के अंक।
16. पृथ्वीराज रासो, अब तक दो भाग प्रकाशित, उदयपुर, 1955 ई.

2. पृथ्वीराज रासो की भाषा-सम्बन्धी समस्या उन्हीं जटिल समस्याओं में से एक है। कहने के लिए इसे एक तरह से पहली और आधारभूत समस्या कहा जा सकता है क्योंकि भाषा ही वह पहली दीवार है जिसे पार करके पृथ्वीराज रासो तक पहुँचा जा सकता है। भाषा की कठिनाई के कारण ही रासो का सम्यक् साहित्यिक मूल्यांकन नहीं हो पा रहा है और अभी तक इसके वैज्ञानिक सम्पादन न हो सकने के पीछे प्रमुख कारणों में से एक भाषा भी है। सम्भव है, ऐतिहासिक मतभेदों के पीछे भी इसका कुछ प्रभाव हो। इसीलिए डॉ. ग्रियर्सन ने 'एनसाइक्लोपीडिया ब्रिटानिका' में चंद वरदायी और पृथ्वीराज रासो पर लिखते हुए कहा है कि भाषा-विषयक कठिनाई के कारण ये विद्वान् (ग्राउज़, बीम्स और होर्नले) अधिक प्रगति नहीं कर सके। जो कठिनाई किसी समय ग्राउज़, बीम्स और होर्नले के सामने थी, वह आज भी हिंदी विद्वानों के सामने है। इसीलिए कभी कुछ विद्वान् झुँझलाकार पृथ्वीराज रासो की भाषा को **बिल्कुल बे-ठिकाने की कह बैठते हैं**[1], तो कुछ विद्वान् डिंगल-पिंगल का अनुमान लगाया करते हैं। पृथ्वीराज की भाषा-सम्बन्धी समस्या केवल डिंगल-पिंगल अथवा अपभ्रंश का निर्णय देने तक ही सीमित नहीं है। जैसा कि डॉ. ग्रियर्सन ने इस ग्रंथ के भाषा-सम्बन्धी महत्त्व पर प्रकाश डालते हुए कहा है–"**यह चाहे कुछ भी हो परंतु यह काव्य भाषा-विज्ञान के विद्यार्थी के लिए अत्यंत महत्त्वपूर्ण है। क्योंकि अभी तक प्राप्त सामग्री को देखते हुए यूरोपीय अन्वेषकों के सामने अर्वाचीन प्राकृतों और प्राचीनतम गौड़ीय रचनाओं के बीच की कड़ी के रूप में केवल यही मात्र है। चंद का वास्तविक पाठ न होने पर भी हमें इसकी रचना में गौड़ीय साहित्य के अति प्राचीन अभिज्ञ निदर्शन प्राप्त होते हैं जो शुद्ध अपभ्रंश और शौरसेनी प्राकृतों से भरे पड़े हैं।**"[2]

3. डॉ. ग्रियर्सन ने पृथ्वीराज रासो के भाषा-सम्बन्धी महत्त्व की यह घोषणा 1888 ई. में की थी। तब से अपभ्रंश और आधुनिक भारतीय भाषाओं के बीच की अवस्था का पता देनेवाली बीसियों पुस्तकें प्राप्त हो गई हैं, फिर भी पृथ्वीराज रासो जैसा विशाल और समृद्ध काव्यग्रंथ अभी तक नहीं प्राप्त हुआ है। इसलिए वर्तमान पृथ्वीराज 'चंद का वास्तविक पाठ न होने पर भी' अपभ्रंशोत्तर तथा आधुनिक भारतीय आर्यभाषा की आरंभिक अवस्था पर प्रकाश डालने योग्य पर्याप्त सामग्री प्रदान कर सकता है। इस प्रकार डॉ. ग्रियर्सन ने 'पृथ्वीराज रासो' में भाषा-सम्बन्धी उस सम्भावना की ओर संकेत किया है जिसका सम्बन्ध भारतीय आर्यभाषा के विकास की अत्यंत महत्त्वपूर्ण अवस्था से है। तात्पर्य यह कि पृथ्वीराज रासो की भाषा का अध्ययन केवल उस रचना को समझने के लिए ही महत्त्वपूर्ण नहीं

---

1. रामचन्द्र शुक्ल : हिंदी साहित्य का इतिहास, पाँचवाँ संस्करण, पृ. 44, 1948 ई.
2. मॉडर्न बर्नाक्यूलर लिटरेचर ऑव हिंदुस्तान, 1888 ई.

है, बल्कि उसका महत्त्व भारतीय आर्यभाषा के ऐतिहासिक विकास की दृष्टि से भी है। डॉ. ग्रियर्सन के अनुसार पृथ्वीराज रासो के वर्तमान रूप का भी भाषावैज्ञानिक अध्ययन उपयोगी हो सकता है। इसलिए कुछ लोगों की जो यह धारणा है कि वैज्ञानिक संस्करण के पूर्व रासो की भाषा का अध्ययन अनावश्यक है, वह सदिच्छापूर्ण होती हुई भी उत्साहप्रद नहीं कही जा सकती। निःसन्देह वैज्ञानिक पद्धति से सम्पादित संस्करण सुलभ हो जाने पर रासो के भाषावैज्ञानिक अध्ययन का कार्य सरल हो जाएगा और अपेक्षाकृत पूर्ण भी होगा। किन्तु रासो के वर्तमान रूप का भाषावैज्ञानिक विश्लेषण बहुत सम्भव है कि उसके वैज्ञानिक सम्पादन में भी कुछ योग दे। एक ही शब्द के प्राप्त होनेवाले विविध रूपों में से एक प्रतिमित रूप निर्धारित करने के लिए भाषावैज्ञानिक दृष्टि का भी उपयोग करना पड़ेगा। यही वजह है कि बंगाल की रॉयल एशियाटिक सोसाइटी की ओर से रासो का सम्पादन करते समय बीम्स और होर्नले ने उसकी भाषा पर भी विचार किया। तद्भव शब्दों में होनेवाले ध्वनि-परिवर्तनों तथा व्याकरणिक रूपों के पीछे काम करनेवाले नियमों की खोज पर आधारित होने के कारण ही रॉयल एशियाटिक सोसाइटी का संस्करण अपेक्षाकृत वैज्ञानिक हो सका है। इस प्रकार पृथ्वीराज रासो की भाषा पर राय देने और अनुमान लगाने की अपेक्षा उसका व्यवस्थित विश्लेषण अधिक उपयोगी कार्य हो सकता है।

4. पृथ्वीराज रासो का प्रथम व्याकरण बीम्स ने 1873 ई. में प्रस्तुत किया।[1] उस समय तक सम्पूर्ण पृथ्वीराज रासो का कोई सम्पादित और मुद्रित संस्करण प्रस्तुत नहीं हुआ था। जैसाकि बीम्स के विवरण से पता चलता है, उन्होंने टाड की प्रतिलिपि को आधार बनाकर बैदला और आगरा की दो अन्य पांडुलिपियों की सहायता से सम्पादन-कार्य आरम्भ किया था। व्याकरण लिखने के समय बीम्स द्वारा सम्पादित 'प्रथम समय' प्रेस में था और डॉ. होर्नले दूसरे 'समयों' पर काम कर रहे थे। बीम्स ने अपने व्याकरण की अधिकांश सामग्रियाँ 'प्रथम समय' से ली हैं। इसके अतिरिक्त उन्होंने यथास्थान 19वें, 64वें और 65वें समय से भी उदाहरण चुने हैं। कुछ उद्धरण उन्होंने 18वें समय से तथा दो-एक 21वें समय से भी लिए हैं, जो उनके शब्दों में, सुप्रसिद्ध 'महोबा खंड' है। बीम्स ने मुख्यतः सर्वनामों, परसर्गों और क्रियापदों पर विचार किया है। जहाँ तक तद्भव शब्दों के ध्वनि-परिवर्तन का सम्बन्ध है, उन्होंने 19-19 शब्द चुनकर क्रमशः उनमें से प्रत्येक के स्वर और व्यंजन सम्बन्धी विविध रूपांतरों की सूची दे दी है। इन रूपांतरों के कारण पर विचार करते हुए बीम्स ने पहला कारण लिपि-शैली की अव्यवस्था बतलाई है। जहाँ शब्द में मात्रा-सम्बन्धी रूप-भेद दिखाई पड़ते हैं, उन्हें

1. स्टडीज़ इन दि ग्रैमर ऑव चंद बरदायी, जे. आर. ए. एस. बी., जिल्द 42, भाग 1, पृ. 165-191, 1873 ई.

बीम्स ने छंदोऽनुरोध का परिणाम बताया है। शेष रूपों के विषय में बीम्स की यह स्थापना है कि वे भाषा के विकास की विभिन्न अवस्थाओं के परिचायक हैं। बीम्स के अनुसार इस रूप-विविधता का बहुत महत्त्व है क्योंकि इससे किसी शब्द के इतिहास की क्रमिक अवस्थाओं पर प्रकाश पड़ता है। इस तथ्य के आधार पर उन्होंने निष्कर्ष निकाला है कि पृथ्वीराज रासो उस समय का (लिखित अथवा संकलित) काव्य है जब बोलचाल में एक ही शब्द के अनेक रूप प्रचलित थे और कोई एक रूप प्रतिमान के रूप में स्थिर नहीं हो सका था; जैसे *नगर* शब्द के *नगर*, *नयर* और *नेर* –ये तीन रूप एकसाथ प्रचलित दिखाई पड़ते हैं। बीम्स के अनुसार रासो में शब्दों की रूप-विविधता का कारण तत्कालीन उच्चारण की अनिश्चितता है। फिर भी उन्होंने कुछ अन्य विद्वानों की तरह रासो की भाषा को सर्वथा अव्यवस्थित और बेठिकाने की नहीं कहा। उनका निष्कर्ष यह है कि 'अनियमितताओं के बीच भी उसमें आद्योपान्त एकरूपता मिलती है।'

5. बीम्स ने जैसाकि स्वयं कहा है, यह निबंध रासो के व्याकरण की कुछ विशेषताओं को लेकर ही लिखा गया है; यह व्यवस्थित और सांगोपांग व्याकरण नहीं है। ध्वनि-विचार उसका सबसे कमजोर पहलू है। भाषाविज्ञान की उस आरंभिक अवस्था में यह सम्भव भी न था। इस तथ्य को ध्यान में रखते हुए यह निःसंदिग्ध कहा जा सकता है कि बीम्स द्वारा प्रस्तुत रासो के व्याकरण की रूपरेखा का ऐतिहासिक महत्त्व है। यह आकस्मिक बात नहीं है कि भारत में आधुनिक भाषाओं के अध्ययन का प्रवर्तक विद्वान हिंदी के तथाकथित आदि काव्य का प्रथम वैयाकरण भी है। बीम्स के व्याकरण की सीमाएँ उनके युग की सीमाएँ हैं लेकिन उनकी अनेक स्थापनाएँ युग की सीमाओं के पार भी महत्त्वपूर्ण हैं।

6. होर्नले द्वितीय भाषावैज्ञानिक हैं, जिन्होंने पृथ्वीराज रासो की भाषा पर विचार किया है। बीम्स की तरह उन्होंने रासो की भाषा पर कोई स्वतंत्र निबंध तो नहीं लिखा, लेकिन 'गौडियन ग्रैमर'[1] में उन्होंने हिंदी कारक-रूपों की व्युत्पत्ति पर विचार करते हुए स्थान-स्थान पर चंद के उदाहरण दिए हैं। व्युत्पत्ति और सजातीय बोलियों के तुलनात्मक समानान्तर रूपों की दृष्टि से होर्नले का प्रयत्न अत्यंत महत्त्वपूर्ण है। उल्लेखनीय तथ्य यह है कि चंद की भाषा के लिए होर्नले ने बराबर 'पुरानी पश्चिमी हिंदी' संज्ञा का प्रयोग किया है।

7. पिछली शताब्दी के इन आरंभिक प्रयत्नों के बाद वर्षों तक रासो की भाषा पर कोई कार्य नहीं हुआ। इसकी प्रामाणिकता को लेकर उठनेवाले विवाद ने विद्वानों का ध्यान दूसरी ओर केंद्रित कर दिया। जब वह विवाद कुछ कम हुआ तो कुछ अध्येताओं का ध्यान एक बार फिर उस ग्रंथ की ओर गया। रासो

---

1. देखिए पृ. 139, 195, 196, 206, 208, 210, 219, 227, 231, 232, 234, 237, 238, 276, 278, 294, 298, 299

की भाषा का ऐसा ही विस्तृत विवरण डॉ. विपिनबिहारी त्रिवेदी की पुस्तक 'चंद बरदायी और उनका काव्य' (1952 ई.) के पाँचवें अध्याय में मिलता है।[1] डॉ. त्रिवेदी का यह प्रयत्न हिंदी में प्रथम कहा जा सकता है। हिंदी में इतने विस्तार से रासो की भाषा का विवरण अभी तक नहीं दिया गया था। परंतु जैसाकि डॉ. त्रिवेदी ने स्वयं स्वीकार किया है, उन्होंने 'कतिपय विशेषताएँ' ही निरूपित की हैं। भाषा-सम्बन्धी विवेचन वस्तुतः उनकी संपूर्ण 'थीसिस' का एक अंग है। डॉ. त्रिवेदी के भाषा-सम्बन्धी कार्य की विशेषता यह है कि उन्होंने रासो में प्राप्त फ़ारसी और अरबी के शब्दों की लंबी सूची दी है। उन्होंने परिश्रम के साथ इन तद्भव शब्दों के मूल रूप भी खोज निकाले हैं और सुविधा के लिए उन्हें फ़ारसी लिपि में प्रस्तुत किया है। खेद यही है कि यह शब्द-सूची अकारादि-क्रम से नहीं दी गई है और न तो उन शब्दों का पूरा संदर्भ ही दिया गया है। इसी तरह डॉ. त्रिवेदी ने तद्भव शब्दों में होनेवाले ध्वनि-परिवर्तनों पर भी बीम्स से कुछ विस्तृत विवरण देने का प्रयत्न किया है, परंतु उसमें भी कोई व्यवस्था या क्रम नहीं है। इन बातों के अतिरिक्त डॉ. त्रिवेदी द्वारा प्रस्तुत रासो के व्याकरण की संपूर्ण रूपरेखा बीम्स की ही है। सच पूछा जाय तो भाषावैज्ञानिक दृष्टि से डॉ. त्रिवेदी का यह विवेचन बीम्स के कार्य को आगे बढ़ाने की ओर से उदासीन है।

8. भाषा-सम्बन्धी ये सभी अध्ययन पृथ्वीराज रासो की एक ही परम्परा की प्रतियों पर आधारित हैं, जिसे सामान्यतः 'बृहत् रूपान्तर' कहा जाता है। इनकी सीमाओं का यह भी एक कारण है। परंतु इधर की खोजों से 'रासो' की अन्य परम्पराओं का भी पता चला है। 'रासो' की भाषा पर विचार करते समय इन परम्पराओं को ध्यान में रखना आवश्यक है। पाठ-परम्परा की उपेक्षा करके भाषा-सम्बन्धी किसी सही निर्णय पर पहुँचना सम्भव नहीं है। विद्वानों का अनुमान है कि इन पाठ-परम्पराओं में विषयवस्तु के साथ ही भाषा में भी पर्याप्त अन्तर है। इसलिए तथ्य की छानबीन में प्रवेश करने से पूर्व संक्षेप में 'रासो' की विविध पाठ-परम्पराओं का तुलनात्मक अध्ययन कर लेना प्रासंगिक होगा।

9. अभी तक पृथ्वीराज रासो की चार प्राप्त परम्पराएँ निश्चित की जा सकती हैं। इसमें से बृहत् रूपांतर की लगभग 33, मध्यम की 11, लघु की 5 और लघुतम की 2 प्रतियाँ प्राप्त हैं। रॉयल एशियाटिक सोसाइटी और नागरी प्रचारिणी सभा के प्रकाशित संस्करणों का सम्बन्ध बृहत् रूपांतर से है। सभा का संस्करण जिन दो मुख्य प्रतियों पर आधारित है, उनमें से प्राचीनतम प्रति का लिपि-काल कुछ अस्पष्ट है। सम्पादकों के अनुसार वह सं. 1640 अथवा 1642 है परंतु मेरे देखने

1. देखिए पृ. 287-356

में वह 1767 प्रतीत होता है।[1] सम्भवतः ये सभी प्रतियाँ उदयपुर की उस प्रति पर आधारित हैं, जिसका लिपिकाल सं. 1760 वि. बतलाया जाता है और जो उदयपुर के महाराणा अमर सिंह द्वितीय (सं. 1755-67 वि.) के राज्यकाल में तैयार हुई थी। अन्य परम्पराओं की प्रतियाँ अभी तक हस्तलिखित रूप में ही सुरक्षित हैं। यहाँ उदयपुरवाली हस्तलिखित प्रति को आधार मानकर विभिन्न परम्पराओं अथवा रूपांतरों की तुलनात्मक तालिका प्रस्तुत की जा रही है।

10. विविध रूपांतरों के खंडों की तालिका[2]

(1) चारों रूपांतरों में पाए जानेवाले खंड[3]

1. आदि पर्व	(1)[4]	2. दिल्ली किल्ली दान	(3)[5]
3. अनंगपाल दिल्ली दान	(18)[5]	4. पंग यज्ञ विध्वंस	(49)[6]

---

1. इन संख्याओं के भ्रांत अथवा विवादास्पद पाठ का एक कारण तो यह है कि उन पर सामनेवाले पन्ने की स्याही की छाप पड़ गई है, जिससे चार संख्याओं में से तीसरी संख्या कुछ अस्पष्ट हो गई है किन्तु दूसरा कारण उन संख्याओं की लिपि-शैली भी है। सात की संख्या प्रायः शून्य की भाँति गोलाकार लिखी गई है, अन्तर इतना ही है कि इसमें ऊपर की ओर बाईं ओर थोड़ा-सा हिस्सा खुला हुआ है। प्रति में अन्यत्र लिखित संख्याओं की लिपि-शैली को देखने से पता चलता है कि यह संख्या सात की ही है। इसी प्रकार प्रति की लिपि-शैली के द्वारा तीसरी अस्पष्ट संख्या का भी पाठ-निर्णय हो जाता है और वह छह ही है। इस प्रकार मेरे विचार से इस प्रति का लिपि-काल 1767 वि. होना चाहिए।
2. (क) यहाँ खंडों की संख्या प्रायः महाराणा अमर सिंह की 1760 वाली प्रति के अनुसार है। केवल समर सी दिल्ली सहाय खंड को, जो इस प्रति में बड़ी लड़ाई के अंतर्भूत है, प्राचीन प्रतियों के अनुसार अलग दिखाया गया है जिससे सम्पूर्ण खंड संख्या 69 के स्थान पर 70 हो जाती है। क्रम में भी आखेटक चख श्राप खंड को प्राचीन प्रतियों का अनुसरण करते हुए धीर पुंडीर खंड के पीछे रखा गया है।

   (ख) बड़े रूपांतरों के जो खंड छोटे रूपांतरों में आए हैं वे ज्यों-के-त्यों नहीं हैं, किंतु उत्तरोत्तर संक्षिप्त होते गए हैं, यहाँ तक कि कई खंड तो छोटे खंडों (रूपांतरों) में दो-चार अथवा एकाध पद्यों के रूप में ही आए जाते हैं। साथ ही बड़े रूपांतरों के अनेक खंड छोटे रूपांतरों में दूसरे खंडों के अंतर्भुक्त हो गए हैं। कुछ अवस्थाओं में बृहत् रूपांतर के खंड छोटे रूपांतरों में कई खंडों में विभक्त हो गए हैं। बृहत् रूपांतर के उक्त 10 खंडों के स्थान पर मध्यम रूपांतर में 20 और लघु रूपांतर में 14 खंड हैं।
3. लघुतम रूपांतर खंडों में विभक्त नहीं है। अतः उसमें खंड नहीं हैं पर बृहत् रूपांतर के इन खंडों के प्रसंग उसमें किसी न किसी रूप में आए हैं।
4. लघु रूपांतर में यह दो खंडों में विभक्त है। प्रथम में मंगलाचरण (और दशावतार प्रसंग) है तथा दूसरे में वंशावली। दूसरे खंड में बृहत्, रूपांतर के ढल्ली किल्ली (3), अनंगपाल दिल्लीदान (18) तथा धनकथा (24) खंडों के प्रसंग भी आ गए हैं।

→

5. संजोगिता नेम आचरण	(50)[1]	6. कैमासवध	(57)
7. षट रितु वर्णन	(61)[2]	8. कनवज कथा	(62)[3]
9. बड़ी लड़ाई	(68)[3]	10. वानबेध	(69)[4]

(2) केवल बृहत् मध्यम और लघु रूपांतरों में पाए जानेवाले खंड

11. दशम या दसावतार वर्णन	(2)[5]	12. भोरा राइ जुद्ध, सामंतविजै	(12)[6]
13. सलख पातिसा ग्रहण	(13)[6]	14. धनकथा	(24)
15. संयोगिता विनय मंगल	(46)	16. धीर पुंडीर	(64)[7]

(3) केवल बृहत् और मध्यम रूपांतरों में पाए जानेवाले खंड

17. नाहर राइ	(7)	18. मेवाती मूगल	(8)
19. हुसेन कथा	(9)[8]	20. इंछनी विवाह	(14)[9]
(पातिसाह प्रथम जुद्ध)		22. भूमि स्वप्न	(17)[10]
21. मूगल जुद्ध	(15)	23. माधो भाट	(19)[11]

→

5. लघु रूपांतर में ये प्रसंग बहुत संक्षेप में वंशावलीवाले द्वितीय खंड में आए हैं। लघुतम रूपांतर में इसका कथन और भी अधिक संक्षिप्त है।

6+1. लघु रूपांतर में ये दोनों प्रसंग एक ही खंड में आ गए हैं। मध्यम रूपांतर में ये बालुका राइ वध खंड में अंतर्भुक्त हो गए हैं।

2. बृहत् और लघुतम रूपांतरों में यह प्रसंग कनवज-कथा के पूर्व आया है पर लघु और मध्यम रूपांतरों में धीर पुंडीर प्रसंग के पश्चात्। मध्यम रूपांतर में वह स्वतंत्र खंड है पर लघु रूपांतर में धीर पुंडीर प्रसंगवाले खंड का अंग है।

3. मध्यम रूपांतर में ये प्रसंग क्रमशः आठ और चार खंडों में विभक्त हैं, और लघु रूपांतर में क्रमशः छह और पाँच खंडों में।

4. मध्यम रूपांतर की कई प्रतियों में यह प्रसंग नहीं पाया जाता।

5. लघु रूपांतर में यह प्रसंग प्रथम खंड में आया है।

6. लघु रूपांतर में यह प्रसंग भोराराइ जुद्ध खंड के पीछे नहीं, किंतु पहले आया है।

7. मध्यम रूपांतर में यह खंड दो खंडों में विभक्त है–एक में धीर द्वारा पातिसाह ग्रहण की कथा है और दूसरे में धीरवध की। लघु रूपांतर में धीरवध की कथा नहीं है। उसमें पृथ्वीराज दिल्ली आगमन धीरपातिसाह ग्रहण तथा षटरितुवर्णन तीनों प्रसंग तीन की जगह एक ही खंड में आ गए हैं।

8. मध्यम रूपांतर की कुछ प्रतियों में यह खंड नहीं है। एक प्रति में अंत में अलग से दिया हुआ है।

9. इस खंड का दूहा लघु रूपांतर में भीम पराजय (भोरा राइ जुद्ध सामंत विजै) खंड में पाया जाता है।

10. मध्यम रूपांतर में यह प्रसंग धनकथा (खट्टू बन आखेटक रमण) खंड का पूर्व-भाग है।

11. मध्यम रूपांतर में यह प्रसंग दिल्ली राज्याभिषेक (अनंगपाल दिल्लीदान) खंड का उत्तर भाग है।

24. प्रिथा विवाह	(21)	25. सतिव्रता	(25)
26. कर्णाटी पात्र कथा (निड्ढर राइ आगमन)	(30)	27. पीपा पातिसाह ग्रहण	(31)
28. हंसावती	(36)	29. वरुण कथा	(38)
30. सोमेस वध	(39)	31. भीमंग वध	(44)
32. संजोगिता पूर्वजन्म	(46)	33. बालुकाराइ वध	(48)[1]
34. सामंत पंग जुद्ध	(55)	35. समरसी पंग जुद्ध	(56)
36. दुर्गा केदार कथा	(58)	37. सुक विलास या सुक चरित्र (पातिसाह ग्रहण)	(63)[2]

(4) केवल बृहत् रूपांतर में पाए जानेवाले खंड

* 38. लोहाना आजानुबाहु	(4)[3]	39. कन्ह अंख पट्टी	(5)[4]
40. आखेटक वीर वरदान	(6)[4]	41. खट्टू आखेट सुरतान चूक करण	(10)
42. चित्ररेखा पूर्व जन्म	(11)	43. पुंडीर दाहिमी विवाह	(16)
* 44. पद्मावती विवाह पतिसाह ग्रहण	(20)[3]	*45. होली कथा	(22)[3]
		*46. दीपमाला कथा	(13)[3]
47. देवगिरि जुद्ध	(26)	48. रेवातट जुद्ध	(27)
49. अनंगपाल जुद्ध	(28)	50. घघ्घर की लड़ाई	(29)
51. करहेड़ा जुद्ध	(32)	52. इन्द्रावती विवाह	(33)
53. जैतराइ पातिसाह ग्रहण	(34)	54. कांगुरा विजै	(35)
55. पहाडराइ पातिसाह ग्रहण	(37)	56. पज्जून कछवाहा छोंगा	(40)
57. पज्जून विजय	(41)	58. चंद द्वारका गमन	(42)
59. कैमास पातिसाह ग्रहण	(43)	60. सुक वर्णन	(47)
61. हांसी प्रथम युद्ध	(51)	62. हांसी द्वितीय युद्ध	(52)
63. पज्जून महुबा जुद्ध	(53)	64. पज्जून कछवाहा पतिसाह ग्रहण	(54)

1. मध्यम रूपांतर में यह प्रसंग पंग यज्ञ विध्वंस और संयोगिता नेम आचरण खंडों का पूर्व भाग है अर्थात् बृहत् रूपांतर के इन तीन खंडों का मध्यम रूपांतर में एक ही खंड है।
2. मध्यम रूपांतर में यह प्रसंग राजसू-जज्ञ-विध्वंस पृथ्वीराज दिल्ली आगमन खंड का उत्तर भाग है।
3. ये पाँच खंड बृहत् रूपांतर की प्राचीनतम प्रतियों में नहीं पाये जाते।
4. ये दो खंड मध्यम रूपांतर की सबसे पिछली प्रति में पाये जाते हैं।

65. दिल्ली वर्णन	(59)	66. जंगम सोफी कथा	(60)
67. राजा आखेटक चख श्राप	(65)[1]	68. पृथिराज-विवाह	(66)
69. समर सी दिल्ली सहाय	(67)[2]	70. रैनसी जुद्ध	(70)

1. महाराणा अमरसिंह की 1760 वाली प्रति में यह खंड धीर पुंडीर खंड के पहले है पर प्राचीन प्रतियों में पीछे।
2. महाराणा अमरसिंह की प्रति में यह प्रसंग बड़ी लड़ाई खंड में अंतर्भुक्त हो गया है।

11. पृथ्वीराज रासो के रूपांतरों के खंडों की तुलनात्मक तालिका

बृहत् रूपांतर+			मध्यम रूपांतर*			लघु रूपांतर		लघुतम रूपांतर
खंड सं.	**रूपक सं.**	**खंड का नाम**	**खंड सं.**	**रूपक सं.**	**खंड का नाम**	**खंड सं.**	**खंड का नाम**	**यह प्रसंग है + या नहीं है x**
1	397	आदि पर्व	1	125	आदि प्रबंध	1	मंगलाचरण	+
					मंगलाचरण		दशावतार	x
					वंशावली	2	वंशोत्पत्ति	+
					ढुंढा दाणव कथा		(ढुंढा दाणव कथा)	+
					वंशावली		(वंशावली)	+
					राजा जन्म कथा		(राजा जन्म कथा)	+
							द्रव्य लाभ	+
							ढिल्ली-राज्याभिषेक	+
2	222	दशम	2	113	दशावतार वर्णन	[1]	+	x
3	37	दिल्ली किल्ली	3	23	राजा स्वप्न, दिल्ली किल्ली	[2]	उल्लेख मात्र	उल्लेख मात्र
*4	[18]	लोहाना आजान बाह			x	-	x	x
5	60	कन्ह अक्ख पट्टबंधन			x	-	x	x
6	110	आखेट वीर वरदान			x	-	x	x

\+ बृहत् रूपांतर के खंडों की संख्या महाराणा अमरसिंह की 1760 वाली प्रति के अनुसार है पर समर सी दिल्ली सहाय खंड को प्राचीन प्रति का अनुसरण करते हुए स्वतंत्र रखा गया है, जिससे संख्या में एक की वृद्धि होती है। प्राचीन प्रतियों के अनुसार धीर पुंडीर खंड को आखेटक चख श्राप के पूर्व रखा गया है। रूपकों की संख्या ना. प्र. सभा की 1767 वाली प्रति के अनुसार दी गयी है।

* मध्यम रूपांतर के खंडों की संख्या और क्रम तथा रूपकों की संख्या अबोहर की 1723 वाली प्रति के अनुसार दी गई है।

* तारकांकित (*) खंड बृहत् रूपांतर की प्राचीन प्रतियों में नहीं है। सं. 1760 वाली प्रति में पहले पहल मिलते हैं। इनकी रूपक-संख्या कोष्ठकों में इसी मति के अनुसार दी गई है।

1. मध्यम रूपांतर की सं. 1792 की प्रति में यह खंड दो खंडों में विभक्त है।
2. मध्यम रूपांतर की सं. 1792 की प्रति में ये दोनों खंड भी दिए हुए हैं।

बृहत् रूपांतर			मध्यम रूपांतर			लघु रूपांतर		लघुतम रूपांतर
खंड सं.	रूपक सं.	खंड का नाम	खंड सं.	रूपक सं.	खंड का नाम	खंड सं.	खंड का नाम	यह प्रसंग है + या नहीं है x
7	120	नाहरराय कथा	6	48	नाहरराज पराजय पृथ्वीराज विजय पृथ्वीराज विवाह		x	x
8	45	मेवाती मूगल कथा	7	15	मूगल पराजय पृथ्वीराज विजयकरण	-	x	x
9	90	हुसेन खाँ	4	85	गोरी पातिसाह पृथ्वीराज प्रथम जुद्ध वर्नन[1]		x	x
		चित्ररेखा पात्र पातसाह ग्रहण[1]	-	-				
10	30	खट्टूवन आखेट सुरतान चूककरण	-	-	x	-	x	x
11	18	चित्ररेखा वर्णन			x	-	x	x
12	222	भोराराइ जुद्ध सामंत विजै	11	158	भोरा राइ भीमंगदे पराजय मंत्रि कैमास विजै	5	कैमास मंत्रिणा भीम पराजय	x
13	96	सलख जुद्ध पातिसाह ग्रहण	12	45	पामार सलख हस्तेन पातिसाह ग्रहण	4	सामंत सलख पांवार हस्तेन गोरी साहाबदीन	x
14	117	इंछिनी विवाह वर्णन	13	57	इंछिनी विवाह, सुक सुकी वाक्य, दूतता, संजोगिता पातिव्रत		x -	x
15	20	मूगल जुद्ध	15	14	आखेटके सोलकी सारंगदे हस्तेन मूगल ग्रहण		x	x
16	16	पुंडीर दाहिमी विवाह	-	-		-	x	x
17	47	भूमि स्वप्न[2]	[5]	-	भूमि सुपन सगुन कथा	-	x	x

1. मध्यम रूपांतर की कई प्रतियों में यह खंड नहीं पाया जाता। ज्ञान भंडार की प्रति में यह अंत में अलग से दिया गया है।
2. मध्यम रूपांतर में बृहत् रूपांतर के 17वें और 24वें खंड की कथा एक ही खंड में आई है।

बृहत् रूपांतर			मध्यम रूपांतर			लघु रूपांतर		लघुतम रूपांतर
खंड सं.	**रूपक सं.**	**खंड का नाम**	**खंड सं.**	**रूपक सं.**	**खंड का नाम**	**खंड सं.**	**खंड का नाम**	**यह प्रसंग है + या नहीं है x**
18	48	अनंगपाल दिल्ली दान[1]	9	94	दिल्ली राज्याभिषेक	[2]	दिल्ली राज्या-भिषेक	+
19	131	माधो भाट राजा विजय पातिसाह ग्रहण[2]	9	94	जुद्ध विजय पतिसाह पराजय चामुंड राइ हस्तेन		x	x
*20	[45]	पद्मावती विवाह पातिसाह ग्रहण	-	x	पातिसाह ग्रहण	-	x	x
21	96	प्रिथा विवाह	23 -	27 -	समरसी प्रिथाकुँवारी विवाह	 -	x	x
*22	22	होली कथा	-	-	x	-	x	x
*23	35	दीपमालिका पर्व			x	-	x	x
24	314	खट्टूवन मध्ये आखेटक रमण, धन संग्रहण, [धन कथा][1]	5	111	[भूमि सुपन, सगुन, कथा] पृथ्वीराज युद्ध विजय धनागम, पातिसाह ग्रहण	[2]	द्रव्यलाभ	x
25	53	ससिव्रता कथा	22	39	ससिव्रता विवाह जुद्ध विजय		x	x
26	63	देवगिरि जुद्ध	-	-	x	-	x	x·
27	88	रेवातट पातिसाह ग्रहण	-	-	x x	-	x x	x x
28	98	अनंगपाल ढिल्ली आगमन, पृथ्वीराज जंग जुरन, ब्रदी सरन	-	-	x	-	x	x
29	45	घघ्घर नदी की लड़ाई-कन्ह पातिसाह ग्रहण		-	x		x	x
30	23	कर्णाटी पात्र वर्णन	19	18	राठौर निड्ढर ढिल्ली आगमन, कर्णाटीपात्र कथा	-	x	x
31	71	पीपा पड़िहार पातिसाह ग्रहण	16	18	वर्णनपरिहार पीपजुद्धविजय पीपा - हस्तेन गोरी ग्रहण	-	x	x

1. मध्यम रूपांतर में बृहत् रूपांतर के 18वें और 19वें खंडों की कथा एक ही खंड में आई है।

बृहत् रूपांतर			मध्यम रूपांतर			लघु रूपांतर		लघुतम रूपांतर
खंड सं.	रूपक सं.	खंड का नाम	खंड सं.	रूपक सं.	खंड का नाम	खंड सं.	खंड का नाम	यह प्रसंग है + या नहीं है x
32	70	करहड़ा जुद्ध रावर समरसी विजय	-	-	x	-	x	x
33	60	इंद्रावती विवाह सामंत विजय	-	-	x	-	x	x
34	37	जैतराइ पातिसाह ग्रहण	-	-	x	-	x	x
35	31	कांगुरा विजय	-	-	x	-	x	x
36	154	हंसावती विवाह	24	27	रणथंभौर हंसावती विवाह	-	x	x
37	71	पहाड़राइ पातिसाह ग्रहण	-	-	x	-	x	x
38	35	वरुण कथा	14	33	सोमेस राजा जमुना गते वरुण दूत सामंत उभयो युद्ध वर्णन	-	x	x
39	85	भोरा भीम विजय सोम वध	20	48	भोरा राइ विजय युद्ध वर्णन	-	x	x
40	14	पज्जून कछवाहा छोंगा	-	-	x	-	x	x
41	28	पज्जून विजय पातिसाह पराजय	-	-	x	-	x	x
42	48	चंद द्वारका गमन - देव मिलन, परस्पर वाद जुरन	-	x	-		x	x
43	79	खट्टू वन मध्ये कैमास पातिसाह ग्रहन	-	-	x	-	x	x
44	141	भोरा राइ भीमंग वध	-	-	भोराराई भीमंगदे वधन	-	x x	x x
45	141	संजोगिता पूर्वजन्म कथा	8	38	संजोगिता पूर्वजन्म कथा	-	x	x

बृहत् रूपांतर			मध्यम रूपांतर			लघु रूपांतर		लघुतम रूपांतर
खंड सं.	रूपक सं.	खंड का नाम	खंड सं.	रूपक सं.	खंड का नाम	खंड सं.	खंड का नाम	यह प्रसंग है + या नहीं है x
46	83	संजोगिता को विनय मंगल	10	58	विजयपाल दिग्विजय करण, संजोगिता उत्पत्ति मन वृद्ध बंभनी गृहे सकल कला पठनार्थ दुज-दुजी गंधर्वगंधर्वीसंवाद	3	संयोगिता उत्पत्ति द्विज द्विजी संवाद गंधर्व गंधर्वी संवाद	x
47	.78	सुकवर्णन	-	-	x	-	x	.x
48	115	बालुकाराय [1] वर्ध[1]	25	72	बालुकाराय बधन	-	x	x
49	17	पंग यज्ञ विध्वंस[1]	25	-	[यज्ञ विध्वंस]	6	यज्ञ विध्वंस	+
50	55	संजोगिता नेम आचरण[1]	25	-	संजोगिता दूती परस्पर वार्ता		पृथ्वीराज वरणार्थ संजोगिता नियम	+
51	89	हांसी पुर प्रथम युद्ध पातिसाह पराजय	-	-	x	-	x	x
52	113	हांसीपुर द्वितीय जुद्ध पातिसाह पराजय	-	-	x	-	x	x
53	26	पज्जून महुबा जुद्ध पातिसाह पराजय	-	-	x	-	x	x
54	34	पज्जून कछवाहा पातिसाह ग्रहण	-	-	x	-	x	x
55	125	सामंत पंग जुद्ध	17	62	पंग सामंत जुद्ध	-	x	x
56	60	जैचंद समरसी जुद्ध	18	47	जैचंद समर जुद्ध	-	x	x
57	180	चामंड वेड़ी भरण क्रन्नाटी	26	87	चमुंड बेड़ी	-	x	x
		दासी खून कैमास वध			मंत्रिकैमास वध	7	कैमास वध	+

1. बृहत् रूपांतर के 48, 49 और 50 नंबर के तीन खंडों की कथा मध्यम रूपांतर में एक ही खंड में आई है। लघु रूपांतर में 48वें खंड की कथा नहीं है, बाकी दोनों खंडों की कथा एक ही खंड में है।

बृहत् रूपांतर			मध्यम रूपांतर			लघु रूपांतर		लघुतम रूपांतर
खंड सं.	रूपक सं.	खंड का नाम	खंड सं.	रूपक सं.	खंड का नाम	खंड सं.	खंड का नाम	यह प्रसंग है + या नहीं है x
58	168	दुर्गा केदार	27	52	राजा पानी पंथ मृगया चंद केदार संवाद, पाहार हस्तेन पातिसाह ग्रहण	-	x	x
59	17	दिल्ली वर्णन	-		x	-	x	x
60	57	जंगम सोफी कथा सिव पूजा	-		x	-	x	x
61	54	षट रितु वर्णन[1]	38	34 [601]	षट रितु शृंगार वर्णन[2]	[13]	षट रितु वर्णन[2]	x
62	1184	कनवज्ज कथा[3]	28	68	कनवज वर्णन जैचंद द्वार संप्राप्त	8	जयचंद द्वार संप्राप्त	+
			29	142	चंद जैचंद सम्वाद चंद अखाड़ो	9	जयचंद संवाद	+
					पृथ्वीराज प्रगटन		संजोगिता विवाह	+
			30	91	प्रथम लंगरी राय जुद्ध वर्णन संजोगिता विवाह	9		
			31	98	अष्टमी शुक्ल प्रथम दिवस जुद्ध	10	अष्टमी प्रथम दिवस जुद्ध	+
			32	71	नवमी द्वितीय दिवस जुद्ध	11	नौमी द्वितीय दिवस जुद्ध	+
			33	44	पृथ्वीराज सोरों प्राप्त	11		

1. ना. प्र. स. के मुद्रित संस्करण में 61वां खंड 62वें खंड के आरम्भ में आया है।
2. मध्यम और लघु रूपांतरों में षटरितु प्रसंग धीर पुंडीर कथा के पश्चात् आता है।
3. बृहत् रूपांतर का कनवज्ज कथा खंड मध्यम रूपांतर में आठ खंडों तथा लघु रूपांतर में 6 खंडों में विभक्त है।

बृहत् रूपांतर			मध्यम रूपांतर			लघु रूपांतर		लघुतम रूपांतर
खंड सं.	**रूपक सं.**	**खंड का नाम**	**खंड सं.**	**रूपक सं.**	**खंड का नाम**	**खंड सं.**	**खंड का नाम**	**यह प्रसंग है + या नहीं है x**
			34	19	दशमी रविवार तृतीय दिवस जुद्ध	12	दशमी तृतीय दिवस जुद्ध	+
			35	68	राजसू जन्य विध्वंस दिल्लीपुर आगमन संजोगिता पाणिग्रहण	13	दिल्ली आगमन	+
63	101	सुक विलास (सुकचरित्र)[1]	35	-	राज शुक चरित्र	-	x	x
64	309	धीर पुंडीर पातिसाह ग्रहण	36		धीर पुंडीर हस्तेन पातिसाह ग्रहण	-	धीरेण साहाबदीन निग्रह	+
		धीर वधन[2]	37		धीर पुंडीर वध	-	x	x
[61]		षट रितु वर्णन (ऊपर देखिए)	[38]		षट रितु श्रृंगार वर्णन	-	षट रितु वर्णन[3]	+
65	116	राजा आखेटक चख श्राप[4]	-		x	-	x	x
66	[3]	पृथ्वीराज विवाह	-		x	-	x	x
67	49	समर सी दिल्ली सहाय[5]			x		x	x
68	862	बड़ी लड़ाई	39	197	राजा स्वप्न कथा	14	चामुंड बंध मोचन	+
		राजा ग्रहण			रावल समरसी आगमन		सर्व सामंत मंत्र	+

1. बृहत् रूपांतर का सुक विलास खंड मध्यम रूपांतर के दिल्ली आगमन खंड में अंतर्भुक्त हो जाता है।
2. बृहत् रूपांतर का 64वां खंड मध्यम रूपांतर की अधिकांश प्रतियों में दो खंडों में विभक्त है।
3. लघु रूपांतर में दिल्ली आगमन, धीर पुंडीर पातिसाह ग्रहण तथा षटरितु वर्णन प्रसंग एक ही खंड में आए हैं।
4. सं. 1760 की और पिछली कई प्रतियों में आखेटक चख श्राप खंड धीर पुंडीर खंड के पहले आया है।
5. सं. 1760 और पीछे की प्रतियों में बड़ी लड़ाई खंड के अंतर्गत।

बृहत् रूपांतर			मध्यम रूपांतर			लघु रूपांतर		लघुतम रूपांतर
खंड सं.	रूपक सं.	खंड का नाम	खंड सं.	रूपक सं.	खंड का नाम	खंड सं.	खंड का नाम	यह प्रसंग है + या नहीं है x
		चंद दिल्ली आगमन[1]			चामुंड राइ बंध मोचन सूर सामंत मंत्र वर्णन			
			40	173	जालंधर देवी स्थाने हाहुलिराइ हम्मीरेण व्याजेन चंद निरोधन युद्धार्थ सेना समागम	15	चंद विरोध	x
					गृद्ध व्यूह रचना		व्यूह रचना	+
					जालंधर देवी स्थाने महेश वीरभद्र यज्ञ बेताल योगिनी संवाद	16	युद्ध वर्णन	+
			41	47	जुद्ध वर्णन समली गिधनी संजोगिताग्रे सूर सामंत पराक्रम कथन-वीर विभाइ आगमन	17	युद्ध वर्णन	+
			42	66	जुद्ध वर्णन वीर विभाइ संजोगिताग्रे सूर सामंत पराक्रम वर्णन, संजोगिता सूर्यमंडल आगत, पृथ्वीराज ग्रहण, जालंधर देवी स्थाने चंद वीरभद्र परस्पर वार्ता, चंद मोक्षण, चंद दिल्ली आगमन	18	राजा ग्रहण चंद्र इन्द्र प्रस्थागमन	+
				[483]				
69	338	बान बेध, राजा चंद सुजस करन,	43	167	कविचंद गज्जनपुर आगत–	19	पृथ्वीराज गोरी साहाबदीन	+

1. बृहत् रूपांतर का बड़ी लड़ाई खंड मध्यम रूपांतर की अधिकांश प्रतियों में 4 खंडों में तथा लघु रूपांतर में पाँच खण्डों में विभक्त है।

बृहत् रूपांतर			मध्यम रूपांतर			लघु रूपांतर		लघुतम रूपांतर
खंड सं.	रूपक सं.	खंड का नाम	खंड सं.	रूपक सं.	खंड का नाम	खंड सं.	खंड का नाम	यह प्रसंग है + या नहीं है ×
		पश्चात् वधन			गोरी चंद परस्पर वार्ता– पृथ्वीराज हस्तेन गोरी साहाबदीन वधन[1]		मरण	
70	112	रैनसी जुद्ध जैचंद गंगासरन[2]	-	-	×		×	×

पृथ्वीराज रासो की परम्पराओं का पौर्वापर्य सम्बन्ध

12. कथा प्रसंगों और खंडों की तुलनात्मक तालिका से इन चारों रूपांतरों के पारस्परिक सम्बन्ध का पता चलता है, परन्तु वह सम्बन्ध किस प्रकार का है, इसका निश्चय इस आधार पर करना सरल नहीं है। डॉ. हजारीप्रसाद द्विवेदी जैसे विद्वान का अनुमान है कि अंतिम तीनों रूपांतर बृहत् से ही क्रमशः संक्षिप्त किए गये हैं।[3] इसके विपरीत अगरचंद नाहटा और नरोत्तमदास स्वामी की धारणा है कि बृहत् रूपांतर लघुतम का परिवर्धित और प्रक्षेपपूर्ण रूप है।[4] पाठ-विज्ञान के विशेषज्ञ डॉ. माताप्रसाद गुप्त ने 'बलाबल' की दृष्टि से बृहत्, मध्यम और लघु तीनों रूपांतरों की तुलना करते हुए यह स्थापित किया है कि लघु और मध्यम बृहत् के अथवा लघु मध्यम का संक्षिप्त रूपांतर नहीं है। डॉ. गुप्त के विश्लेषण का सारांश इस प्रकार है–

"विश्लेषण करने पर ज्ञात होता है कि बृहत् तथा मध्यम में 49 स्थानों में से केवल 16 स्थानों पर बलाबल सम्बन्धी समानता है, शेष स्थानों पर विषमता है। बृहत् और लघु में 49 स्थानों में से केवल 5 स्थानों पर समानता है, शेष स्थानों पर विषमता है, और मध्यम तथा लघु में 51 स्थानों में से केवल 24 स्थानों पर विषमता है। यदि बृहत् से मध्यम या बृहत् से लघु या मध्यम से लघु का संक्षेप हुआ होता, तो तीन में से किन्हीं भी दो पाठों में तो इस प्रकार की विषमता

1. मध्यम रूपांतर की कुछ प्रतियों में यह खंड नहीं पाया जाता।
2. मुद्रित प्रति में इस खंड की संख्या 68वीं है।
3. संक्षिप्त पृथ्वीराज रासो, भूमिका 1952 ई.
4. राजस्थान भारती, भाग 1, अप्रैल, 1946 ई.

न होती। होता यह कि बृहत् की तुलना में मध्यम और लघु में और मध्यम की तुलना में लघु में अतिशयोक्ति की मात्रा अधिक मिलती है। किन्तु बात सर्वथा भिन्न मिलती है। दो-चार अपवादों को छोड़कर जो प्रतिलिपि-प्रक्रिया में हो ही जाते हैं, जहाँ पर भी बलाबल सम्बन्धी अंतर है, लघु की अपेक्षा मध्यम में, मध्यम की अपेक्षा बृहत् में और मध्यम तथा लघु दोनों की अपेक्षा बृहत् में ही अतिशयोक्ति की प्रबलता है। इसलिए यह अनुमान निराधार है कि लघु और मध्यम बृहत् के अथवा लघु मध्यम का संक्षित रूपांतर है।"[1]

इस तुलना-क्रम में डॉ. गुप्त ने लघुतम रूपांतर को नहीं लिया है, फिर भी इस निष्कर्ष के आधार पर यह कहा जा सकता है कि जो रूपांतर आकार की दृष्टि से लघुतर हैं वे ३अपने से बड़े रूपांतरों के संक्षिप्त रूप नहीं हैं। यह नियम लघतुम रूपांतर के विषय में भी लागू हो सकता है।

परंतु इससे यह तो साबित नहीं होता कि अपेक्षाकृत बड़े रूपांतर छोटे रूपांतरों के परिवर्धित रूप हैं। इस आधार पर यह भी नहीं कहा जा सकता कि बड़े आकार वाले रूपांतर परवर्ती हैं। इस तुलना से केवल इतना ही स्पष्ट होता है कि इन रूपांतरों की परम्पराएँ भिन्न हैं। जब तक इन रूपांतरों के पारस्परिक सम्बन्ध पर प्रकाश डालनेवाले अन्य तथ्य खोज नहीं निकाले जाते, तब तक इससे अधिक कुछ नहीं कहा जा सकता। रूपांतरों के पौर्वापर्य-सम्बन्ध काल-निर्णय के दूसरे आधार भी हो सकते हैं।

बृहत् और लघुतम में भाषा-भेद

13. भाषा-विज्ञान के विद्यार्थी के लिए इन रूपांतरों के भाषा-सम्बन्धी तथ्यों का तुलनात्मक अध्ययन विशेष उपयोगी है। यदि सभी रूपांतरों से मिलते-जुलते कुछ समान छंद एकसाथ लिये जायँ और फिर उनमें से समान शब्दों के सभी प्राप्त रूपों को रूपांतर क्रम से देखा जाय तो विकास की विभिन्न अवस्थाओं का पता चल सकता है। सुविधानुसार यहाँ बृहत् और लघुतम केवल दो रूपांतरों के कनवज्ज समय से दो उभयनिष्ठ छंद लिए जा रहे हैं। बृहत् रूपांतर के उद्धरण नागरी प्रचारिणी सभा की प्रति से लिए गए हैं और लघुतम रूपांतर के उद्धरण धारणोज की प्रति से।

ग्यारह सइ इक्कावनई चैत तीज रविवार।
कनवज्ज पिख्खण कारणइ चालिउ संभरिवार।।

1. 'पृथ्वीराज रासो' के तीन पाठों का आकार-सम्बन्ध, अनुशीलन, वर्ष 7, अंक 4, अगस्त 1955 ई.

सत सुभट्ट ले संमुहो पंगुराय ग्रिह साज।
कै जानइ कवि चंद अरु कै जानइ प्रिथीराज।।

लघुतम, कनवज्ज समय, 1-2

ग्यारह सै एकानवे चैत तीज रविवार।
कनवज पिखन कारनैं चल्यो सु संभरिवार।।
कै जानै कवि चंद इ कै प्रयान पृथीराज।
सित सामंत सुसंमुहे पंगुराय ग्रह काज।।

बृहत्, कनवज्ज समय, 102, 78

(क) इन छंदों में से तुलना के लिए एक ओर इक्कावनइ और दिख्खण तथा दूसरी ओर एकानवै और पिखन शब्द लिए जा सकते हैं। लघुतम रूपांतर में यदि व्यंजन-द्वित्व सुरक्षित है तो बृहत् में उसका सरलीकृत रूप मिलता है। सरलीकरण के लिए एक जगह सरलीकृत व्यंजन से पूर्ववर्ती स्वर को क्षतिपूर्ति के लिए दीर्घ कर दिया गया है[1], तो दूसरी जगह पूर्ववर्ती स्वर को दीर्घ किए बिना ही व्यंजन का सरलीकरण हो गया है। इसके अतिरिक्त लघुतम के सइ, इक्कावनइ, कारणइ, जानइ, इत्यादि शब्दों में अंत्य संयुक्त स्वर अइ, सुरक्षित है तो सै, एकानवै, कारनैं, जानै में वे संयुक्त स्वर संकुचित होकर–ऐ हो गए हैं। स्वर-संकोचन (Vowel Contraction) की यह प्रवृत्ति चालिउ से बने हुए चल्यो रूप में भी देखी जा सकती है।

(ख) व्यंजन-द्वित्व का सरलीकरण और स्वर-संकोचन–ये दोनों प्रवृत्तियाँ अपभ्रंश के बाद की अवस्था के प्रमाण हैं। आधुनिक आर्यभाषाओं में यह प्रवृत्ति क्रमशः प्रबल होती चली गई।

लघुतम की अपेक्षा बृहत् में यह प्रवृत्ति अधिक व्यापक दिखाई पड़ती है। इस आधार पर यह कहा जा सकता है कि बृहत् की अपेक्षा लघुतम में भाषा के प्राचीन रूप अधिक सुरक्षित हैं।

(ग) कारणइ और कारनैं की तुलना से लघुतम और बृहत् की भाषा में एक अन्य अंतर का संकेत मिलता है। बृहत् में प्रायः 'ण' को 'न' कर देने की प्रवृत्ति है; जब कि लघुतम का झुकाव 'ण' की ओर है। इसे राजस्थान-गुजरात का प्रादेशिक प्रभाव भी कहा जा सकता है और प्राचीनता का प्रमाण भी माना जा सकता है क्योंकि प्राकृत-अपभ्रंश में 'ण' की प्रवृत्ति प्रबल थी।

(घ) इसी तरह 'ग्रिह साज' का 'ग्रह काज' रूपांतर अर्थांतर के साथ ही, बृहत् की एक विशेष ध्वनि-प्रवृत्ति को सूचित करता है। लघुतम में जहाँ 'ऋ' के लिए

---

1. ए, इ का वस्तुतः दीर्घ रूप नहीं है, इ का दीर्घ तो ई होता है लेकिन यहाँ उच्चारण की दृष्टि से इ और ए में गुण-सम्बन्धी अंतर उतना नहीं है जितना मात्रा सम्बन्धी।

'रि' का प्रयोग किया गया है, वहाँ बृहत् में केवल 'र' है। लघुतम यदि 'प्रिथीराज' का प्रयोग करता है तो बृहत् 'प्रथीराज'। इस अंतर को लिपि-सम्बन्धी प्रभाव भी कहा जा सकता है परंतु जैसा आधुनिक राजस्थानी की उच्चारण-प्रवृत्ति से पता चलता है, 'प्रिथीराज' के लिए 'प्रथीराज' का उच्चारण वहाँ की प्रादेशिक विशेषता है। इससे यह अनुमान लगाया जा सकता है कि बृहत् के उच्चारण पर कहीं-कहीं आधुनिक राजस्थानी का प्रभाव लक्षित होता है किंतु लघुतम में भाषा के प्राचीनतर उच्चारण की रक्षा की गई है।

(ङ) उपर्युक्त छंदों के अतिरिक्त अन्यत्र पृथ्वीराज रासो के बृहत् रूपांतर में छंद के अंतर्गत मात्रा पूर्ति के लिए संयुक्त व्यंजन के रूप में परवर्ती 'र' के समावेश की प्रवृत्ति बहुत दिखाई पड़ती है। ऐसे संयुक्त-व्यंजन के बाद आनेवाले व्यंजन का प्रायः द्वित्व हो जाता है; जैसे–

कर्म > क्रम्म	निर्माण > न्रिम्मान
गंधर्व > गंध्रब्ब	मर्यादा > म्रज्जाद
गर्व > ग्रब्ब	सर्प > स्रप्प
दर्पण > द्रप्पन	सर्व > स्रब्ब
धर्म > ध्रम्म	

यह प्रक्रिया सर्वत्र मात्रा-पूर्ति के लिए ही अपनाई गई नहीं प्रतीत होती। कहीं तो शैली को ओजपूर्ण बनाने के लिए ऐसा किया गया है और कहीं संभवतः स्थानीय उच्चारण का प्रभाव मालूम होता है। इस प्रवृत्ति के लिए चाहे जो संतोषप्रद व्याख्या दी जाय, किंतु इतना निश्चित है कि लघुतम रूपांतर की अपेक्षा बृहत् में इसकी बहुलता है। दोनों की भाषा में यह महत्त्वपूर्ण अंतर है।

(च) शब्द-समूह के विभिन्न तत्त्वों के विश्लेषण से पता चलता है कि बृहत् रूपांतर में अरबी-फारसी शब्दों की बहुलता है। बृहत् की अपेक्षा लघुतम में अरबी-फारसी शब्द कम हैं; जैसे–साह (शाह), फवज (फौज), दरबार, तुरुक (तुर्क) इत्यादि। फारसी शब्दों की बहुलता बृहत् रूपांतर को परवर्ती प्रमाणित करनेवाले तथ्यों में से एक कही जा सकती है।

इस प्रकार भाषा की दृष्टि से लघुतम रूपांतर अपेक्षाकृत प्राचीन शब्द-रूपों को सुरक्षित रखने की ओर प्रवृत्त दिखाई पड़ता है और इसलिए भाषा-वैज्ञानिक अध्ययन के लिए लघुतम रूपांतर अधिक उपयोगी कहा जा सकता है।

रासो का केंद्र : कनवज्ज समय

14. पृथ्वीराज रासो की समस्त प्राप्त परम्पराओं में जिस प्रसंग का सबसे अधिक

विस्तार मिलता है, वह है संयोगिता-विवाह तथा जयचंद के साथ पृथ्वीराज का युद्ध। बृहत् रूपांतर में इसका वर्णन **कनवज्ज समय** के अंतर्गत किया गया है। लघुतम रूपांतर समय, प्रस्ताव, पर्व अथवा खंड के आधार पर विभाजित नहीं है, फिर भी सुविधा के लिए इस प्रसंग को 'कनवज्ज समय' कहा जा सकता है। अन्य रूपांतरों की तरह लघुतम में भी 'कनवज्ज समय' सबसे बड़ा है। सच पूछा जाय तो लघुतम रूपांतर में मुख्यतः तीन ही कथा-प्रसंग हैं—कैमास-वध, संयोगिता-विवाह और पृथ्वीराज-गोरी युद्ध। इन तीनों में संयोगिता-विवाह की ऐतिहासिकता विवादग्रस्त है। फिर भी इस कथा-प्रसंग का विस्तार और काव्यात्मक सौंदर्य देखकर विद्वानों ने अनुमान लगाया है कि 'कनवज्ज-समय' ही मूत रासो है। डॉ. धीरेन्द्र वर्मा लिखते हैं कि "पाठक पर पहला प्रभाव यही पड़ता है कि 61वाँ कनवज-समय रासो का प्रधान केंद्रीय समय है। आश्चर्य नहीं कि संयोगिता के साथ पृथ्वीराज के विवाह के अनुकरण में अन्य कवियों ने शेष नौ विवाहों की भी धीरे-धीरे कल्पना कर डाली हो। इसी प्रकार संयोगिता के पूर्वजन्म तथा पूर्वानुराग आदि से सम्बन्ध रखनेवाले अनेक समयों की, जो 45 से 66 समयों के बीच पाए जाते हैं, कल्पना धीरे-धीरे हुई हो।"[1]

इस प्रकार 'कनवज्ज-समय' पृथ्वीराज रासो का मूल रूप हो या नहीं, किंतु उसे केंद्र-बिंदु तो अवश्य ही कहा जा सकता है। तुलसी के रामचरितमानस में जो स्थान द्वितीय सोपान, अयोध्या काण्ड, का है लगभग वही स्थान पृथ्वीराज रासो में कनवज्ज समय का है। इसमें रासो की साहित्य और भाषा-सम्बन्धी प्रायः सभी प्रवृत्तियों का प्रतिनिधित्व हो जाता है। इसी तथ्य को ध्यान में रखकर प्रस्तुत अध्ययन के लिए लघुतम रूपांतर के कनवज्ज समय को आधार बनाया गया है।

बृहत् और लघुतम के कनवज्ज समय की तुलना

15. बृहत् कनवज्ज समय में षड्ऋतु वर्णन के 73 छंदों को लेकर कुल 2553 छंद हैं जब कि लघुतम की छंद-संख्या केवल 346 है। इस प्रकार बृहत् कनवज्ज समय लघुतम का सातगुना है। इस आकार-विस्तार को दो भागों में विभाजित किया जा सकता है—वर्णन सम्बन्धी विस्तार और नवीन प्रसंगोद्भावना। जो बात लघुतम में एक छंद में कही गई है, उसे बृहत् ने अनेक छंदों में विस्तार दिया है। कन्नौज की ओर पृथ्वीराज की यात्रा, गंगा माहात्म्य, कन्नौज नगर की शोभा, जयचंद की राज-सभा और सैन्य-शक्ति, चंद के साथ छद्म वेश में पृथ्वीराज का पंग दरबार

1. पृथ्वीराज रासो, काशी विद्यापीठ रजत जयंती अभिनंदन ग्रंथ, 1949 ई. पृ. 172

में प्रवेश, पृथ्वीराज-संयोगिता-मिलन तथा गंधर्व-विवाह, जयचंद से पृथ्वीराज का युद्ध इत्यादि मुख्य प्रसंग ऐसे हैं जो दोनों रूपांतरों में समान हैं तथा इनसे सम्बन्धित कुछ छंद भी प्रायः एक से हैं। बृहत् में उन छंदों के अतिरिक्त और भी बहुत से छंद हैं। कहीं तो वर्णन-विशेष से सम्बद्ध उसी ढंग के छंद अंत में बढ़ाए गए दिखाई पड़ते हैं और कहीं छंद का ढंग भी बदल दिया गया है। परंतु इस प्रकार का विस्तार बहुत कम है। बृहत् रूपांतर में वस्तुतः लघुतम की अपेक्षा कथा-प्रसंग अधिक हैं। उदाहरण के लिए पृथ्वीराज की कन्नौज-यात्रा में बृहत् के अंतर्गत निम्नलिखित प्रसंग अधिक हैं–

1. जुमना-किनारे पड़ाव; 2. अपशकुनों की लंबी-सूची[1]; 3. सामंतों का नाम-परिगणन और वर्णन; 4. अलौकिक घटनाएँ; जैसे–एक-एक करके देवी, शिव, हनुमान, इंद्र सहस्रबाहु और सरस्वती अलग-अलग आदमियों को आकर दर्शन देते हैं और भविष्यवाणी करके अभय देते हैं; एक अतिमानवीय सुंदरी सहसा पृथ्वीराज को अजेय बाण देकर लुप्त हो जाती है; 5. नागा साधुओं की फौज; 6, संखधुनी साधुओं का वर्णन।

यह विस्तार स्पष्ट रूप से अनावश्यक और अप्रासंगिक है। अपशकुनों की कल्पना केवल प्रमुख सामंतों की मृत्यु को पुष्ट करने के लिए बाद में की गई और पूर्व सूचना के रूप में जोड़ी गई प्रतीत होती है। अलौकिक और अतिमानवीय घटनाओं के लिए भी ऐसी ही व्याख्या प्रस्तुत की जा सकती है।

जयचंद के दरबार में चंद के प्रवेश को लेकर भी इसी प्रकार चंद की अलौकिक प्रतिभा के अनेक प्रमाण दिए गए हैं। चंद और जयचंद की बातचीत में भी 'वरद्द' शब्द पर श्लेष-जनित नोक-झोंक एकदम नई चीज है। परंतु इससे भी बढ़कर विचित्र बात यह है, जब चंद जयचंद को यह बतलाता है कि जिस समय महाराज दक्षिण गए थे, शहाबुद्दीन गोरी ने कन्नौज पर आक्रमण किया था और पृथ्वीराज ने उनकी अनुपस्थिति में कन्नौज की रक्षा की थी। इस घटना का वर्णन बृहत् में शताधिक छंदों में किया गया है। प्रसंग को देखते हुए यह घटना सर्वथा अप्रासंगिक प्रतीत होती है। यदि यह सच भी होती, तो सम्भव नहीं प्रतीत होता कि जयचंद इतनी महत्त्वपूर्ण घटना से अब तक अनभिज्ञ रहे होंगे और चंद को उसकी याद दिलाने की जरूरत पड़ी होगी। इसी प्रकार चंद के सेवक रूप में छद्मवेशी पृथ्वीराज को कुछ-कुछ पहचान लेने के बाद भी जयचंद का शिकार के लिए तैयारी करना अविश्वसनीय प्रतीत होता है। स्वयं महाराज जयचंद का कवि चंद के डेरे पर जाना भी बृहत् रूपांतर की ऐसी ही अविश्वसनीय घटनाओं में से एक है। पृथ्वीराज के वास-स्थान को छोड़ते समय जिस विस्तार से जयचंद की सेना का वर्णन किया

---

1. लघुतम में केवल शकुनों का उल्लेख है।

गया है और साथ ही जयचंद द्वारा पृथ्वीराज को पकड़ने के लिए मुसलमानी सेना को आज्ञा देने की बात कही गयी है, उसे भी बृहत् की अपनी कल्पना ही समझनी चाहिए। आगे चलकर युद्ध वर्णन में ऐसे बहुत-से नये सामंतों के शौर्य की चर्चा आई है जो लघुतम में अनुल्लिखित हैं।

संक्षेप में बृहत् रूपांतर के कनवज समय के इतने विस्तार का यही आधार है।

16. बृहत् और लघुतम कनवज समय के छंद-क्रम में भी कहीं-कहीं परिवर्तन दिखाई पड़ता है। कथा-प्रवाह और प्रासंगिकता की दृष्टि से वे छंद लघुतम में जिस क्रम से आये हैं, वह ठीक प्रतीत होता है। मेरे विचार से क्रम-भंग बृहत् में ही हुआ है। कनवज समय के अंतर्गत कुल मिलाकर 5 स्थानों पर छंदों में क्रम-विपर्यय हुआ है। इन स्थलों की तुलनात्मक तालिका निम्नलिखित है–

	लघुतम	बृहत्
छंद क्रम संख्या	1,2	102, 78
	87, 88, 89	498, 504, 497
	91, 92	513, 510
	211, 212, 213	1346, 1706, 1347
	297-315	1704 और 1733 के बीच सहसा 2149 से 2314 तक के छंद[1]

बृहत् रूपांतर में छंदों के इस क्रम-विपर्यय से कथा-सूत्र जोड़ने में बड़ी कठिनाई उपस्थित होती है। सम्भवतः प्रसंगांतर और प्रक्षेप के कारण ही यह गड़बड़ी उपस्थित हुई और इससे इस स्थापना को बल मिलता है कि बृहत् परवर्ती प्रक्षिप्त रूपांतर है तथा इसका संकलन अथवा संग्रह पीछे हुआ है।

17. लघुतम रूपांतर के कनवज्ज समय में कुछ छंद ऐसे भी हैं जो बृहत् की सभावाली प्रति में बहुत खोजने पर भी प्राप्त नहीं हुए। ये छंद कुल मिलाकर 17 हैं और इनकी क्रम संख्या निम्नलिखित हैं–

21 से 25 तक 94, 203 से 211 तक, 229 और 229

बृहत् में इन छंदों के मिलने की कोई युक्तिसंगत व्याख्या वर्तमान स्थिति में दे सकना सम्भव नहीं है।

1 युद्ध-वर्णन के सिलसिले में बृहत् में बहुत बड़े पैमाने पर छंदों का यह क्रम विपर्यय हुआ है, उल्लिखित तिथियों के आधार पर उसकी असंगति स्पष्ट हो जाती है।

कनवज्ज समय की वार्ताएँ

18. छंदों के अतिरिक्त लघुतम के कनवज्ज समय में 30 गद्य-वार्ताएँ भी हैं। गद्य-वार्ताएँ रासो के बृहत् रूपांतर में भी हैं। वार्ताओं का प्रयोग प्रायः कथा-सूत्र जोड़ने अथवा स्पष्ट करने के लिए हुआ है। काव्य-ग्रंथों में बीच-बीच में गद्य-वार्ता जोड़ने की यह प्रवृत्ति कुछ अन्य काव्यों में भी दिखाई पड़ती है। 'ढोला मारूरा दूहा' नामक पुरानी राजस्थानी रचना की भी कुछ ऐसी प्रतियाँ प्राप्त हुई हैं, जिनमें दोहों के बीच जगह-जगह चौपाइयाँ तथा गद्य-वार्ताएँ जोड़ी गई हैं।[1] इससे कथात्मक काव्यों में गद्य-वार्ता जोड़ने की परम्परा का पता चलता है। विद्वानों का अनुमान है कि इस वार्ता परम्परा का प्रचलन सोलहवीं शताब्दी के आसपास अथवा बाद में हुआ होगा। काव्य-ग्रन्थों में सन्निविशिष्ट वार्ताओं के अतिरिक्त आद्योपांत केवल गद्य की स्वतंत्र वार्ताएँ भी प्राप्त होती हैं जिनमें 'चौरासी वैष्णवन की वार्ता' अत्यंत प्रसिद्ध है। ऐसा प्रतीत होता है कि मध्ययुग में गद्य के लिए 'वार्ता' शब्द रूढ़ हो गया था। बृहत् में वार्ताओं के लिए कहीं-कहीं 'वचनिका' शब्द का भी प्रयोग किया गया है, किंतु लघुतम में सर्वत्र 'वार्ता' शब्द ही व्यवहृत है।

19. लघुतम कनवज्ज समय की वार्ताएँ परवर्ती संलग्न पद्य-संख्या के संदर्भ सहित निम्नलिखित हैं :

1. **सावंत टारियान लागे कुण कुण। (3)**
2. **राजा प्रिथीराज चालंता शकुन होइत हइ। (4)**
3. **राजा कूँ इह उत्कंठा भयी। सावंतन की पाछिली आस गयी। राजा नै आइस दीन्हों जे ठाकुर पंगुराय प्रगट है ताकी आधीन हुइ के रूपो दुरावो वा-की कैसा रूप ही। साथि आवउ सामंतनु मानिया निसा जुग एक रुजनी। (9)**
4. **राजा गंगा जाइ देखी। (20)**
5. **राजा स्नान कीयो। सामंतन ने स्नान कीयो। तब राजा गंगा को समरनु करत है। (26)**
6. **तब लगि अरुनोदय भयो। गंगोदक भरिवै के निमित्त आनि ठाढ़ी भयी, मानो मुकति तीरथ दोऊ संकीरन भये यौं जानियतु है। (31)**
7. **ते किसी-एक पनिहारी है। (33)**
8. **संदेह देवी वर्णन छै। (58)**
9. **अबहि नगर देखत है। (67)**
10. **चांद राजा के दरबार ठाढो रह्यो। (83)**
11. **राजा ने पूछो—दंड आडंबरी भेख धारी सुकव्वि च्यारि प्रकार भट्ट प्रवर्ततु है।**

---

1. ढोला मारू-रा दूहा, नागरी प्रचारिणी सभा, काशी, 1934 ई., प्रस्तावना, पृष्ठ 12।

देखो धौं जाइ इनमें को है। (87)

12. छहै भाखा नो रस चांदु कहतु है। (88)
13. अथ चांद भाट राजा जैचंद को वर्णवतु है। (89)
14. देख्यो ए भविष्यत् दरिद्र को छत्रु लिये फिरै। चोहान को बोल याकै मुँहि क्यों निकसै। (106)
15. राजा पूछइ ते चंद उतर देत हइ। (108)
16. देखे भलो भार है। जाको लून-पानि खात है ताको पूरउ बोलत है। राजा मनि चिंतवत है। (109)
17. पुनः चांद वाक्यं। (110)
18. ता रनवास की दासी सुगंधादिक घनसार म्रिगमद हेम-संपुट सुरलोक वहु चलि अच्छरी समान। (115)
19. राजा अनेग हास्य करन लागे। अनेग राजान के मान-अपमान सगि अंबर तै दिनयर अदरसै। (127)
20. अह निसा तो राओ जोग वीवहि निसा पंगुरहि को जाति है। (128)
21. पात्रन्नाम–दर्पकांगी, नेतचंगी, कुरंगी, कोकाक्षी, कोकिलारागी, मे भागवानी, अंगाल लोल डोल एक बोल अमोल पुप्फांजली पंग सिर नाइ जयति पिय कामदेव। (131)
22. राजा कइसी नींद विसारि। (140)
23. रात्र गते ये राजा अर्क सो देखयतु है। (141)
24. राजा आइसु ते गीज सोधा चहुवान को भट्ट आयो है, ताहि इतनो दज्यो। (146)
25. राजा प्रिथीराज कनवजहि फिरि आवतु हइ। इतने सामंतन सूं पंगु राजा को कटकु सज्ज होइ लरतु है। (153)
26. ए तो राजा कूँ सुख प्रापत भय। सावंतन की कुण अवस्था हुई। (179)
27. तउलूं राजा आव देखइ जेसो मदमत्त हस्ती होइ। (182)
28. राजा कहै–संग्राम विखै स्त्री विवर्जित है। (188)
29. राजा प्रिथीराज फोज वांपत है। भुमरावली छंद इही वांचीइ। (203)
30. पहिली सामंत सू झूसे तिनके नाउं अरु वरणनु कहतु है। (315)

20. वार्ताओं की भाषा स्पष्टतः परवर्ती है। पद्य की भाषा इनसे कहीं अधिक प्राचीनतर है। कुछ वार्ताओं में 'कौन' के लिए राजस्थानी ***कुण*** (3, 179), गुजराती संबंध परसर्ग ***नो*** (88) तथा गुजराती की अस्तिवाचक क्रिया ***छै*** (58) का प्रयोग आदि विशेषताएँ ऐसी हैं जो रासो के पद्यों की भाषा में कहीं नहीं मिलतीं। इनके अतिरिक्त वार्ताओं की भाषा सम्बन्धी कुछ मुख्य विशेषताएँ ऐसी हैं जो हिंदी भाषा की अपेक्षाकृत आधुनिक अवस्था से सम्बद्ध हैं।

(1) भूतकाल की सकर्मक क्रिया के कर्ता के साथ कर्तृ-करण-परसर्ग ने अथवा नै का प्रयोग–

राजा नै आइस दीन्हो (9)
राजा ने पूछ्यो (87)
सामंतन ने स्नान कियो (26)

(2)–अत वाले वर्तमानकालिक कृदंत+अस्तिवाचक सहायक क्रिया-रूप से संयुक्त काल का निर्माण–

होइत हइ	*(4)*	*आवतु है*	*(153)*
करत है	*(26)*	*लरतु है*	*(153)*
कहतु है	*(88, 315)*	*देत हई*	*(108)*

(3)–इयतु वाले कृदंत के द्वारा कर्मवाच्य की रचना–

यौं जानियतु है (31), देखियतु है (141)

(4)–अन प्रत्ययान्त क्रियार्थक संज्ञा के संयोग से आधुनिक ढंग की संयुक्त क्रिया की रचना–

करन लागे (127) टारियान लागे (1)

(5) लिंगानुशासित भूतकृदंत क्रिया-रूपों का अस्तित्व–

भयी,, (9, 31), गयी (9), देखी (20) इत्यादि।

(6) आधुनिक ढंग के पूर्वकालिक कृदंत रूप–

हुई कै (9)=होकर, होके

इन तथ्यों से प्रमाणित होता है कि पृथ्वीराज रासो की भाषा पर विचार करते समय वार्ताओं को अलग रखना ही युक्तिसंगत है।

कनवज्ज समय के संस्कृत छंद

21. बृहत् की तरह लघुतम रूपांतर में भी कुछ संस्कृत भाषा के छंद मिलते हैं। लघुत्म में संस्कृत छंदों की संख्या कुल मिलाकर केवल आठ है जो विभिन्न छंदों के अनुसार इस प्रकार है–

काव्य–20, 95, 141
साटक–140
आर्या–147
श्लोक–179*, 188, 194

---

* वस्तुतः यह श्लोक है अर्थात् इसका छंद अनुष्टुप् है। गलती से इस छंद को रासो में 'गाथा' कहा गया है।

हिंदी काव्यों को संस्कृत भाषा में रचे गए छंदों से अलंकृत करने की परम्परा काफी पुरानी है। तुलसीदास के रामचरितमानस में भी संस्कृत के अनेक पद्य हैं। विद्वानों ने तुलसी के संस्कृत पद्यों की संस्कृत भाषा में व्याकरण सम्बन्धी भूलों की ओर संकेत किया है। ऐसी स्थिति में रासो के संस्कृत पद्यों की भाषा का त्रुटिपूर्ण होना विशेष आश्चर्य की बात नहीं है। बौद्ध ग्रंथों की 'गाथा-संस्कृत' की तरह यह संस्कृत भी काफी गड़बड़ है। इसलिए इसे संस्कृताभास हिंदी कह सकते हैं।

प्राकृत छंद

22. लघुतम कनवज्ज समय में प्राकृत की सात गाथाएँ भी हैं। इनकी छंदः क्रम-संख्या 197, 201, 267, 273, 280, 281 और 316 है। इन गाथाओं की भाषा प्राकृताभास हिंदी है। ये प्राकृत गाथाएँ रासो के सभी रूपांतरों में मिलती हैं। ये वार्ताओं की तरह प्रक्षिप्त नहीं हैं, बल्कि रासो का अभिन्न अंग प्रतीत होती हैं। इसकी पुष्टि 'षड्भाषा' परम्परा से भी होती है।

रासो और षड्भाषा

23. रासो के प्रायः सभी रूपांतरों में इस आशय के छंद आते हैं कि इसमें षड्भाषा का प्रयोग किया गया है। लघुतम के कनवज्ज समय में भी एक छंद में इसका संकेत मिलता है।

अंभोरुहमानंद जोइ लरि सो दाडिम्म लो बीय लो।
लोयंदे चलु चालु आरु कलऊ बिंबाय कीयो गहो।।
के सीरी के साहि बेयन रसो विक्किसकी नागवी।
इंदो मध्य सु विद्यमान विहना ए षष्ठ भाषा छंदो।।88।।

'षड्भाषा' की परम्परा कालांतर में कुछ बदलती गई; फिर भी संस्कृत, प्राकृत (महाराष्ट्री), शौरसेनी, मागधी, पैशाची और अपभ्रंश को षड्भाषा के अंतर्गत स्वीकार करने की परम्परा प्रधान थी। इसकी पुष्टि 'षड्भाषा-चंद्रिका' से भी होती है। मालूम होता है, राज्य-सम्मान प्राप्त करने के लिए कवि को पिंगल और अलंकार-शास्त्र की तरह 'षड्भाषा' की जानकारी का भी प्रमाण देना पड़ता था। इसलिए मध्ययुग के राजकवि अपनी रचनाओं में 'भाषा' के अतिरिक्त यथास्थान षड्भाषा के भी कुछ छंद रख दिया करते थे। षड्भाषा रासो काव्य की प्रकृति नहीं, बल्कि अलंकरण है और अधिक-से-अधिक शैली विशेष का परिचायक है।

भाषा की मूल प्रवृत्ति

24. संस्कृत श्लोकों, प्राकृत गाथाओं और प्रक्षिप्त गद्य-वार्ताओं को छोड़कर पृथ्वीराज रासो की सामान्य भाषा का एक निश्चित और नियमित ढाँचा है। लधुतम रूपांतर के 'कनवज्ज समय' के पाठ को आधार बनाकर तथा सभा की प्राचीनतम प्रति के पाठांतरों को तुलनात्मक रूप से सामने रखकर इस रचना की भाषा के सम्बन्ध में मैंने जिन तथ्यों की खोज की है, उनका सारांश निम्नलिखित है–

(अ) ध्वनि-विचार

(1) छंद के अनुरोध से प्रायः लघु अक्षर को गुरु और गुरु अक्षर को लघु बना दिया गया है। लघु को गुरु बनाने के लिए शब्दांतर्गत (क) ह्रस्व स्वर का दीर्घीकरण, (ख) व्यंजन-द्वित्व, (ग) स्वर का अनुस्वार-रंजन, तथा (घ) समास में द्वितीय शब्द के प्रथम व्यंजन को द्वित्व करने की प्रवृत्ति है। इसके विपरीत गुरु को लघु बनाने के लिए (क) दीर्घ स्वर का ह्रस्वीकरण, (ख) व्यंजन-द्वित्व का क्षतिपूर्ति-रहित सरलीकरण, तथा (ग) अनुस्वार के अनुनासिकीकरण की विधि प्रयोग में लाई गई है।

(2) छंदोऽनुरोध के अतिरिक्त भी स्वर-व्यंजन में परिवर्तन हुए हैं। उत्तराधिकार में प्राप्त प्राकृत के अर्ध-तत्सम शब्दों का प्रयोग करने के साथ ही आधुनिक आर्यभाषाओं की प्रवृत्ति के अनुसार नए तद्भव रूपों की ओर भी झुकाव लक्षित होता है। अंत्य दीर्घ स्वर के ह्रस्वीकरण की जो प्रवृत्ति प्राकृत-अपभ्रंश-काल से ही शुरू हो गई थी, वह रासो में पर्याप्त प्रबल दिखाई पड़ती है; जैसे–***जोध (=योद्धा), सेन (=सेना)*** इत्यादि।

(3) शब्द के अंतर्गत आद्य अक्षर में प्रायः स्वर की ***मात्रा*** में परिवर्तन हो गया है और मात्रा-सम्बन्धी यह परिवर्तन प्रायः दीर्घ से ह्रस्व की ओर दिखाई पड़ता है; जैसे–

अनंद (=आनंद,), अहार (=आहार), जियण (=जीवन) इत्यादि।

(4) शब्द के अंतर्गत अनादि अक्षर में स्वर के ***गुण*** सम्बन्धी परिवर्तन की प्रवृत्ति है; जैसे–

अ > इ : तुरंग > तुरिय
अ > उ : अंजलि > अंजुलिय
ई > अ : निरीक्ष्य > निरखि
उ > अ : मुकुट > मुकट
उ > ई : कौतुक > कोतिग
ऊ > ओ : ताम्बूल > तंबोल

ए > *इ* : *नरेंद* > *नरिन्द* : इत्यादि।

(5) प्राकृत-अपभ्रंश में जहाँ स्वरांतर्गत अथवा मध्यग ***क, ग, च, ज, त, द, प, य, व*** के लोप से उद्‌वृत्त स्वर अवशिष्ट रह जाता था, उनके स्थान पर धीरे-धीरे य, व श्रुति के आगम अथवा पूर्ववर्ती स्वर के साथ उन्हें संयुक्त करने की प्रवृत्ति अवहट्ट अवस्था से प्रारम्भ हो गई थी जिसकी प्रबलता पृथ्वीराज रासो में भी दिखाई पड़ती है। रासो में उद्‌वृत्त स्वर की (क) स्वतन्त्र रूप से सुरक्षित, (ख) य, व श्रुति के रूप में उच्चरित, और (ग) पूर्ववर्ती स्वर के साथ संयुक्त, तीनों स्थितियाँ मिलती हैं किन्तु प्रधानता द्वितीय स्थिति की है और तृतीय स्थिति विकास की अवस्था में दिखाई पड़ती है। तीनों स्थितियों के उदाहरण निम्नलिखित हैं–

(क) *चउसट्ठि* < *चतुष्षष्टि*
(ख) *नयर* < *नगर*
(ग) *रावत* < *राबुत* < *रावउत* < **राअवुत*
< *राजपुत* < *राजपुत्र*

(6) उद्‌वृत्त स्वर को पूर्ववर्ती स्वर के साथ संयुक्त करने की प्रवृत्ति पदांत में विशेष दिखाई पड़ती है जिसका व्याकरण की दृष्टि से अत्यधिक महत्त्व है। इस प्रवृत्ति के कारण रासो के क्रियापद अपभ्रंश से विशिष्ट हो गए हैं और संज्ञा तथा सर्वनाम पदों में विकारी रूपों के निर्माण की अवस्था दिखाई पड़ती है। ***है, कहै, जानिहै, आयो, भो*** आदि क्रियापद तथा ***हत्थैं, तैं*** आदि संज्ञा-सर्वनाम के विकारी रूप इसी प्रवृत्ति के परिणाम हैं।

(7) उद्‌वृत्त स्वर के अतिरिक्त मूल स्वरों में भी स्वर-संकोचन की प्रवृत्ति दिखाई पड़ती है। ***मोर (=मयूर), समै (=समय), स्रोन (=श्रवण)*** इत्यादि शब्द इसी प्रकार के स्वर-संकोचन के परिणाम कहे जा सकते हैं।

(8) प्राचीन व्यंजन-ध्वनियों में से ***य*** और ***व*** रासो में अधिकांशतः केवल श्रुति के रूप में सुरक्षित प्रतीत होते हैं। इसके अतिरिक्त प्रायः ***य ज*** में तथा ***व ब*** में परिवर्तित हो गया था। प्रतिलिपिकार ने यद्यपि ***ब*** के लिए भी ***व*** का ही प्रयोग किया है, तथापि उच्चारण में वह ***ब*** ही प्रतीत होता है।

(9) ***श, ष, स*** तीन ऊष्म ध्वनियों में से केवल ***स*** का अस्तित्व प्रमाणित होता है। ***श*** और ष भी प्रायः ***स*** में परिवर्तित हो गए थे। ***ष*** के अन्य परिवर्तित रूप ***ख*** और ***ह*** मिलते हैं। ***ख*** के लिए ***ष*** का प्रयोग मध्ययुगीन नागरी लिपि-शैली की सामान्य विशेषता है जिससे सभी लोग परिचित हैं।

(10) वर्गीय अनुनासिक व्यंजनों में से केवल, ***न, म*** का अस्तित्व प्रमाणित होता है। क्वचित्-कदाचित् ***ण*** भी दिखाई पड़ जाता है किंतु इसका प्रयोग या तो तत्सम शब्दों में परम्परा निर्वाह के लिए दिखाई पड़ता है या राजस्थानी प्रभाव के अंतर्गत।

(11) लिपि-शैली से ***ड़, ढ़, न्ह, ल्ह, म्ह*** पाँच नवीन व्यंजन-ध्वनियों के प्रचलन का प्रमाण मिलता है। ऐसा प्रतीत होता है कि प्राचीन ***ड, ढ*** क्रमशः ***ड़, ढ़,*** में परिवर्तित हो गए थे।

(12) असंयुक्त व्यंजनों में क > ह, ज > ग, ट > र, र > ल परिवर्तन महत्त्वपूर्ण हैं जिनके उदाहरण निम्नलिखित हैं–

क	*> ह*	:	*चिकुर*	*> चिहुर*
ज	*> ग*	:	*कनवज*	*> कनवग*
ट	*> र*	:	*भट*	*> भर*
र	*> ल*	:	*सरिता*	*> सलिता*

(13) असंयुक्त महाप्राण घोष और अघोष व्यंजनों का केवल महाप्राणत्व ही अवशिष्ट रह गया था। यह परिवर्तन प्रायः स्वरांतर्गत अथवा मध्यग स्थिति में हुआ है। कुछ उदाहरण निम्नलिखित हैं–

ख	:	*दुह, सुह*
फ	:	*सुहर*
थ	:	*पहिल, पुहवी*
ध	:	*कोह, विहि*
भ	:	*लहै, हुअ*

(14) असंयुक्त अल्पप्राण व्यंजनों को आदि और अनादि दोनों ही स्थितियों में कहीं-कहीं महाप्राण कर देने की प्रवृत्ति दिखाई पड़ती है; जैसे–

कंधार > खंधार

अंकुर > अंखुली

(15) अघोष व्यंजनों का घोषीकरण; जैसे–

अनेक > अनेग

कौतुक > कोतिग

चातक > चातग

(16) मूर्धन्यीकरण

ग्रन्थि > गंठि; गर्त > गड्ढा, दिल्ली > ढिल्ली

(17) संयुक्त व्यंजनों के परिवर्तन में सबसे महत्त्वपूर्ण अन्य व्यंजन+र तथा र+अन्य व्यंजन हैं। ऐसे स्थलों पर रासो में या तो सम्प्रसारण अथवा स्वर-भक्ति की प्रवृत्ति है या फिर परवर्ती व्यंजन-द्वित्व की। कहीं-कहीं व्यंजन-द्वित्व के साथ ही रेफ़-विपर्यय भी हो गया है। फलतः रासो में धर्म के धरम, धरम्म, ध्रम्म–तीन प्रकार के रूप मिलते हैं। इसी प्रकार ***गर्व > गरब, गब्ब, ग्रब्य*** रूप भी।

(18) अन्य संयुक्त-व्यंजनों में प्राकृत-अपभ्रंश की भाँति यथास्थान पूर्व-सावर्ण्य तथा पर-सावर्ण्य की प्रवृत्ति प्रचलित दिखाई पड़ती है। फलस्वरूप इस रचना में

भी प्राकृत-अपभ्रंश की तरह व्यंजन-द्वित्व की बहुलता मिलती है। रासो के ***मुक्क, अग्ग, नच्च, कज्ज, तुट्ट, नित्त, सद्द, अम्म, सब्ब, जन्म*** जैसे शब्द इसी प्रवृत्ति के परिणाम हैं।

(19) परंतु आधुनिक भारतीय आर्यभाषा की, व्यंजन-द्वित्व को सरलीकृत करने की मुख्य प्रवृत्ति पृथ्वीराज रासो में भी मिलती है। व्यंजन-द्वित्व का सरलीकरण दो प्रकार से किया गया है–(क) क्षतिपूरक दीर्घीकरण-सहित और (ख) क्षतिपूरक दीर्घीकरण-रहित। दोनों के उदाहरण निम्नलिखित हैं–

(क) ***अट्ठ*** ***> आठ***
किज्जइ ***> कीजइ***
लक्ख ***> लाख***

(ख) ***अलक्ख*** ***> अलख***
उच्छंग ***> उछंग***
चड्ढिउ ***> चढिउ***

दीर्घाक्षरिक शब्द में भी क्षतिपूरक दीर्घीकरण के बिना ही व्यंजन-द्वित्व का सरलीकरण हो जाता है; जैसे–

चैत्र > *चैत्त > चैत

(20) संयुक्त व्यंजन तथा व्यंजन-द्वित्व का सरलीकरण क्षतिपूरक अनुस्वार के साथ भी होता है; जैसे–

दर्शन ***> दंसन***
प्रजल्प्य ***> पयंपि***
पक्षी ***> पंखी***

आ. रूप-विचार

(1) रूप-रचना की दृष्टि से रासो की भाषा अपभ्रंशोत्तर और उदयकालीन नव्य भारतीय आर्यभाषा की विशेषताओं से युक्त दिखाई पड़ती है। इनमें से पहली विशेषता है–निर्विभक्तिक संज्ञा शब्दों का सभी कारकों में प्रयोग। अपभ्रंश में इस प्रवृत्ति का आरंभ ही हुआ था और नव्य भारतीय आर्यभाषा में प्रत्येक कारक के लिए परसर्ग का विकास होने से पूर्व बहुत दिनों तक ऐसे निर्विभक्तिक संज्ञा शब्दों के प्रयोग की बहुलता थी।

(2) उकार बहुला अपभ्रंश में कर्ता-कर्म एक वचन में जिस–उ विभक्ति का प्रचलन था, वह रासो की प्राचीन प्रतियों में प्रचुर मात्रा में मिलती है। सभा के मुद्रित संस्करण में इसका अभाव दिखाई पड़ता है।

(3) अपभ्रंश की–*ह* परक विभक्तियों के अवशेष रासो में काफ़ी मिलते हैं। ***कनवज्जह, कनवजहे, कनवज्जहि*** जैसे रूप विरल नहीं हैं। परवर्ती हिंदी में धीरे-धीरे

यह विभक्ति घिसकर विकारी रूप बन गई।

(4) करण कारक एकवचन की-इ,-ए-ऐं अपभ्रंश विभक्तियाँ भी रासो में प्रचुर मात्रा में मिलती हैं; जैसे ***कारणइ, फवज्जइ, हत्थे, हत्थैं*** इत्यादि।

(5) कर्ता-करण तथा कर्म-सम्प्रदान के बहुवचन में-न,-नि,-नु विभक्ति का प्रयोग रासो की ऐसी विशेषता है जो अपभ्रंश में नहीं मिलती लेकिन 'वर्णरत्नाकर', 'कीर्तिलता' इत्यादि अवहट्ट रचनाओं से-***ह*** से युक्त अर्थात्–***न्ह,-न्हि*** रूप मिलने लगते हैं। यही-***न*** आगे चलकर विकारी रूप-***ओं*** तथा-***आँ*** में विकसित हुआ। रासो में–***ओं,-आँ***वाले विकारी रूप नहीं मिलते।

(6) परसर्गों की दृष्टि से पृथ्वीराज रासो अपभ्रंश तथा अवहट्ट दोनों की अपेक्षा समृद्ध है। कर्तृ-करण परसर्ग नैं अथवा ने को छोड़कर प्रायः शेष सभी परसर्ग किसी-न-किसी रूप में यहाँ मिलते। कर्म-परसर्ग *कहुँ*, *कहु*, *कूं* रूप में; करण-अपादान परसर्ग *तैं*, *ते* तथा *सहुं*, *सौं*, *सूँ*; अपादान-परसर्ग ***हुंति***; संबंध-परसर्ग ***को, का, की, के*** तथा ***कउ, कै***; अधिकरण-परसर्ग ***मज्झहि, मज्झे, मज्झि, मंझ, मधि, महि, मह*** आदि विविध रूपों में प्राप्त होता है किन्तु लघुतम रूपांतर के कनवज्ज समय में अधिकरण-परसर्ग ***मैं*** अथवा ***में*** कहीं नहीं मिलता।

(7) सर्वनामों के विषय में रासो की भाषा अपेक्षाकृत अधिक आधुनिक है। उत्तम पुरुष सर्वनाम के ***मैं,, हूँ, हम*** तथा विकारी रूप ***मो, मोहि*** मिलते हैं। मध्यम पुरुष के ***तुम, तुम्ह, तुम्हई*** तथा ***तैं, तुज्झ, तोहि*** रूप; अन्य पुरुष के सो तथा तासु जैसे प्राचीन रूपों के अतिरिक्त दूरवर्ती निश्चयवाचक के ***वह, उह*** तथा **उस** रूपों का भी प्रयोग मिलता है।

(8) प्रश्नवाचक सर्वनाम के ***को, कौन*** तथा ***किस, किन*** रूप; निज वाचक *अप्पु*, *अप्प*, *अपन*; सर्वनाममूलक विशेषण ***अस, इसो, तस, तेसे*** आदि प्रकारवाचक और ***इत्तन्हि, इत्तनउ, इत्तने*** तथा ***कितकु*** आदि परिमाणवाचक रूप रासो को अपभ्रंश अवस्था से बाद की रचना प्रमाणित करते हैं।

(9) संख्यावाचक विशेषण–1 से 10 तक की संख्याएँ ***एक, दुइ, तीन, चार, पाँच, छह, सात, आठ, दस*** नाम से मिलती हैं। 100 के लिए ***सै, सौ*** दोनों रूप आते हैं। 1000 के लिए *सहस* के अतिरिक्त ***हज्जार*** (फ़ारसी) का भी प्रयोग है। क्रमवाचक ***पहिनइ, बीय, तिअ;*** अपूर्ण संख्यावाचक ***अड्ढ;*** आवृत्तिवाचक ***दुहु, चहु*** इत्यादि।

(10) क्रिया पदों में यदि भू के सभी काल के रूपों पर दृष्टिपात किया जाय तो अपभ्रंश से विकसित अवस्था के स्पष्ट लक्षण मिलते हैं। वर्तमान काल में है, भविष्यत् में **होइहै** तथा भूतकाल में कृदंत रूप ***भो, भयो, भयी, भये*** तथा ***हुअ, हुवो*** इत्यादि।

(11) कहीं-कहीं पूर्वी हिंदी का ***आहि*** वाला क्रिया रूप भी रासो में मिलता है, परंतु इसका प्रयोग अधिक नहीं है।

(12) भविष्यत्काल में अपभ्रंश का–**स्स**–मूलक रूप, जो पीछे राजस्थानी में विशेष प्रचलित हुआ तथा पश्चिमी और पूर्वी हिंदी में नहीं आया, रासो में कहीं-कहीं दृष्टिगोचर होता है।

(13) सामान्य वर्तमानकाल के लिए रासो में अपभ्रंश के तिङन्त-तद्भव–*अइ* वाले रूप के साथ ही स्वर-संकोचन-युक्त–***ऐ*** वाले रूप भी मिलते हैं और गणना करने से पता चलता है कि अनुपात की दृष्टि से दोनों का प्रयोग लगभग समान है।

(14) **-इग** अंतवाला भूतकालिक क्रियापद; जैसे ***चलिग, कहिग, करिग*** इत्यादि रासो की अपनी विशेषता है। इस प्रकार के क्रियापद अपभ्रंश में नहीं थे और पश्चिमी हिंदी में भी इस प्रकार के जो क्रिया-रूप मिलते हैं उनका प्रयोग भूतकाल में न होकर केवल भविष्यत्काल तक ही सीमित है।

(15) ***-अत*** कृदंत युक्त क्रियापदों से वर्तमान काल-रचना का सूत्रपात रासो में हो चुका था किंतु इसके साथ अस्तिवाचक सहायक क्रिया के रूप जोड़कर आधुनिक हिंदी की भाँति संयुक्त-काल रचना की प्रवृत्ति उसमें नहीं मिलती। यह अवस्था स्पष्टतः अपभ्रंश के पश्चात् और ब्रजभाषा के उदय के आसपास की है।

(16) संयुक्त क्रियाएँ रासो में अपभ्रंश से अधिक किंतु ब्रजभाषा से बहुत कम मिलती हैं; साथ ही अर्थ की दृष्टि से भी वे काफ़ी सरल हैं। ***धरि राख्यो, लेहि बइठो, उड़ चलहि, हुइ जाइ*** जैसी सरल संयुक्त क्रियाएँ ही रासो में प्रयुक्त हुई हैं।

इ. शब्द-समूह

1. कनवज्ज समय (लघुतम रूपांतर) में कुल मिलाकर लगभग साढ़े तीन हज़ार शब्द हैं और यदि रूप-विविधता को ध्यान में रखते हुए किसी शब्द के विविध-रूपों में से केवल एक रूप की गणना की जाय तो शब्द-संख्या लगभग तीन-हज़ार होती है। इनमें से लगभग 500 शब्द संस्कृत तत्सम हैं और 20 शब्द फारसी के हैं, शेष शब्द मुख्यतः तद्भव हैं। केवल थोड़े से शब्द अर्ध-तत्सम अर्थात् प्राकृत-अपभ्रंश के अवशेष हैं और उनसे भी कम देशी अथवा स्थानीय हैं। इस प्रकार रासो में तत्सम शब्दों का अनुपात 16% से अधिक नहीं है। अपभ्रंश को देखते हुए तत्सम शब्दों का यह अनुपात बहुत अधिक कहा जायगा, किंतु नव्य आर्यभाषा की प्राचीन रचनाओं को देखते हुए रासो में तत्सम शब्दों का यह अनुपात कम कहा जायेगा। इससे साबित होता है कि भक्तिकालीन रचनाओं की अपेक्षा पृथ्वीराज रासो कुछ प्राचीन रचना है और सोलहवीं शताब्दी के व्यापक सांस्कृतिक पुनर्जागरण का प्रभाव उस पर कम पड़ा है। इसी तरह मुसलमान बादशाहों के प्रभाव से इस रचना में जिन फारसी शब्दों की बहुलता की बात कही जाती है,

वह केवल बृहत् रूपांतर के लिए सही हो सकती है। लघुतम रूपांतर में फारसी शब्द बहुत कम हैं।

भाषा-निर्णय

अ. अपभ्रंश ?

25. उपर्युक्त तथ्यों से स्पष्ट है कि पृथ्वीराज रासो के जितने रूपांतर प्राप्त हैं, उनमें से प्राचीनतम की भी भाषा अपभ्रंश से अधिक विकसित तथा नव्यतर है। फिर भी कुछ विद्वानों की धारणा है कि पृथ्वीराज रासो की भाषा मूलतः अपभ्रंश है। जब से मुनि जिनविजय द्वारा सम्पादित 'पुरातन प्रबंध-संग्रह' के पृथ्वीराज और जयचंद से सम्बद्ध चार अपभ्रंश छंद सामने आए हैं[1] और उनमें तीन छंद रूपांतरित रूप में पृथ्वीराज रासो में प्राप्त हुए हैं, विद्वानों को इस दिशा में अनुमान करने के लिए आधार मिल गया है। डॉ. दशरथ शर्मा तथा मीनाराम रंगा ने इसी आधार पर यह स्थापना की है कि मूल पृथ्वीराज रासो अपभ्रंश की रचना थी।[2] अपनी स्थापना की पुष्टि के लिए उन्होंने 'यज्ञ-विध्वंस' प्रसंग के कुछ छंदों का अपभ्रंश रूपांतर प्रस्तुत किया है। उनका कहना है कि यदि वर्तमान रासो की भाषा को थोड़ा-सा बदल दिया जाय तो वह अपभ्रंश हो जायेगी। रूपांतर की विपरीत प्रक्रिया का प्रयोग करके इन विद्वानों ने यह दिखलाने का प्रयत्न किया है कि इसी प्रकार वर्तमान रासो भी मूल अपभ्रंश रासो का आधुनिक रूपांतर है। यह अनुमान और तर्कशैली काफ़ी मनोरंजक है। इससे इन विद्वानों की अनुवाद-शक्ति का तो परिचय मिलता है किंतु इससे रासो के भाषा-सम्बन्धी रूपांतर पर कोई प्रकाश नहीं पड़ता। इसका निर्णय पाठ-विज्ञान के आधार पर ही संभव है। अब तक रासो के जो रूपांतर प्राप्त हैं उनकी भाषा के मूल ढाँचे में इतना अंतर नहीं है कि उन्हें भाषा के विकास की दो भिन्न अवस्थाओं में रखा जा सके। सच तो यह है कि 'पुरातन प्रबंध-संग्रह' के पृथ्वीराज-जयचंद सम्बन्धी छंदों की भाषा भी परिनिष्ठित अपभ्रंश नहीं है। डॉ. दशरथ शर्मा तथा मीनाराम रंगा के अपभ्रंश अनुवाद की भाषा 'पुरातन प्रबंध संग्रह' के पद्यों की भाषा से कहीं अधिक प्राचीन और ठेठ अपभ्रंश है। अंत में इस विषय में इतना ही कहना काफी होगा कि रासो का जो रूप–तथाकथित मूल रूप–अभी तक प्राप्त नहीं हुआ है, उसके बारे में अनुमान लगाने की अपेक्षा वर्तमान रूप की भाषा पर निर्णय देना अधिक वैज्ञानिक है।

---

1. सिंघी जैन ग्रंथमाला, संख्या 2, 1936 ई. पृ. 86, 88
2. राजस्थान भारती, बीकानेर, भाग 1, अंक 1, अप्रैल, 1946

आ. डिंगल या पुरानी राजस्थानी

26. मूल रासो को अपभ्रंश मानकर डॉ. दशरथ शर्मा और मीनाराम रंगा वहीं रुक नहीं जाते, बल्कि उस युक्ति के आधार पर वर्तमान रासो को डिंगल अथवा पुरानी राजस्थानी की रचना बतलाते हैं।[1] प्रमाणस्वरूप उन्होंने रासो में प्राप्त ***जित्तिआ, मेलिया, वुल्यो, मोक्कल*** जैसे राजस्थानी शब्दों को उपस्थित किया है। इनमें से निःसंदेह मेलिया और मोक्कल दो ऐसे अपभ्रंश शब्द हैं जो राजस्थानी-गुजराती में आज भी सुरक्षित हैं। किंतु डॉ. शर्मा और रंगा जी ने इन शब्दों से आगे बढ़कर अपने उद्‌धृत अंश की ध्वनि-प्रवृत्ति तथा व्याकरण-सम्बन्धी विशेषताओं पर विचार नहीं किया। डॉ. तेस्सितोरी ने 'पुरानी-पश्चिमी राजस्थानी' की भाषा सम्बन्धी जो दस मुख्य विशेषताएँ भूमिका में गिनाई हैं[2], उनमें से कोई विशेषता रासो में नहीं मिलती। उदाहरण के लिए पुरानी राजस्थानी का सम्बन्ध-परसर्ग ***रा*** अथवा ***रहइँ*** या ***हइँ*** रासो के सभी रूपांतरों में लुप्त है। इसी प्रकार सामान्य वर्तमान काल के उत्तम पुरुष बहुवचन के लिए ***आँ*** का प्रयोग तथा भविष्यत्‌काल में अन्य पुरुष एकवचन के लिए ***इसि*** पदांत का प्रयोग, आदि पुरानी राजस्थानी की ये सामान्य विशेषताएँ भी रासो में अप्राप्त हैं। इसके विपरीत 'ढोला-मारू-रा-दूहा' में पुरानी राजस्थानी की इन विशेषताओं के अतिरिक्त (क) ण-बहुलता, (ख) ळ-ध्वनि का प्रचलन, (ग) कर्म-सम्प्रदान परसर्ग नूं, सम्बन्ध-परसर्ग ***तणा*** , ***तणी*** आदि विशेषताएँ भी मिलती हैं। ढोला और रासो की भाषा के तुलनात्मक अध्ययन से स्पष्ट हो जाता है कि पुरानी राजस्थानी किसे कहते हैं और रासो उससे कितना दूर है। यदि डिंगल केवल शैली-विशेष नहीं, बल्कि पुरानी पश्चिमी राजस्थानी भाषा का ही दूसरा नाम है तो यह निःसंकोच कहा जा सकता है कि रासो की भाषा डिंगल नहीं है। इसका खंडन राजस्थानी तथा ब्रजभाषा के विशेषज्ञ विद्वानों ने समय-समय पर किया है।[3]

इ. पिंगल या पुरानी ब्रजभाषा

27. पुरानी पश्चिमी राजस्थानी से पिंगल को अलगाते हुए डॉ. तेस्सितोरी ने कहा है कि "पिंगल अपभ्रंश उस भाषा-समूह का शुद्ध प्रतिनिधि नहीं है जिससे प्राचीन पश्चिमी राजस्थानी उत्पन्न हुई है, बल्कि उसमें ऐसे अनेक तत्त्व हैं जिनका आदि स्थान पूर्वी राजपूताना मालूम होता है और जो अब मेवाती, जयपुरी और मालवी आदि पूर्वी राजस्थानी बोलियों तथा पश्चिमी हिंदी में विकसित हो गए हैं। ऐसी पूर्वी विशेषताओं में से मुख्य है सम्बन्ध-परसर्ग ***कौ*** का प्रयोग जो प्राचीन पश्चिमी

---

1. वही; राजस्थान भारती, भाग 1, अंक 4 जनवरी 1947
2. पुरानी पश्चिमी राजस्थानी, इण्डियन एंटिक्वेरी, 1914 ई.
3. नरोत्तमदास स्वामी, राजस्थान भारती, अंक वही।

राजस्थानी के लिए सर्वथा विदेशी है और यहाँ तक कि आज भी गुजरात और पश्चिमी राजपूताना की बोलियों में एकदम गायब है। इसके विपरीत पूर्वी राजस्थानी बोलियों तथा पश्चिमी हिंदी में इसका व्यापक प्रचलन है।[1]

इस परम्परा में ***प्राकृत-पैंगल*** को प्राचीन ग्रंथ मानते हुए तेस्सितोरी आगे कहते हैं कि प्रकृत पैंगल की भाषा की पहली संतान प्राचीन-पश्चिमी राजस्थानी नहीं, बल्कि भाषा का वह विशिष्ट रूप है जिसका प्रमाण चंद की कविता में मिलता है और जो भली-भाँति प्राचीन पश्चिमी हिंदी कही जा सकती है।[2]

जैसा कि पहले कहा जा चुका है, मध्ययुगीन तथा आधुनिक भारतीय आर्य भाषा के विशेषज्ञ गार्सां द तासी, बीम्स, होर्नले, ग्रियर्सन, तेस्सितोरी आदि यूरोपीय तथा डॉ. सुनीतिकुमार चटर्जी, डॉ. धीरेन्द्र वर्मा, नरोत्तमदास स्वामी आदि भारतीय विद्वानों ने एक स्वर से रासो की भाषा को प्राचीन पश्चिमी हिंदी अथवा प्राचीन ब्रजभाषा कहा है।

परंतु पृथ्वीराज रासो की भाषा को पुरानी ब्रजभाषा कहने के साथ मैं इतना अवश्य जोड़ना चाहूँगा कि ब्रजभाषा के प्राचीनतम कवि सूरदास की रचनाओं से ब्रजभाषा का जो स्वरूप सामने आता है, उससे पृथ्वीराज रासो की भाषा पर्याप्त भिन्न है और यह भिन्नता काल-सम्बन्धी ही नहीं, बल्कि प्रदेश-सम्बन्धी भी है। रासो के संज्ञा, सर्वनाम और भूतकालिक कृदंतों के उच्चारण का झुकाव ब्रजमंडल के–***औ*** कारांत की अपेक्षा-***ओ*** कारांत की ओर अधिक है; साथ ही सम्भवतः प्राचीनतर अवस्था की भाषा से सम्बद्ध होने के कारण अकारांत शब्दों में भी अन्त्य उ की स्वतंत्र सत्ता को सुरक्षित रखने की प्रवृत्ति पाई जाती है; अर्थात्-***औ*** और-***ओ*** के स्थान पर-***अउ*** की ओर झुकाव है। इसी प्रकार व्यंजन-द्वित्व आदि अन्य ध्वन्यात्मक प्रवृत्तियों में रासो अपभ्रंशोत्तर युग की भाषा के निकट दिखाई पड़ता है। व्याकरण की दृष्टि से भी रासो की भाषा में नव्य भारतीय आर्य-भाषा की उदयकालीन विश्लेषात्मक अवस्था का आरम्भ मात्र मिलता है। इन्हीं कारणों से रासो की भाषा पुरानी ब्रजभाषा होती हुई भी सूरसागर की भाषा से कुछ पछाँह की तथा काफी पूर्ववर्ती प्रमाणित होती है।

प्राकृत-पैंगलम् और पृथ्वीराज रासो

28. परम्परा के अनुसार पृथ्वीराज रासो पिंगल-रचना है। फ्रेंच इतिहासकार गार्सां द तासी का प्रमाण है कि "रॉयल एशियाटिक सोसाइटीवाली हस्तलिखित प्रति पर

1. पुरानी राजस्थानी, भूमिका पृ. 6 (हिंदी अनुवाद) नागरी प्रचारिणी सभा, काशी, 1955 ई.।
2. वही

एक फारसी शीर्षक दिया हुआ है 'तारीख प्रिथूराज बज़बान पिंगल तसनीफ़ कर्दा कबि चन्द बरदायी' जिसका आशय है कि प्रिथूराज का इतिहास, पिंगल भाषा में, रचना करने वाला चंद बरदाई।"[1]

आधुनिक विद्वानों में से कुछ तो पिंगल को पुरानी ब्रजभाषा मानते हैं और कुछ अवहट्ट अथवा देश्यभाषा मिश्रित परवर्ती अपभ्रंश। परंतु इन मान्यताओं का तर्कसंगत आधार स्पष्ट नहीं है। पिंगल का अर्थ हिंदी में छंदशास्त्र भी होता है और यह अधिक प्रचलित है। अब प्रश्न यह है कि छंद के पिंगल और भाषा के पिंगल में क्या सम्बन्ध है ? पिंगल का मूल अर्थ छंद है या भाषा ? पिंगल शब्द का प्राचीनतम प्रयोग अभी तक जिस पुस्तक में मिला है वह चौदहवीं सदी की प्रसिद्ध रचना 'प्राकृत-पैंगलम्' है।[2] 'प्राकृत-पैंगलम्' छंदःशास्त्र का ग्रंथ है, जिसमें छंदों का लक्षण प्राकृत भाषा में दिया गया है और उदाहरण के लिए कुछ छंद भी प्राकृत के हैं, परंतु प्रस्तुत उदाहरणों में से अधिकांश ऐसे हैं जिनकी भाषा पर तत्कालीन देशी भाषाओं का गहरा रंग है। पूरी रचना में देशी-मिश्रित प्राकृत भाषा के छंदों की प्रधानता देखकर ऐसा प्रतीत होता है कि इसके रचयिता का मुख्य उद्देश्य लोकप्रचलित देशी भाषाओं के छंदों का सोदाहरण विवरण देना है। सम्भवतः इसमें देशी छंदों की प्रधानता के कारण आगे चलकर 'पिंगल' शब्द तत्कालीन देश भाषा के लिए अथवा देश्यमिश्रित प्राकृत भाषा के लिए प्रचलित हो गया।

29. छंद और भाषा को पर्याय समझने की परम्परा बहुत पुरानी है। वैदिक संस्कृत के लिए पाणिनि ने अष्टाध्यायी में बराबर 'छंदस्' संज्ञा का प्रयोग किया है। इसके बाद भी छंद के आधार पर भाषा के नामकरण की प्रवृत्ति दिखाई पड़ती है। गाहा (गाथा) छंद-प्रधान प्राकृत को 'गाहा बंध' तथा 'दोहा' छंद का सबसे पहले प्रयोग करने के कारण अपभ्रंश को 'दोहा-बंध' कहने के अनेक प्रमाण मिलते हैं।[3] मध्ययुग में भी रेखता छंद के कारण उर्दू ज़बान का नाम 'रेखता' पड़ गया था। इसलिए छंद का अर्थ देनेवाले 'पिंगल' शब्द का प्रयोग देश्यमिश्रित अपभ्रंश के लिए होने लगना कोई असम्भव और आकस्मिक घटना नहीं है। इस दृष्टि से 'प्राकृत-पैंगलम्' का अर्थ प्राकृत-मिश्रित पिंगल भाषा अथवा पिंगल-मिश्रित प्राकृत-भाषा भी हो सकता है। परंतु यहाँ 'प्राकृत' शब्द का प्रयोग सम्भवतः, देश्य भाषा के लिए ही किया गया है।

30. भाषा के लिए 'पिंगल' शब्द का प्रयोग कितना पुराना है, यह ठीक-ठीक बता सकना मुश्किल है, लेकिन पिंगल के आचार्य नाग देव के नाम पर तत्कालीन

---

1. हिन्दुई साहित्य का इतिहास (अनुवादक डॉ. लक्ष्मीसागर वार्ष्णेय), 1953, पृ. 69
2. बिब्लिओथेका इंडिका, 1902 ई., प्राकृत पिंगल सूत्राणि, निर्णयसागर प्रेस, 1894 ई.
3. चंद्रधर शर्मा गुलेरी, पुरानी हिंदी, नागरी प्रचारिणी सभा; 1948, पृ. 14, 106

देशी बोली के लिए 'नागवानी' नाम सोलहवीं सदी के आसपास-प्रचलित हो गया था। *'तुहफ़त-उल-हिंद'* के व्याकरणवाले खंड में मिर्ज़ा ख़ाँ ने 'नागवानी' और 'पातालवानी' दो शब्दों का प्रयोग किया है।[1] 'पातालवानी' इसलिए कि नागदेव पाताल लोक में रहते हैं। इस प्रकार उस भाषा का नाम छंद से चलकर आचार्य तक और आचार्य से उनके पौराणिक स्थान तक पहुँच गया। 18वीं सदी के पूर्वार्ध के हिंदी कवि और आचार्य भिखारीदास ने भी ब्रज, मागधी, अमर (संस्कृत), यवन; पारसी (फ़ारसी ?) के साथ 'नाग-भाखा' का उल्लेख किया है जिसका अर्थ सम्भवतः पिंगल ही है।[2] परंतु यहाँ 'नाग भाखा' और 'ब्रज भाखा' दोनों का उल्लेख साथ-साथ करने से ऐसा प्रतीत होता है कि 'नाग-भाखा', 'ब्रज भाखा' से भिन्न है। ऐसी हालत में यह युक्तिसंगत नहीं है कि पिंगल को पुरानी ब्रजभाषा स्वीकार किया जाय।' तात्पर्य यह कि पृथ्वीराज रासो की भाषा को जो 'पिंगल' कहने की पुरानी परम्परा है, उसके आधार पर उसे पुरानी ब्रजभाषा कहना प्रमाणित नहीं होता।

31. अब यह देखना चाहिए कि तेस्सितोरी ने जो पृथ्वीराज रासो की भाषा को 'प्राकृत-पैंगलम्' की भाषा-परम्परा में रखते हुए उसे विकसित अवस्था की भाषा कहा है[3], यह कहाँ तक सही है।

(क) 'प्राकृत-पैंगलम्' में उद्वृत्त स्वर के स्वतंत्र अस्तित्व को सुरक्षित रखने की प्रवृत्ति प्रबल दिखाई पड़ती है। स्वर-संकोचन के द्वारा उद्वृत्त स्वर को पूर्ववर्ती स्वर के साथ संयुक्त कर देने के उदाहरण प्रा. पैं. में बहुत थोड़े मिलते हैं–

उवआर *(=उपकार), 470*
सहआर *(=सहकार), 491*
सुअरिस-वअणा *(=सुसदृश-वदना), 496*
हिअअ *(=हृदय) 541*
कामराअस्स *(=कामराजस्य) 443*
णाअरी *(=नागरी) 443*
छाअण *(=छादन), 283*
जुवअण *(=युवजन), 389*
पाआ *(=पादा), 545*
णिलअ *(=निलय), 279*

उद्वृत स्वर को सुरक्षित रखने की यह प्रवृत्ति प्राकृत-अपभ्रंश की है और इस विषय में प्राकृत-पैंगलम् में उसका पूरा निर्वाह दिखाई पड़ता है। इसके विपरीत

---

1. मिर्जा खाँस ग्रैमर ऑव दि ब्रजभाखा–ज़ियाउद्दीन, विश्वभारती, 1935 ई.
2. ब्रज मागधी मिलै अमर, नाग यवन भाखानि।
   सहज पारसी हूं मिलै, षट विधि कहत बखानि।। (शुक्ल : इतिहास, पृ. 382 से उद्धृत)
3. पुरानी राजस्थानी, पृष्ठ 6, ना. प्र. सभा, 1955 ई.

पृथ्वीराज रासो को दो ऐसे स्वरों का सह-अस्तित्व स्वीकार्य नहीं है। नव्य-भारतीय आर्य भाषाओं की ध्वनि-प्रवृत्ति के अनुसार रासो में ऐसे स्वरों के संकोचन की ओर विशेष झुकाव है। इस प्रकार रासो की भाषा प्राकृत-पैंगलम् के बाद की प्रमाणित होती है। स्वर-संकोचन की जो प्रवृत्ति प्रा. पैं. में आरम्भ-भर हुई थी, वह रासो तक आते-आते पर्याप्त प्रबल हो गई।

(ख) क्षतिपूरक दीर्घीकरण के द्वारा व्यंजन-द्वित्व के सरलीकरण की प्रवृत्ति भी प्राकृत-पैंगलम् में बहुत कम है। ***णीसास*** (453), ***णीसंक*** (128), ***जासु*** (141), ***कहीजे*** (402) ***करीजे*** (402) जैसे थोड़े से शब्दों को छोड़कर यहाँ प्रायः निम्नलिखित प्रकार के व्यंजन-द्वित्ववाले उदाहरण ही अधिक मिलते हैं–

अप्पणा	*(401)*	***दुव्वरि***	*(453)*
किज्जइ	*(545)*	***पक्खर***	*(262)*
गव्वाआ	*(483)*	***पव्वअ***	*(378)*
		पोम्म	*(550)*
जक्खण	*(304)*	***बप्पुडा***	*(401)*
जज्जल	*(180)*	***भिच्च***	*(405)*
जोव्वण	*(227)*	***भित्तरि***	*(545)*
णच्चइ	*(523)*	***सरिस्सा***	*(389)*
थप्पणा	*(401)*	***हम्मीर***	*(180)*

व्यंजन-द्वित्व की प्रवृत्ति भी प्राकृत-अपभ्रंश की है और यहाँ भी प्राकृत-पैंगलम् का झुकाव उस प्रवृत्ति के निर्वाह की ओर है। इसके विपरीत पृथ्वीराज रासो में छंदोऽनुरोध-जनित व्यंजन-द्वित्व को छोड़कर अन्यत्र यह प्रवृत्ति इतनी प्रबल नहीं है। यह भी रासो की भाषा की विकसित अवस्था का प्रमाण है।

(ग) प्राकृत-पैंगलम् का झुकाव आदि और अनादि असंयुक्त न को ण में परिवर्तित कर देने की ओर विशेष है जैसे–

क्रोधानल < ***कोहाणल*** *(180)*
नभ < ***णह*** *(180)*
वदन < ***वअण*** *(180)*
सुलतान < ***सुलताण*** *(180)*

ऐतिहासिक दृष्टि से इस प्रवृत्ति को प्राकृत-अपभ्रंश का प्रभाव कहा जा सकता है और प्रादेशिक दृष्टि से राजस्थानी वैशिष्ट्य। ***ण***-त्व विधान की प्रा. पैं. में इतनी प्रबलता है कि प्राकृत की भाँति शब्द के आदि में भी इसे सुरक्षित रखा गया है। इसके विपरीत पृथ्वीराज रासो में ***ण*** को भी ***न*** बना देने की प्रवृत्ति है। प्राकृत-पैंगलम् में ब्रजभाषा के बीज ढूँढ़ते समय इसका ध्यान रखना चाहिए। रासो में कोई शब्द ***ण*** से शुरू नहीं होता।

(घ) ध्वनि-प्रवृत्ति में अपेक्षाकृत रूढ़ और प्राचीन होते हुए भी रूप-रचना में प्राकृत-पैंगलम् नव्य भारतीय आर्यभाषा के निकट दिखाई पड़ता है। यहाँ ब्रजभाषा के ***आ*** कारांत तथा ***औ***कारांत पुल्लिग संज्ञा-विशेषण पर्याप्त मात्रा में मिलते हैं।

बुड्ढा (545), बुड्ढो (512), वमुडा (401), वंका (567), दीहरा (309), ओल्ला (249), पिअला (408), काआ (318), माआ (318) इत्यादि इसके प्रमाण हैं।

वस्तुतः ये दीर्घांत रूप उपांत्य स्वर के साथ पदांत के स्वार्थिक प्रत्यय-***अ <क*** के संयुक्त होने से बनते हैं। संज्ञा-विशेषणों के पदांत में स्वर-संकोचन द्वारा-***आ*** और –***ओ*** करने की दोनों प्रवृत्तियों में से प्राकृत-पैंगलम्-***आकारांत*** की ओर अधिक प्रवृत्त दिखाई पड़ता है। यह आकारांत सर्वत्र छंद में मात्रा-पूर्ति के लिए ही नहीं है। सामान्यतः यह विशेषता खड़ी बोली की मानी जाती है। मिर्ज़ा खाँ के अनुसार यह विशेषता उनके समय बोल-चाल की ब्रजभाषा में भी थी।[1]

यदि यह सच है तो इससे इतना तो प्रमाणित होता है कि ब्रजभाखा का पदांत–जो आरम्भिक अवस्था में ***-आ*** था और एक समय सम्पूर्ण पश्चिमी हिंदी में–आकारांत पुल्लिग संज्ञा-विशेषणों का प्रचलन था।

रासो से इस तथ्य की पुष्टि नहीं होती। रासो में आकारांत और ओकारांत दोनों ही प्रकार के पुल्लिग संज्ञा-विशेषण नहीं मिलते। प्रधानता उकारांत पदों की ही है; आकारांत पद प्रायः छंद में मात्रा पूर्ति के लिए तुकांत में अथवा क्वचित्-कदाचित् तुकांत के पूर्व भी मिलते हैं।

(ङ) संज्ञा-विशेषणों में प्राकृत पैंगलम् जहाँ इतना आगे है वहाँ भूतकालिक कृदंत अर्थात् क्रिया के निष्ठावाले रूपों के विषय में प्राचीनतर रूपों का ही निर्वाह करता है। निष्ठा के ***गयउ, भयउ, कियउ*** रूप ही अधिक मिलते हैं। ***गयो, गयौ*** अथवा भयो, भयौ रूप प्राकृत-पैंगलम् में कम मिलते हैं। कर्तृवाच्य के ***जाणीओ (547), भणीओ (348), कहिओ (343)*** तथा कर्तृवाच्य के ***कपिओ (260), झंपिओ (260), सम्माणीओ (506), उगो (370)*** जैसे थोड़े से ओकारांत कृदंत रूप अवश्य मिलते हैं, जिन्में उद्वृत्त स्वर ***ओ*** पूर्ववर्ती स्वर के साथ संयुक्त नहीं हो सका है, बल्कि अपनी स्वर-सत्ता बनाए हुए है। निष्ठा के ओकारांत और औकारांत रूप ब्रजभाषा की विशेषता बतलाए जाते हैं और प्राकृत-पैंगलम् में इनकी कमी है। यहाँ प्राकृत-पैंगलम् के विपरीत पृथ्वीराज रासो में ओकारांत और औकारांत निष्ठा-रूप प्रचुर मात्रा में मिलते हैं। ***कियो, कियौ, रह्यो, रह्यौ*** दोनों प्रकार के रूप यहाँ पदे-पदे मिलते हैं। निःसंदेह इन दोनों प्रकार के रूपों में ओकारांत रूपों की प्रधानता है। यह विशेषता जयपुरी और कन्नौजी बोलियों में पाई जाती है जिनमें से एक ब्रजभाषा के पश्चिम की है तो दूसरी पूरब की। शायद इसीलिए वार्ड ने पृथ्वीराज रासो

---

1. ब्रजभाखा व्याकरण, पृ. 47,

की भाषा को ***कन्नौजी*** कहा है।[1] यह भी सम्भव है कि कन्नौज-नरेश जयचंद की पुत्री संजोगिता-सम्बन्धी कथा के वर्णन की प्रधानता तथा जयचंद के साथ चंद के सम्बन्ध अथवा सम्पर्क के कारण ही वार्ड ने यह राय बनाई हो। परंतु ओकारांत निष्ठा-रूपों की प्रधानता के विषय में यह भी कहा जा सकता है कि यह ब्रजभाषा की आरम्भिक अवस्था का सूचक है। बहुत सम्भव है कि ब्रजभाषा के आधुनिक औकारांत रूप ओकारांत रूपों के परवर्ती विकास हों।

(च) संज्ञा-विशेषणों की तरह निष्ठा के कुछ आकारांत रूप भी प्राकृत-पैंगलम् में मिलते हैं, जो उसे खड़ी बोली के बीज सुरक्षित रखने का श्रेय देते हैं; जैसे–

टक्कु एक्कु जइ सेंधव पाआ।
जो हउ रंको सो हउ राआ।। *(224)*
सोउ जुहुट्ठिर संकट पावा।
देवक लेक्खिल केण मिटावा।। *(413)*
सज्जा हूआ। *(483)*

रासो में इस प्रकार के आकारांत निष्ठा-मूलक क्रियापद नहीं मिलते। इससे यह निष्कर्ष निकलता है कि प्राकृत-पैंगलम् भारतीय आर्यभाषा की उस अवस्था से सम्बद्ध है जिसमें विभिन्न बोलियों के मिश्रित रूप एकसाथ एक दूसरे के समानांतर विकसित हो रहे थे अथवा संग्रह-प्रकृति की रचना होने के कारण प्राकृत-पैंगलम् में पश्चिमी और पूर्वी विभिन्न बोलियों की रचनाओं का मिश्रण है[2], जबकि रासो बोली-विशेष की रचना है।

(छ) प्राकृत-पैंगलम् में प्राकृत-अपभ्रंश की अपेक्षा परसर्ग अधिक मिलते हैं और जो मिलते हैं वे भी ध्वन्यात्मक दृष्टि से विकसित अवस्था के हैं; जैसे–

करण-परसर्ग :

संभुहि सहुं (192)

सम्प्रदान-परसर्ग :

काहे लागी (463)

सम्बन्ध-परसर्ग :

ता-क जणणि (470)
देव-क लेक्खिल (412)

---

1. हिस्ट्री ऑव दि लिटरेचर एंड दि माइथॉलोजी ऑव दि हिन्दूज, जिल्द 2, पृ. 482 (गार्सां द तासी द्वारा उद्धृत, हिंदुई साहित्य का इतिहास; पृ. 70)
2. हिंदी के विकास में अपभ्रंश का योग, नवीन संस्करण, 1954, पृ. 62

वी. सी. मजूमदार को प्राकृत-पैंगलम् के कुछ छंदों में जो बंगला भाषा का आभास हुआ है, वह वस्तुतः–अल वाले भूत-कृदंतों के मागधी तत्त्व और पूर्वी सर्वनामों के कारण। सम्भवतः इसीलिए डॉ. चैटर्जी ने उनके मत का खंडन किया है। (बंगाली लैंग्वेज, भूमिका, पृ. 64)

वित्त-क पूरल (283)
खुरसाण-क ओल्ला (249)
ता-का पिअला (408)
मेच्छह-के पुत्ते (57)

अधिकरण-परसर्ग :

मुह महँ (180)
ढिल्लि महँ (249)

परंतु रासो में प्राकृत-पैंगलम् की अपेक्षा परसर्गों का प्रयोग प्रचुर है। इससे रासो की भाषा विकसित अवस्था की प्रमाणित होती है।

यहाँ एक बात ध्यान देने योग्य है कि प्राकृत-पैंगलम् के सम्बन्ध-परसर्गों में से कुछ मैथिली की भाँति **-क** हैं किंतु ब्रजभाषा की भाँति ***को*** अथवा **कौ** परसर्ग का एक भी उदाहरण नहीं है। इससे क्या यह समझा जाय कि प्राकृत-पैंगलम् के इन रूपों में प्राचीन मैथिली के तत्त्व हैं ? या फिर यह समझा जाय कि यह ***-क*** परसर्ग परवर्ती ***का, को, कौ*** का आरम्भिक रूप है ?

जो हो, इस विषय में रासो की स्थिति अधिक स्पष्ट है। यहाँ सम्बन्ध परसर्ग ***को*** के कुछ उदाहरण अवश्य मिलते हैं। परंतु आधुनिक ब्रज का ***कौ*** नहीं मिलता।

सम्बन्ध-परसर्ग को लेकर प्राकृत-पैंगलम् और पृथ्वीराज रासो की तुलना से यहाँ जो निष्कर्ष प्रासंगिक है, वह यह कि ये दोनों ही रचनाएँ उस वर्ग की हिंदी से सम्बद्ध हैं जिनका सम्बन्ध परसर्ग–***क*** मूलक होता है और इस दृष्टि से ***ये-रा*** परसर्ग वाली पश्चिमी राजस्थानी से भिन्न हैं।

(ज) इतनी दूर तक प्राकृत-पैंगलम् और पृथ्वीराज रासो की भाषा में पौर्वापर्य सम्बन्ध प्रमाणित होता है। किंतु इसके बाद प्राकृत-पैंगलम् में ध्वनि-सम्बन्धी एक प्रवृत्ति ऐसी मिलती है जिससे दोनों के बीच प्रादेशिक अंतर की पुष्टि होती है। प्राकृत-पैंगलम् में प्रायः ***ड़*** और ***र*** को ***ल*** में परिवर्तित कर देने की प्रवृत्ति दिखाई पड़ती है, जैसे–

धारा	=	*धाला*	*(318)*
चमर	=	*चमल*	*(327)*
तुर्क	=	*तुलक*	*(262)*
परइ, पड़इ	=	*पलइ*	*(327)*
बहुरिआ	=	*बहुलिया*	*(313)*
गौड़	=	*गोल°*	*(219, 423)*
कलचुरि	=	*कलचुलि*	*(296)*
कन्नडा	=	*कण्णला*	*(446)*
तुरंता	=	*तुलंता*	*(520)*

इस ***ल*** के लिए प्राकृत-पैंगलम् की हस्तलिखित प्रति में कोई विशिष्ट चिह्न था या नहीं, इसका उल्लेख उसके विद्वान् सम्पादक श्री चंद्रमोहन घोष महोदय ने नहीं किया है; फिर भी ऐसा प्रतीत होता है कि इस **ल** का उच्चारण उस समय बहुत कुछ मूर्धन्य रहा होगा।

वैसे, ***र > ल*** परिवर्तन मुख्यतः मागधी तथा वैकल्पिक रूप से चूलिका पैशाची प्राकृत की विशेषता रही है।[1] इनके अतिरिक्त पुरानी पश्चिमी राजस्थानी में भी ***र > ल*** परिवर्तन के प्रमाण मिलते हैं।[2]

यह निर्णय करना कठिन है कि प्राकृत-पैंगलम् की यह ***र > ल*** परिवर्तन की प्रवृत्ति मागधी समझी जाय या पुरानी पश्चिमी राजस्थानी ? जबकि इस पद्य-संकलन की रचनाओं में रूप-रचना की दृष्टि से बिहारी, पूर्वी और पश्चिमी सभी बोलियों के तत्त्व मिलते हैं तो इस ध्वनि-प्रवृत्ति को राजस्थानी कह देना युक्तिसंगत प्रतीत नहीं होता। सम्पूर्ण रचना में पछाहीं प्रवृत्ति की प्रधानता के कारण ही इस ध्वनि-प्रवृत्ति को चाहें तो राजस्थानी कह सकते हैं।

पृथ्वीराज रासो में भी एकाध स्थान पर ***र > ल*** परिवर्तन के उदाहरण मिलते हैं। लघुतम के कनवज्ज समय में एक स्थान पर ***सरिता*** के लिए ***सलिता*** (203.1) रूप मिलता है। ***सरिता*** के लिए ***सलिता*** का प्रयोग कबीर-ग्रंथावली में भी मिलता है–

बहती सलिता रह गई [4.9]

(झ) सारांश यह है कि पृथ्वीराज रासो की भाषा परम्परा के अनुसार पिंगल होते हुए भी प्राकृत-पैंगलम् की पिंगल से अधिक विकसित है; इसमें प्राकृत अपभ्रंश के रूढ़ रूपों के अवशेष अपेक्षाकृत कम हैं और नव्य भारती आर्यभाषा के नए रूप अधिक हैं।

भट्ट भाषा-शैली और पृथ्वीराज रासो

32. पृथ्वीराज रासो की भाषा में ध्वनि और रूप की दृष्टि से एक ओर नवीनता मिलने के साथ ही दूसरी ओर जो प्राचीनता मिलती है, उसका कारण तब स्पष्ट होता है जब हम राजस्थान के अन्य भट्ट कवियों की रचनाएँ देखते हैं। प्राकृत-अपभ्रंश की तरह व्यंजन-द्वित्व वाले शब्दों के प्रयोग नरहरि, गंग आदि भट्ट कवियों की रचनाओं में भी प्रचुर मात्रा में मिलते हैं। नरहरि और गंग अकबर के समकालीन

---

1. र-सोर्ल-शौ। (हेमचंद्र, प्राकृत व्याकरण 8. 4. 288), रस्य लो वा। (वही, 4.326)।
2. तेस्सितोरी, पुरानी राजस्थानी §29

थे और सम्भवतः उनके दरबारी कवि भी थे। इस प्रकार ये कवि 16वीं सदी के उत्तरार्ध में थे। पृथ्वीराज रासो के अंतिम संग्रह और संकलन का समय भी लगभग यही बताया जाता है और उसकी प्राचीनतम प्रतियाँ भी इसी के आसपास की हैं। ऐसी हालत में तत्कालीन 'भट्ट-भणंत' के रूप में भी पृथ्वीराज रासो की भाषा नरहरि तथा गंग की भाषा-परम्परा में आती है।

नरहरि भट्ट के वादु[1] में पृथ्वीराज रासो की शब्द-रचना के समान निम्नलिखित रूप मिलते हैं–

***एक्क** (2.1), **रिझ्झहि** (2.2), **झग्गरहि** (2.4), **अप्पु** (2.4), **बढ्ढेउ** (2.5), **बोल्लहि** (2.6), **भुल्लहि** (3.5), **अथ्थि** (4.2), **मुढ्ढ** (4.5), **समत्थ** (5.2), **किज्जऐ** (6.5), **दिज्जऐ** (6.6), **भज्जेउ** (7.2), **थुपत्ति** (7.3), **हत्थहं** (7.3), **वित्थरउं** (7.5), **गोप्पि** (8.4), **सब्ब** (8.5)।*

विद्वानों का अनुमान है कि ओजपूर्ण शैली को सुसज्जित करने के लिए' भट्ट कवियों ने इन प्राकृताभास रूपों का प्रयोग किया है।[2] किंतु शौर्य के अतिरिक्त शृंगार के प्रसंग में भी इस शैली का व्यवहार देखकर किसी अन्य युक्तिसंगत कारण की सम्भावना प्रतीत होती है। भट्ट वस्तुतः पेशेवर कवि होते आए हैं और पेशे की परम्परा के कारण इनमें छंद-अलंकार के साथ-साथ भाषा की प्राचीन परम्परा भी अधिक सुरक्षित रहती है। सम्भवतः इसीलिए इनकी रचनाओं में प्राकृताभास शब्दों की अधिकता मिलती है। पृथ्वीराज रासो की भाषा में पिंगल के साथ प्राचीन प्राकृताभास शब्दों की बहुलता के लिए यह व्याख्या प्रस्तुत की जा सकती है।

---

1. डॉ. सरयूप्रसाद अग्रवाल–अकबरी दरबार के हिंदी कवि, 1950 ई., परिशिष्ट।
2. डॉ. धीरेन्द्र वर्मा, ब्रजभाषा § 33

प्रथम अध्याय

ध्वनि-विचार

लिपि-शैली और ध्वनि-समूह

33. पृथ्वीराज रासो की भाषा में सामान्यतः निम्नलिखित ध्वनियाँ प्राप्त होती हैं–

स्वर	:	अ आ इ ई उ ऊ (ए) ए, (ओ) ओ ! ऐ औ।
व्यंजन	:	क ख ग घ
		च छ ज झ
		ट ठ ड ड़ ढ ढ़ ण
		त थ द ध न न्ह
		प फ ब भ म म्ह
		य र ल व
		श स ह

34. ह्रस्व *ए* और ह्रस्व *ओ* के अस्तित्व के लिए कोई ठोस प्रमाण नहीं है। अन्य प्राचीन पांडुलिपियों की तरह रासो की भी किसी प्रति में इन स्वरों के लिए विशिष्ट लिपि-चिह्न का न मिलना स्वाभाविक है। छंद-प्रवाह में *ए* से सर्वत्र दीर्घ ए का ही भान होता है; जैसे सभावाली प्रति के ***ग्यारह सै एकानवै*** (102) तथा ***एक रबी मंडल भिदाहि*** (183) में *एक* और *एकानवै* दोनों शब्दों में ए के दीर्घ उच्चारण की रक्षा की गई है; यहाँ तक कि ***रवि*** का ***रवी*** कर दिया गया है, किंतु ए को ह्रस्व नहीं किया गया है। परंतु उसी पंक्ति में आगे **इक करिहै आनंद** है कि **ए** का ह्रस्व उच्चारण भी होता है जो बहुत कुछ **इ के निकट था; इसलिए लिखते समय उसे इ** के द्वारा व्यक्त करते थे। ***एक >इक्क> इक*** परिवर्तन से भी इस मत की पुष्टि होती है कि अपभ्रंश-काल से ही आदि ***ए*** का उच्चारण सम्भवतः स्वराघात के कारण ह्रस्व हो गया था। ह्रस्व ***ए*** के उच्चारण की पुष्टि ***अप. एह*** (हेम. 8.4.330) > ***इह*** (14.1)[1] > ***यह*** (57.2) से भी होती है। ***ए*** के ह्रस्व उच्चारण को वर्तमान काल

1. यहाँ और आगे भी जहाँ ग्रंथ-नाम न हो और संदर्भ-संकेत के लिए केवल संख्याएँ हों तो पृथ्वीराज रासो (कनवज्ज समय, लघुतम रूपांतर) समझा जाय। संख्याओं में से पहली पद्य संख्या है और दूसरी पंक्ति-संख्या।

की तिङन्त-तद्भव क्रियाओं के पदान्त-इ का पूर्ववर्ती-*अ*-के साथ संयुक्त होकर-*ए* तथा -*ऐ* हो जाना भी प्रमाणित करता है। इस प्रकार पृथ्वीराज रासो में ह्रस्व *ए* के अस्तित्व का अनुमान लगाया जा सकता है।

35. ह्रस्व *ओ* के लिए भी रासो में कोई स्वतंत्र चिह्न नहीं है। परंतु यहाँ भी ध्वनि-परिवर्तन की प्रवृत्ति के सहारे ह्रस्व *ओ* की सम्भावना मानी जा सकती है। दूरवर्ती निश्चयवाचक सर्वनाम के लिए अपभ्रंश में *ओइ* होता था जिसे हेमचंद्र ने संस्कृत *अदस्* का आदेश कहा है (प्राकृत व्याकरण, 8,4.364)। इसके लिए स्वयंभू के पउम-चरिउ (7.3, 5,6; 18.1.3.6) में *उहु* रूप मिलता है। प्राकृत-पैंगलम् (139) में *ओ* का प्रयोग हुआ है। रासो में *उह* (307.3, 309.4), *वह* (309.6) दो रूप मिलते हैं।

ओ > *उ* > *व* परिवर्तन से स्पष्ट है कि अपभ्रंश-काल से ही *ओ* का उच्चारण ह्रस्व हो चला था। इस तथ्य की पुष्टि निष्ठा के उकारांत तथा ओकारांत क्रियापदों से भी होती है।

इस प्रकार *ए* की भाँति *ओ* के भी ह्रस्व उच्चारण का अनुमान रासो में लगाया जा सकता है।

36. अनुनासिक स्वर भी रासो में मौजूद हैं। इन्हें लिपि-शैली के परम्परागत अनुस्वार के द्वारा व्यक्त किया गया है। छंद-प्रवाह से परिचित व्यक्ति अनुस्वार और अनुनासिक में अंतर कर सकते हैं, यह सोचकर ही लिपिकारों ने दोनों ध्वनियों को एक ही चिह्न से व्यक्त किया है। किंतु जैसा कि डॉ. चैटर्जी ने *उक्ति-व्यक्ति-प्रकरण* की प्राचीन कोसली में 'संक्रामक अनुनासिकता' लक्षित की है[1], रासो में भी इसी प्रकार की सानुनासिकता मिलती है। सभा की प्रति में *सगुंन, भांन, प्रमांन, ब्रयांन* (412|1) से यह सानुनासिकता प्रमाणित होती है। यहाँ परवर्ती दंत्य अनुनासिक ध्वनि के प्रभाव से पूर्ववर्ती ध्वनि भी अनुनासिक हो गई है। ऐसी अनुनासिकता के प्रमाण कबीर-ग्रंथावली के *बांन, रांम, कांम* आदि शब्दों में भी दिखाई पड़ते हैं।

इसके अतिरिक्त वर्गीय अनुनासिक का द्वित्व व्यंजित करने के लिए पूर्ववर्ती ध्वनि-चिह्न के ऊपर अनुस्वार देने की प्रवृत्ति दिखाई पड़ती है; जैसे—*संमुह, तंमुह,* (412|1)।

37. *ड़* के लिए रासो की प्रतियों में कोई स्वतंत्र चिह्न नहीं है। *ड* के द्वारा ही *ड़* को भी व्यक्त किया गया है। रासो (3.4,5) के *उडि (उड़िय), बडगुज्जर (बड़गुज्जर)* जैसे शब्दों से पता चलता है कि *ड़* के उच्चारण का अस्तित्व अवश्य था। अपभ्रंश के बाद नव्य भारतीय आर्यभाषा में यह नई ध्वनि है।

38. धारणोज की लघुतम रूपांतरवाली प्रति में तो नहीं, किंतु सभा की प्रति में *ब* और *व* का अंतर स्पष्ट है। इन दोनों ध्वनियों को दो भिन्न चिह्नों द्वारा स्पष्टता

---

1. उक्ति., 1953 ई., स्टडी §21

के साथ व्यक्त किया गया है। ***रवि*** के लिए ***रबि*** कहीं लिखा न मिलेगा और न तो ***बोल***° के लिए कहीं ***बोल***°। फिर भी इसमें पूरा संदेह है कि ***व*** का पूर्ववर्ती उच्चारण उस समय तक सुरक्षित रहा होगा। ***पूर्व*** के लिए ***पुब्ब*** (13.1, 14.2) शब्द का मिलना ही बतलाता है कि प्रा. भा. आ. का ***व*** इस भाषा में ***ब*** हो गया था। ऐसी स्थिति में श्रुतिपरक उच्चारण को छोड़कर ***व*** के मूल और पूर्ण उच्चारण की सम्भावना नहीं प्रतीत होती।

य की स्थिति भी वही है। सम्पूर्ण कनवज्ज समय में ***य*** से शुरू होनेवाले शब्द कुल 16 हैं जिनमें से 14 तत्सम शब्द हैं और वे भी प्रायः संस्कृत श्लोकों में प्रयुक्त हुए हैं। ***य*** से शुरू होनेवाले तद्भव शब्द निकटवर्ती निश्चयवाचक सर्वनाम ***यह*** और ***येह*** हैं। इनके अतिरिक्त आदि ***य*** प्रायः ***ज*** में बदल गया है; जैसे–***यदि*** > ***जदि*** > ***जइ*** (141.4)।

य श्रुति और संयुक्त व्यंजन के एक भाग के रूप में ही सुरक्षित दिखाई पड़ता है।

39. व्यंजन-द्वित्व सूचित करने के लिए सभा की प्रति में कोई चिह्न नहीं है। मालूम होता है, लिपिकार ने उनका सही उच्चारण पाठक के छंद-बोध पर छोड़ दिया है।

भट (भट्ट), पुबह (पुब्बह), उतर (उत्तर), कनवज (कनवज्ज), पिषन (पिष्षन), दिलीपति (दिल्लीपति) (423/1) इत्यादि शब्द इस प्रवृत्ति के उदाहरण हैं। लिपि में द्वित्व चिह्न का अप्रयोग देखकर यह अनुमान लगाया जा सकता है कि ऐसे स्थलों पर प्रथम अक्षर पर स्वराघात की प्रवृत्ति रही होगी।

40. न्ह और **म्ह** : क्रमशः दंत्य और औष्ठ्य अनुनासिकों की ये महाप्राण ध्वनियाँ रासो में सामान्य रूप से मिलती हैं। इनका उदय सम्भवतः अपभ्रंश काल से ही हो गया था। बहुत सम्भव है, ये उससे भी पहले रही हों।

छंद-सम्बन्धी ध्वनि-परिवर्तन

41. रासो में प्रयुक्त तद्भव शब्दों में होनेवाले ध्वनि-परिवर्तन के नियमों का अध्ययन करते समय आरम्भ में ही चिरपरिचित शब्दों के ऐसे रूपांतर सामने आते हैं कि ध्वनि-विज्ञान के विद्यार्थी की कठिनाइयाँ बढ़ जाती हैं। साहित्य के समीक्षक नियमित और अनियमित सभी प्रकार के रूपांतरों को 'कवि की स्वेच्छा' कहकर आगे बढ़ जाते हैं, किंतु इससे समस्या हल नहीं होती। कवि की स्वेच्छा का ही शास्त्रीय नाम 'छंदोऽनुरोध' है। छंदों के अनुरोध से ही कवि यथास्थान प्रचलित शब्दों में ध्वनि-परिवर्तन करने को विवश होता है, इसलिए नियमित ध्वनि-परिवर्तन के

वैज्ञानिक अध्ययन से पूर्व छंद-सम्बन्धी ध्वनि-परिवर्तनों को अलगाकर विचार कर लेने से सुविधा होगी।

छंद-सम्बन्धी परिवर्तन सर्वथा कवि की स्वेच्छा पर निर्भर नहीं होते। अनियमित से प्रतीत होनेवाले उन परिवर्तनों का भी यदि व्यवस्थित रीति से विश्लेषण किया जाय तो निश्चित नियमों का पता चलेगा। रासो में छंद-सम्बन्धी ध्वनि-परिवर्तन के निम्नलिखित नियम दिखाई पड़ते हैं।

42. *लघु* अक्षर को *गुरु* बनाने के लिए रासोकार ने प्रायः तीन उपायों से काम लिया है–

(क) स्वर का दीर्घीकरण :

उघरिय (उद्+√घट्)	=	ओघरियो	(316.3)
कमलनु	=	कमलानु	(339.1)
चल्यो	=	चालिउ	(1.2)
जुड़े	=	जूरे	(290.3)
पँवार (परमार)	=	पावार	(334.1)
मधुर	=	माधुर	(344.2)
महिलनु	=	महिलानु	(339.2)

(ख) व्यंजन-द्वित्व :

(1) समास-रचना में :

जति गति सु	=	जतिग्गतिस्सु	(134.1)
दह दिसि	=	दहद्दिसि	(79.3)
मद गज	=	मदग्गज	(182.2)
नव जल	=	नवज्जलु	(272.2)
हय गय	=	हयग्गय	(79.3)

(2) वीप्सा अथवा पुनरुक्ति में :

कलक्कला	(133.1)	तलतलस्सु	(138.1)
कसिक्कसि	(76.1)	धनिध्धनी	(132.3)
कहक्कत	(311.4)	लहल्लक	(75.1)
खरक्खर	(304.3)		
गहुग्गह	(199.1)		

(3) एक ही शब्द के अंतर्गत :

क :	अलक्क	(51.2, 118.2),	उरक्की	(159.3)
	करक्कस	(134.3),	कनक्क	(175.2)
	किरक्कि	(136.1),	ठक्क	(2889.2)
	कटक्क	(282.1), धनुक्क (118.1),	पायक्क	(17.2)

ख :	दिख्खण	(1.2),	मुख्ख	(177.3)		
	बिख्खहर	(315.7)				
ग :	सरग्गि	(132.3)				
च :	परच्चए	(68.3),	सविच्चित	(289.1)		
ज :	कमधज्ज	(303.2),	कनवज्ज	(13.3)		
	फवज्जि	(208.1),	तुज्जल	(37)		
	हज्जारखी	(254.1),	नुज्जान	(94.5)		
	सावज्ज	(226.1)				
ट :	निकट्टे	(295.2),				
त :	उत्तरिय	(9.1),	तडित्तह (77.4), तारत्त (50.3)			
	धावत्त (320.2), निरत्त (136.2), परवत्त (99.3)					
	भत्त	(247.2),	अगणित्त	(231.1)		
द :	नारद्द	(223.4),	सरद्द	(41.1),	सबद्द	(119.1)
न :	करन्नु	(174.2),	चरन्न	(174.4),	मन्न	(174.2)
	मोहन्न	(54.1),	गमन्न	(68.3),	श्रवन्न	(118.2)
	हिरन्नहि	(343.2),	त्रिन्नयन	(219.4),	रावन्न	(215.1)
प :	उप्पमा	(52.3),	तरप्प	(172.2),	तलप्प	(190.3)
	धुप्पदं	(136.3),	त्रिप्पु	(182.2),	मधुप्प	(271.4)
ब :	साहिब्ब	(102.2),	सब्ब	(102.2),	अब्बीर	(64.3)
	तब्ब	(223.3)				
भ :	कुकुम्भ	(54.4)				
म :	कम्मान	(261.3),	दाहिम्मो	(259.2),	द्रुम्म	(252.2)
	दाडिम्म	(88.1),	सनम्मुख	(278.6)		
	रेसम्म	(235.1)				
ल :	कुल्लए	(243.1),	गुहिल्लय	(3.3)		
	तबल्ल	(223.3),	पल्ल	(242.1),	पहिल्ले	(299.1)
	हल्लय	(3.4),	त्रिबल्ली	(31.4),	मिल्लान	(145.1)
व :	चुव्ववई	(239.2)				
स :	निकस्सि	(286.2),	रस्स	(80.2)		

ध्यान से देखने पर पता चलता है कि शब्दांतर्गत व्यंजन-द्वित्व सबसे अधिक *क, ज, न,* और *ल* में हुआ है। कारण स्पष्ट है; क्योंकि कंठ्य स्पर्श, तालव्य घर्ष-स्पर्श, दंत्य अनुनासिक और पार्श्विक व्यंजन ध्वनियाँ सरलता से द्वित्व हो सकती हैं।

(ग) शब्दांत में अनुस्वार—जिस प्रकार तुलसीदास ने रामचरितमानस में

अधिकांशतः तुकांत में मात्रापूर्ति के लिए किसान से किसाना जैसे आकारांत रूप कर दिए हैं तथा कहीं-कहीं तुकांत को अनुस्वार से युक्त कर दिया है; जैसे–

चंद्रहास हर मे परितापं (सुंदर कांड)

उसी प्रकार रासो में भी तुकांत में मात्रा पूर्ति के लिए अनुस्वार जोड़ दिया गया है। इसके उदाहरण पदे-पदे मिलते हैं, फिर भी देखिए छंद सं. 246।

अनुस्वार की वृद्धि कभी-कभी समास में भी दिखाई पड़ती है; जैसे–

कामं कला (140.2)

43. गुरु अक्षर को लघु बनाने के लिए रासो में निम्नलिखित पद्धतियाँ अपनाई गई हैं–

(क) ह्रस्वीकरण :

अपूर्व	>	अपुव	(336.5)
आबद्ध	>	अबद्ध	(291.2)
कांति	>	कंति	(340.1)
काया	>	कया	(299.3)
ढिल्ली	>	ढिल्ल	(253.1)
द्वितीय	>	दुतिय	(318.4)
भ्रांति	>	भंति	(315.6)
मानो	>	मनो	(308.2)
राठोर	>	रठोर	(305.1)

(ख) व्यंजन-द्वित्व का सरलीकरण :

अपुव्व (अपूर्व)	>	अपुव	(336.5)
ढिल्ली	>	ढिली	(335.1)
अप्पन (आत्मन्)	>	अपन	(302.2)
चालुक्क (चालुक्य)	>	चालुक	(277.2)
दिज्जइ	>	दिजइ	(279.1)

(ग) अनुस्वार का अनुनासिकीकरण :

कंपइ	>	कँपे	(295.3)
गयंद	>	गयँद	(311.1)
चंपति	>	चँपति	(306.2)
चंपिउ	>	चँपिउ	(305.2)
पुंडीर	>	पुँडीर	(209.1)
बंध	>	बँध	(346.4)
संयोग	>	सँजोग	(341.2)
हिंदुवान	>	हिँदुवाण	(277.1)

44. छंद-सम्बन्धी परिवर्तनों में गुरु से लघु बनाने की प्रवृत्ति उतनी नहीं है जितनी लघु से गुरु बनाने की। यह प्रवृत्ति मध्ययुग के अन्य हिंदी काव्यों में भी मिलती है। संदेश रासक में भी इन पद्धतियों का आश्रय लिया गया है।[1] रासो में छंद-सम्बन्धी ध्वनि-परवर्तिनों पर विचार करते हुए बीम्स को इतनी अव्यवस्था दिखाई पड़ी कि उन्होंने रासो के ***डिंगल-भाषा*** नामकरण का कारण इस अव्यवस्था को ही ठहराया। बीम्स के अनुसार "वर्तमान युग के भाट चंद की शैली को 'डिंगल-भाषा' कहते हैं क्योंकि यह छंदःशास्त्र के बँधे नियमों का पालन करनेवाली पिंगल के विरुद्ध है।[2] डिंगल नामकरण का जो कारण बीम्स ने बताया है, उसके बारे में यहाँ कुछ भी कहना प्रासंगिक नहीं है। लेकिन चंद छंदों में अव्यवस्था देखकर उनका संकुचित (लज्जित) होना युक्तिसंगत नहीं है। स्वयं रासो के 'आदि पर्व' में ही मात्रा-सम्बन्धी ये वाक्य कहे गए हैं–

छंद प्रबंध कवित्त जति, साटक गाह दुहस्थ।
लहु गुर मण्डित खंडियहि, पिंगल अमर भरत्थ।। 81।।
युत अयुत जुक्ति विचार विधि, वयन छन्द छुट्यौ न कह।
घटि वढ्डी मती कोई पढइ, तौ चंद दोष दिज्जो न वह।। 82।।

रासो के छंद-सम्बन्धी परिवर्तन वस्तुतः भाषा के लय-प्रवाह के अनुसार ही हैं और ध्वनि-परिवर्तन का यह भी एक नियमित ढंग है।[3]

स्वर-परिवर्तन

ऋ :

45. रासो की लिपि-शैली में ऋ वाले तत्सम शब्द प्रायः *री* के द्वारा व्यक्त किए गए हैं। इससे मालूम होता है कि उस समय तक ऋ स्वर नहीं रह गया था और उसका उच्चारण सामान्यतः इ के निकट समझा था। लेकिन तत्सम शब्दों के अतिरिक्त रासो में अनेक ऐसे अर्ध-तत्सम शब्द प्रयुक्त हैं, जिनमें ऋ अन्य स्वरों में परिवर्तित हो गया है। यह परिवर्तन रासो की कोई अपनी विशेषता नहीं है, बल्कि प्राकृत-अपभ्रंश की परम्परा का निर्वाह मात्र है। ऋ के परिवर्तन के कुछ उदाहरण निम्नलिखित हैं–

ऋ < अ

गृह > घर (279.5, 302.2, 319.2, 329.2)

---

1. डॉ. हरिवल्लभ भायाणी, संदेह रासक §16, §17
2. बीम्स–स्टडीज़ इन दि ग्रैमर ऑव चंद वरदायी जे. आर. ए. एस. बी., जिल्द 42, भाग 1, 1873 ई.
3. एलेन–फोनेटिक्स इन एंशिएंट इंडिया §3.23

ऋ > इ :

अमृत > अमिय (311.3)
कृत > किय (105.1)
हृदय > हिय (72.2)
नृत्य > नित्त (130.2)

ऋ > ई :

मृत्यु > मीचु (279.2)

ऋ > उ :

मृत > मुअ (320.6)
पृच्छ > पुच्छ (47.3, 119.4)

ऋ > ए :

गृह > गेह (58.3,67,4,92.2,173.3,273.2)

अन्त्य स्वर

46. रासो में अंत्य स्वर के लोप तथा ह्रस्वीकरण की प्रवृत्ति दिखाई पड़ती है। अंत्य स्वर के ह्रस्वीकरण की प्रवृत्ति अपभ्रंश-काल से ही व्यापकता प्राप्त कर चुकी थी।[1] भाषावैज्ञानिकों ने लक्षित किया है कि ठेठ अपभ्रंश के सभी शब्दों का अंत ह्रस्व स्वर से हुआ है। सम्भवतः आदि अक्षर पर स्वराघात होने के कारण ही अंत्य स्वर के उच्चारण में दुर्बलता आई है। इस नियम के अंतर्गत आनेवाले रासो के शब्द निम्नलिखित हैं–

गंगा > गंग (162.1, 173.2, 243.1)
°धारा > धार (51.4)
भाषा > भाष (80.1, 87.2)
योद्धा > जोध (80.2, 258.2)
वल्गा > वग्ग (155.1, 256.1)
रजनी > रयणि (370.1)
रेखा > रेख (134.3)
सेना > सेन (100.4, 85.8, 290.1, 292.1, 103.4)
शय्या > सेजु (74.4)
शोभा > सोभ (34.1, 35.1, 69.1, 76.1, 115.1)
लज्जा > लाज (121.2, 122.2, 152.1)
राज्ञी > रानि (145.4)
भुजा > भुज (208.3, 326.4)

1. अल्सडोर्फ : अप. स्टडी, पृ. 7 भायाणी : संदेश रासक; ग्रैमर § 41; टर्नर : 'फ़्रोनेटिक वीकनेस आफ़ टरमिनेशनल एलिमेंट्स इन इडो आर्यन', जे. आर. ए. एस. बी., 1927, पृ. 227-39

मात्रा-सम्बन्धी स्वर-परिवर्तन

47. बीम्स का अनुसरण करते हुए कुछ विद्वानों ने रासो के शब्दों में स्वर-परिवर्तन सम्बन्धी अराजकता तथा स्वच्छंदता की बात दुहराई है ।[1] किसी भाषा की ध्वनि-प्रवृत्ति को ठीक से न समझ पाने पर प्रायः उसमें अराजकता ही दिखाई पड़ती है। प्राकृत वैयाकरणों ने भी अपभ्रंश के बारे में इसी प्रकार के विचार व्यक्त किए हैं ।[2] परंतु खोज करने पर उस अराजकता में भी निश्चित नियमों की प्राप्ति होती है। प्राकृत-अपभ्रंश की तरह रासो में स्वर-परिवर्तन दो प्रकार के मिलते हैं–

(क) मात्रा-सम्बन्धी

(ख) गुण-सम्बन्धी

मात्रा-सम्बन्धी परिवर्तन के उदाहरण निम्नलिखित हैं–

आ > अ :

आनंद°	>	अनंदने	(242.2)
आयास	>	अयास	(165.2)
आरंभ	>	अरंभ	(209.3)
अर्धांग	>	अरधंगा°	(26.3)
आरोह	>	अरोह	(51.2)
आलाप	>	अलाप	(122.1)
आवास	>	अवास	(165.1, 185.2)
आसाढ़	>	असाढ़	(115.2)
आहार	>	अहार	(154.1)
कटारी	>	कट्टरी	(134.1, 135.2)
कालिंदी	>	कलिंदी	(51.1)
चाँदनी	>	चंदणी	(207.1)
ताम्बूल	>	तंबोल	(148.2)
	>	तमूल	(146.1)
ताराजन	>	तराजन	(77.3, 206.04)
पाताल	>	तयाल	(22.2, 242.2)
राजपुत्र	>	रजपूत	(3.6, 149.3)

ई > इ :

जीव	>	जिय	(346.2)
जीवन	>	जियण	(277.5)

1. विपिनबिहारी त्रिवेदी, चंद वरदायी और उनका काव्य, पृ. 297
2. स्वराणां स्वरा : प्रायोपभ्रंशे । (हेम. प्राकृत व्याकरण, 8|4|329), त्रिविक्रिम (3.3.1), मार्कण्डेय (17.9)

जीवन > जियन (9.4)
तीरभुक्ति तिरहुत्ति* (100.2)

ऊ > उ :
भूत हुअ (302.4)

48. मात्रा-सम्बन्धी स्वर-परिवर्तन के जो उदाहरण यहाँ दिए गए हैं, उनमें से अधिकांश स्थलों पर आदि अक्षर में ही स्वर की मात्रा परिवर्तित हुई है। म. भा. आ. के अध्येताओं ने लक्षित किया है+ कि मात्रा-सम्बन्धी परिवर्तन प्रायः आद्य अक्षर के स्वर में ही होता है और वह भी दीर्घ से ह्रस्व की ओर होता है। आद्य अक्षर में स्वर का गुणात्मक परिवर्तन बहुत कम होता है।

गुण-सम्बन्धी स्वर-परिवर्तन

49. स्वरों का गुण-सम्बन्धी परिवर्तन मात्रा की अपेक्षा अधिक जटिल और विशेष अध्ययन का विषय है। रासो में यह परिवर्तन निम्नलिखित ढंग से हुआ है–

°अ° > इ :
तुरंग > तुरिय (309.1)

अ° > इ :
रणस्तम्भ > रिणथंम (277.4)
शय्या > सिंज्जा (64.3)

°अ° > उ :
अंजलि > अंजुलिय (170.3)

°इ > अ :
ध्वनि > धुन (228.2)

इ° > उ :
द्विज > दुज (73.4, 177.4)
बिन्दु > बुंद (304.4)

इ° > ऊ :
इक्षु > ऊख (207.2)
द्वितीय > दूव (177.1)

°ई° > अ :
निरीक्ष्य > निरखि (48.1, 94.3)

---

* सम्भवतः इसका अर्थ तीर-हुँति (तीर अर्थात् तट से या के पास) है। इस स्थिति में भी तीर > तिर परिवर्तन प्रस्तुत नियम के अंतर्गत आ जाता है।

\+ डॉ. एस. एम. कात्रे, प्राकृत लैंग्वेजेज़, भारतीय विद्या भवन, बम्बई, 1945, पृ. 47

°उ	>	अ :			
		चक्षु	>	चख	(27.3, 32.3, 110.4, 303.2)
		मुकुट	>	मुकट	(149.3)
°उ°	>	इ :			
		कौतुक	>	कोतिग	(205.4)
		पुरुष	>	पुरिख	(120.3)
°उ°	>	ओ :			
		सुवर्ण	>	सोवन्न	(54.1, 58.3)
°ऊ°	>	ओ :			
		ताम्बूल	>	तंबोल	(148.2)
		मूल्य	>	मोल	(37.2)
		नूपुर	>	नोपुरं	(132.2)
ए°	>	इ :			
		एष	>	इह	(14.1, 32.2, 109.2)
		एक	>	इक्क	(6.2, 110.4, 177.2, 138.4)
°ए°	>	इ :			
		नरेंद्र	>	नरिंद	(69.2, 112.1, 138.4)
°ए°	>	उ :			
		देवालय	>	दुवाल	(203.4)
°ओ°	>	आ :			
		छोड़ (छुट्)	>	छांडि	(145.4)
°ओ°	>	ऊ :			
		क्रोध	>	कूह	(331.1)
°औ°	>	उ :			
		मौक्तिक	>	मुतिय	(31.3)
°औ°	>	ओ :			
		कौतुक	>	कोतक	(318.5)

50. स्वरों के गुण में परिवर्तन की विभिन्न स्थितियों के अध्ययन से परिवर्तन के कारणों का भी पता लगाया जा सकता है। कहीं तो यह परिवर्तन समीपवर्ती स्वर की अनुरूपता के कारण हुआ है जैसे ***विंदु > बुंद*** और कहीं स्वराघात की उपस्थिति तथा अनुपस्थिति के कारण। किंतु परिवर्तन के कारणों की अपेक्षा उसकी स्थितियों का अध्ययन विशेष उपयोगी है।

उद्वृत्त स्वर

51. प्राकृत-अपभ्रंश में मध्यग व्यंजनों के लोप से शब्द के उच्चारण में विकृति उत्पन्न हो जाती थी और उस स्थान पर प्रायः किसी ह्रस्व स्वर की ध्वनि सुनाई पड़ती थी। भाषावैज्ञानिक उस स्वर को उद्वृत्त स्वर कहते हैं। भारतीय आर्यभाषा विशेषतः म. भा. आ. और आ. भा. आ. में उद्वृत्त स्वर का इतिहास अत्यंत महत्त्वपूर्ण है। उसे स्वतंत्र रूप से सुरक्षित रखने, य व श्रुति में परिवर्तित कर देने और पूर्ववर्ती स्वर के साथ संयुक्त करने के अनुसार आ. भा. आ. की किसी रचना की भाषा की परख होती है।

पृथ्वीराज रासो में उद्वृत्त स्वर की ये तीनों अवस्थाएँ मिलती हैं–

(क) *उद्वृत्त स्वर का स्वतंत्र अस्तित्व सुरक्षित रखना*—रासो में यह प्रवृत्ति विरल दिखाई पड़ती है। जो थोड़े-से उदाहरण मिलते हैं, उन्हें प्राकृत अपभ्रंश काल का अवशेष समझना चाहिए–

चुतुष्षष्ठि	>	**चउसट्ठि**	(313.5)
यदि	>	**जइ**	(141.4)
राज	>	**राउ**	(13.3, 170.2, 270.3, 325.1)
वात	>	**वाउ**	(302.2)

(ख) *पूर्ववर्ती स्वर के साथ उद्वृत्त स्वर की संधि*—दो स्वरों का सह-अस्तित्व रासो को स्वीकार नहीं है। प्रायः उन्हें स्वर-संकोचन के द्वारा अथवा संधि के द्वारा संयुक्त कर देने की ओर झुकाव अधिक है। यह प्रक्रिया शब्द के अंतर्गत तथा शब्दांत दोनों स्थितियों में दिखाई पड़ती हैं–

शब्दांतर्गत :

तृतीया > *तिईज > तीज (1.1)
पादातिक > *पाआइक > पाइक > पायक्क (17.2)
राजपुत्र > *राअउत्त > रावुत > रावत (320.1)
ज्वालापुर > *जालाउर > जालोर (277.2)
सुवर्ण > सोनि (175.4)
श्रवण > स्रोन (55.3, 59.1, 263.1)
शाकंभरी > *सअंभरी > संभरि (15.2, 142.1, 270.6)
मयूर > मऊर > मोर (71.3, 177.4)
संमुख > संमुह > साम्हो (4.1, 42.2)

शब्दांत में :

कलियुग > कलऊ (88.2)
कंचुक > कंचुअ > कंचू (52.1)

समय > समै (95.4)
जय > जै (190.4)
राज > राअ > रा (257.3, 277.5)
ऐरावत > *ऐरावअ > ऐराव (16.2)
जंगलपति > जंगलवइ > जंगलवै (311.2)

पदांत में :

उद्‌वृत्त स्वर के संकोचन का प्रभाव रूप-रचना के क्षेत्र में विशेष दिखाई पड़ता है। इसके द्वारा विकारी रूपों तथा क्रियापदों के रूपों में बहुत परिवर्तन हो गया—

(1) तृतीया विभक्ति में °अइं > °ऐं—
हत्थइं > हत्थैं (226.4)
तइं > .तैं (277.1, 2, 3, 4)

(2) वर्तमान काल के तिङन्त क्रिया-पद में—°अइ>°ऐ
कहै (149.3, 308.1)=कहइ
चलै (3.4, 308.1)=चलइ
आवै (104.1, 159.4)
कंपै (238.2)
सुनै (42.1)
जंपै (299.2), रहै (74.4, 145.5, 274.5)
गिनै (57.2), झंपै (237.1)
छुट्टै (51.3), जानै (2.2, 261.4)
है (109.1), रक्खै (276.1)

(3) विधि और कर्मवाच्य के क्रिया-पद में—'अइ>°ऐ
जग्गिजै (18.1), दिख्खियै (16.2, 16.4)

(4) भविष्यत् के क्रिया-पद में—° अइ>ऐ
जानिहै (94.5) भिद्दिहै (6.2)

(5) भूत कृदंत पुल्लिग, में—°अउ > ओ
आयो (83.4), चल्यो (14.2, 3.5)
पायो (83.3), फूल्यो (15.1)
गयो (83.1), ऊयो (126.2)
भयो (266.2, 306.2, 311.4, 318.5)
भो (328.1)

(6) भूत कृदंत, स्त्रीलिंग, में—इय > ई
भई (346.4), चली (113.1, 205.2)

करी (286.1, 289.1), चढ़ी (164.2)
थक्की (158.1), थट्टी (181.1, 186.3)
धाई (227.1, 340.1)

(7) भूत कृदंत, बहुवचन, में °इअ>ए
चढ़े (287.1), लिये (102.2)
कढ़े (287.2), चमके (207.1)
उये (15.2), चले (189.1)

(ग) उद्वृत्त स्वर का य श्रुति में परिवर्तन : रासो में स्वर-संकोचन के बाद श्रुति का स्थान आता है। व श्रुति की अपेक्षा रासो में य श्रुति अधिक मिलती है। इस प्रवृत्ति को प्राकृत-अपभ्रंश परम्परा का निर्वाह समझना चाहिए। इसका विचार व्यंजन-प्रसंग में किया जायेगा।

व्यंजन-परिवर्तन

क. असंयुक्त व्यंजन

52. ***महाप्राणीकरण :*** रासो में आदि और अनादि अल्पप्राण व्यंजन को महाप्राण कर देने की प्रवृत्ति दिखाई पड़ती है–

स्कंधक	> खंधउ	(320.4)
कंधार	> खंधार	(324.2)
स्कम्भ	> खंभ	(42.2)
गृह	> घर	(279.5)
√ज्वल्	> झलकंत	
√स्था°	> ठक्की	(229.2)
स्थितकी	> ठठुक्की	(66.1)
अंकुर°	> अंखुली	(241.1)
वल्गा	> वाघ	(324.3)

53. ***घोषीकरण :*** अघोष व्यंजनों में से कुछ को रासो में घोष बना देने के उदाहरण मिलते हैं; जैसे–

अनेक > अनेग[1] (285.1)
एक > एग[2] (186.1)

1. तुलनीय संदेश रासक; कड्ढिय कुडिल अणेग तरंगिहिं (177.2)
2. वही, एगु इकट्ठु कट्ठु मह दिन्नउ (180.4)

कौतुक > कोतिग (205.4)
चातक > चातग (191.4)
प्रकट > प्रगट (310.1, 329.2)

यहाँ केवल **क** के घोषीकरण के प्रमाण मिलते हैं। सम्भव है, घोष बनाने की प्रक्रिया इससे अधिक व्यापक रही हो।

54. ***मूर्धन्यीकरण :*** कुछ दंत्य ध्वनियाँ रासो में मूर्धन्य रूप में प्रयुक्त मिलती हैं–

थ > ठ :

ग्रंथि > गंठि (177.2, 178.2)

त> ड :

गर्त > गड्ढे (155.1)

द > ढ :

दिल्ली > ढिल्ली (42.1, 100.1, 186.4, 198.3)

परंतु अनुनासिक **न** का मूर्धन्य **ण** में परिवर्तन बहुत कम हुआ है। इससे स्पष्ट है कि रासो की प्रवृत्ति सभी ध्वनियों को मूर्धन्य करने की ओर नहीं थी।

55. ***ण-त्व विधान :*** रासो में थोड़े-से तत्सम तथा अर्ध-तत्सम शब्दो के अतिरिक्त निम्नलिखित स्थलों पर **न >ण** परिवर्तन हुआ है–

कथन	**कहणो**	(280.1)
श्मशान	**मसाण**	(266.1)
हिंदुवान	**हिंदुवाण**	(277.1)
रहना (√रक्ष्°)	रहणो	(280.2)
भानु	**भाणु**	(287.2)
भानु	**भाणं**	(266.2, 285.2)
मने (मनसि)	**मणि**	(238.1)

56. ***अर्ध-तत्सम अवशेष :***

रजनी	**रयणी**	(267.1)
वदन	**वयण**	(228.2)
चंद्रिका	**चंदणी**	(270.1)

57. ण > न :

अगनित (317.6), **कारन** (45.2)
अरुन (318.5), **किरन** (45.2)
कंकन (76.9), **गन** (27.1, 180.1)
कर्न (76.3), **गुन** (87.3, 90.1, 168.4)
मोहिनी (273.2), **निर्वान** (317.5)
चरन (24.1), **पानि** (52.3, 171.3, 190.1)

तरुन (46.2, 333.4), **पान** (33.1, 145.6)
तीन (86.2, 101.3), **पूरन** (75.2)
दक्खिन (150.2), **प्रनाम** (86.2)
दच्छिन (208.3), **प्रमान** (42.2)
दप्पन (53.1), **प्रवीन** (137.3)
धरनि (98.2, 299.3), **प्रान** (141.4, 174.4)

ण > न की ओर विशेष झुकाव से प्रमाणित होता है कि रासो की भाषा राजस्थानी की अपेक्षा ब्रजभाषा के अधिक निकट थी।

58. ***मध्यग-म-की स्थिति :*** अपभ्रंश की तरह रासो में भी मध्यग म को विकल्प से वँ कर देने की प्रवृत्ति दिखाई पड़ती है–

कुमारी	**कवाँरि**	(178.1)
तोमर	**तोवँर**	(235.2, 236.6)
पांमार	**पावाँर**	(3.4)
प्रमाण	**प्रवाँन**	(5.3)
भ्रमर	**भँवर**	(301.2)
सामंत	**सावँत**	(126.1, 149.6, 322.2)

59. ***मध्यग तथा अंत्य व की स्थिति :*** भाषावैज्ञानिकों ने अंत्य व के लोप और उ में परिवर्तित हो जाने को ब्रजभाषा की विशेषता बतलाया है।[1] फलस्वरूप रूप-रचना के क्षेत्र में अपभ्रंश के पूर्वकालिक प्रत्यय ***इवि*** और ***अवि*** ब्रजभाषा में केवल **इ** के रूप में अवशिष्ट रह गये। इसके अतिरिक्त *राव>राउ* हो गया। इस प्रकार ध्वनि तथा रूप-रचना दोनों ही दृष्टि से ब्रज में–व-, -व का ध्वनि-परिवर्तन महत्त्वपूर्ण है। रासो में वे दोनों विशेषताएँ लक्षित की जा सकती हैं।

60. ***मध्यग तथा अंत्य स की स्थिति :*** रासो में अंत्य–**स** का परिवर्तन प्रायः ह में हो गया है। संख्यावाचक विशेषणों में तत्सम–***श*** पहले–***स*** हुआ फिर–ह हो गया; जैसे–

दश > **दस** > **दह** (76.3, 163.2);
एकादश > **ग्यारस** > **ग्यारह** (1.1)
द्वादश > **द्वादस** > **बारस** > **बारह** (336.3) **त्रयोदश** > **तेरस** > **तेरह** (318.6)

वस्तुतः यह अंत्य–स स्वरांतर्गत अथवा मध्यग ही कहा जायेगा।

केसरी > **केहरी** (74.2) इसी प्रवृत्ति का परिणाम है।

षष्ठी विभक्ति में °स्य > °स्स > °ह परिवर्तन इसी नियम के अंतर्गत हुआ था; जिसके फलस्वरूप में रासो में षष्ठी के निम्नलिखित रूप मिलते हैं–

1. भयाणी, संदेश रासक, ग्रैमर § 33, सी. पृ. 48

अंगह (192.1), **असमनह** (8.2)
कनवज्जह (91.4); **तडित्तह** (77.4)
दरबारह (83.1), **निसानह** (202.1)

भविष्यत् के तिङन्त तद्भव रूपों में भी °ष्य° > स्स > ह की प्रवृत्ति देखी जा सकती है।

भिद्दिहै (6.2)
मानिहै (94.6)
मंगिहइ(123.2)

61. ***अन्य मध्यग व्यंजनों की स्थिति :*** प्राकृत-अपभ्रंश की भाँति रासो में भी **क ग च ज त द** तथा **प** अल्पप्राण स्पर्श व्यंजनों के लोप और उनके स्थान पर **य व** श्रुति के उच्चारण के उदाहरण प्रचुर मात्रा में मिलते हैं। रासो में आए हुए इस प्रकार के शब्दों को म. भा. आ. का अवशेष कहा जा सकता है। इस विषय में रासो की कोई अपनी विशेषता नहीं है।

क :

अरिक	अरिय	(13.2)
आकाश	आयास	(299.5, 311.3)
दिनकर	दिनयर	(45.1, 305.2)
मणिकार	मनियार	(70.9)
लोक	लोय	(347.4)
सकल	सयल	(142.2, 94.4)

ग :

उद्गते (उद्+<गम्)	उये	(15.2)
नगर	नयर	(32.1, 60.4, 70.1, 150.2, 162.1)
मृगांक	मयंक	(176.2)
मृगेंद्र	मयंद	(53.4)

च :

लोचन	लोयन	(311.6)
वचन	वयण	(228.1)

ज :

कविजन	कवियन	(32.1)
गज	गय	(57.1, 81.1, 222.4)
गजेंद्र	गयंद	(53.3)
गुणिजन	गुनियन	(86.1)
निज	निय	(29.3, 45.1, 139.2)
प्रजल्प्य	पयंपि	(179.1)

भुजंग	भुवंग	(42.2, 276.2)
रजनी	रयणी	(267.1)

त :

कातर	कायर	(330.4)
घात	घावु	(202.1)
पाताल	पायाल	(22.2, 242.1)
रतन	रयन	(320.1)
वात	वाय	(16.4)
सुत	सुवन	(106.2)

द :

पददल	पयदल	(254.2)
पादातिक	पायक्क	(17.2)
मदमत्त	मयमत्त	(259.4)
रुदंत	रुवंत	(185.2)
हृदय	हिय	(72.2)

प :

गोपाल	गोवल्ल	(101.4)
जंगलपति	जंगलवै	(319.1)
भूपाल	भुवाल	(317.2)
राजपुत्र	रावत	(320.1)
रूप	रूव	(16.2, 44.1, 48.2)

62. ***मध्यग महाप्राण स्पर्श व्यंजन :*** शब्द के अंतर्गत स्वरों के बीच में आनेवाली महाप्राण ध्वनियों का प्रायः महाप्राणत्व ही शेष रह जाता है। यह प्रवृत्ति भी प्राकृत अपभ्रंश काल से ही आरम्भ हो गई थी। इस प्रकार के अनेक तद्भव शब्द रासो मे भी पाए जाते हैं। नीचे मध्यग **ख ग**; थ ध तथा **भ** के उदाहरण प्रस्तुत किये जा रहे हैं–

ख :

दुःख	दुह	(203.2, 338.4)
सुख	सुह	(338.4)

घ :

सुघट	सुहर	(57.1, 232.5)

थ :

अथ	अह	(346.3)
अथवा	अहवा	(197.2)
यूथ	जूह	(315.2, 331.8)

नाथ	नाह	(173.3)
पृथिवी	पुहवि	(143.1)

ध :

अधिस्थित	आहुट्टिय	(271.2)
क्रोध	कोह	(318.3)
विधि	विहि	(45.2)
विधु	बिवहु	(336.5)

भ :

तीर-भूत (भुक्ति ?)	तिरहुति	(100.2)
दुर्लभ	दुल्लह	(46.2)
प्र+√भू	पहुच	(72.1)
लभ्	लह	(163.2)

63. ***व्यंजन सम्बन्धी विशेष परिवर्तन :*** रासो में व्यंजन सम्बन्धी कुछ विशेष परिवर्तन भी लक्षित किए जाते हैं, उदाहरण निम्नलिखित हैं–

क > ह :

चिकुर > चिहुर (307.1)

ज > ग :

कनवज > कनवग (312.6)

ट > र :

भट > भर (125.9, 318.5, 322.2, 322.4)

र > ल :

सरिता > सलिता (203.1)

इन परिवर्तनों का कारण स्पष्ट नहीं है किंतु पुरानी हिंदी के अन्य काव्यों में भी इस प्रकार के विशेष व्यंजन-परिवर्तन दिखाई पड़ते हैं।

संयुक्त व्यंजन

64. संयुक्त व्यंजनों में से निम्नलिखित के परिवर्तन विशेष रूप से उल्लेखनीय हैं–

क + ष = क्ष
व्यंजन + य
व्यंजन + र
र + व्यंजन

क्ष की कुछ स्थितियों को छोड़कर शेष संयुक्त व्यंजनों में प्राकृत अपभ्रंश की भाँति रासो में भी पूर्व-सावर्ण्य तथा पर-सावर्ण्य के द्वारा प्रायः व्यंजन-द्वित्व हो गया है। रासो में जहाँ छंदोऽनुरोध से व्यंजन-द्वित्व नहीं हुआ है, वहाँ व्यंजन-द्वित्व का यही कारण है। नीचे इनमें से प्रत्येक के कुछ महत्त्वपूर्ण उदाहरण उद्धृत हैं–

(1) क्ष > क्ख :

दक्षिण	दक्खिन	(150.2)
पक्षधर	पक्खर	(228.1)

क्ष > ख :

अक्षि	अंखि	(120.3)
अलक्ष्य	अलख	(332.6)
इक्षु	ऊख°	(207.2)
क्षण	खिणि	(4.2)
क्षीण	खीन	(53.4)
क्षेत्र	खेत	(262.1, 313.1)
चक्षु	चख	(27.3, 32.3, 110.4, 303.2)
नंक्ष्यति	(√नश्) > नंख°	(120.2)

क्ष > च्छ :

दक्षिण	दच्छिन	(208.3)

क्ष > छ :

क्षिति	छिति	(28.1)
क्षीर	छीर	(174.3)
क्षोभ	क्षोह	(58.4)

(2) व्यंजन + य

नृत्यति	नच्चए	(68.4)
नित्य	नित्त	(130.2)
वाद्यते	बज्जई	(157.3)
मध्य	मज्झ	(52.4, 334.3)

(3) व्यंजन + र

चक्र	चक्क°	(267.1)
अग्र	अग्ग	(254.2)
जाग्र°	जग्गिजै	(18.1)
वज्र	बज्ज	(148.2)
गात्र	गत्त	(271.3)

छत्र	छत्त	(243.2)
पत्र	पत्त	(23.1, 68.4, 94.1, 97.2)
भद्र	भल्लि	(103.1)
अभ्र	अब्भ	(129.2)
सहस्र	सहस्स	(268.2)

(4) र + व्यंजन

शर्करा	सक्कर	(90.2)
मार्ग	मग्ग	(14.1, 25.3, 274.2)
गुर्जर	गुज्जर	(302.1, 317.1)
कीर्ति	कित्ति	(277.2, 328.2)
अर्ध	अद्ध	(38.1, 204.3)
दर्पण	दप्पन	(53.1)
निर्मल	निम्मल	(53.1)
दुर्लभ	दुल्लह	(35.1)
पूर्व	पुब्ब	(13.1)
सर्व	सव्व	(274.1, 300.1)

65. ***व्यंजन-द्वित्व का सरलीकरण :*** प्राकृत-अपभ्रंश से रासो की विशेषता इस बात में है कि उसने परंपरागत व्यंजन-द्वित्व को सरल करके उसे एक व्यंजन के रूप में उपस्थित किया। भाषावैज्ञानिकों ने एक स्वर से इस प्रवृत्ति को भारतीय आर्यभाषा की आधुनिक प्रवृत्ति कहा है।[1] पंजाबी को छोड़कर यह प्रवृत्ति प्रायः सभी आधुनिक आर्यभाषाओं में पाई जाती है।[2] रासो में जहाँ व्यंजन द्वित्व का सरलीकरण नहीं हो सका है, उसे प्राकृत अवशेष कहा जाय अथवा पंजाबी का प्रभाव, यह स्पष्ट नहीं है। परंतु मेरी समझ से तो प्राकृत अवशेष कहना अधिक युक्तिसंगत प्रतीत होता है।

रासो में सरलीकरण की यह प्रक्रिया दो रीतियों से की गई है–

(क) क्षतिपूरक दीर्घीकरण-सहित ; और

(ख) क्षतिपूरक दीर्घीकरण-रहित

(क) ***क्षतिपूरक दीर्घीकरण :*** दो व्यंजनों में से केवल एक को सुरिक्षत रखने के लिए आवश्यक है कि दूसरे की क्षति उसी अक्षर में कहीं अन्यत्र पूरी की जाय। यदि पूर्ववर्ती अक्षर का स्वर ह्रस्व हो तो स्वाभाविक है कि परवर्ती व्यंजन-द्वित्व की पूर्ति उसे दीर्घ करके की जाय। इस प्रकार व्यंजन-द्वित्व से पूर्ववर्ती ह्रस्व स्वर

1. तेस्सितोरी, पुरानी राजस्थानी, पृ. 7 (सभा संस्करण); भायाणी, संदेश रासक, ग्रैमर, § 36; चैटर्जी, उक्ति व्यक्ति प्रकरण, स्टडी, § 35
2. चैटर्जी, इंडो आर्यन एंड हिंदी, पृ. 114

को दीर्घ की भाँति उच्चारण करने की प्रक्रिया को ही भाषावैज्ञानिकों ने 'क्षति-पूरक दीर्घीकरण' नाम दिया है। रासो में इस ध्वनि-प्रवृत्ति के उदाहरण निम्नलिखित हैं।

अष्ट > अट्ठ > आठ (97.2)
उद्गतो > उग्गयो > उग्गो > ऊयो (126.2)
कार्य > कज्ज > काज (9.4, 29.1, 195.2, 229.1)
क्रियते > किज्जइ > कीजइ (60.4)
कृत > किन्ह > कीन (272.4)
छुट्ट > छुट्टिं > छूटि (153.2)
यस्य > जस्स > जासु (67.1, 58.3, 269.1)
डिम्भ > डींभ (86.3)
दर्दुर > दद्दुर > दादुर (115.2)
दीप्यते > दिज्जइ > दीजइ (154.4)
निद्रा > निद्द > नींद (270.2)
लक्ष > लक्ख > लाख (23.2)
वल्गा > वग्ग > वाघ (394.3)

(ख) ***क्षतिपूरक दीर्घीकरण-रहित :*** व्यंजन-द्वित्व के पूर्ववर्ती ह्रस्व स्वर को जब दीर्घ नहीं करते और परवर्ती व्यंजन-द्वित्व में से केवल एक रह जाता है तो उसे 'क्षतिपूरक दीर्घीकरण-रहित' सरलीकरण कहा जायेगा। रासो में इस प्रकार के उदाहरण निम्नलिखित हैं–

आत्म > अप्प > अपु (28.1)
अलक्ष्य > अलक्ख > अलख (332.1)
उच्च > उच (27.2)
उत्संग > उच्छंद > उछंग (173.2)
उत्थित > उट्ठिय > उठे (204.1)
उड्डित > उड्डिय > उडिय (3.5)
उत्तुंग > उत्तंग > उतंग (225.1)
उत्पाटयति > उप्पारइ > उपारे (260.1)
उद्गमति > उग्गइ > उये (15.2)
कृष्टति > कड्ढइ > कढे (287.2)
कान्यकुब्ज > कन्नउज्ज > कनवज (1.2, 198.3)
चक्षु > चक्खु > चख (27.3, 32.3, 110.4, 303.2)
? > चड्डिउ > चढिउ (13.4)
चालुक्य > चालुक्क > चालुक (277.2)
चित्त > चितु (184.2)

युद्ध > जुद्ध > जुध (247.1)
तुच्छ > तुछ (163.3, 248.3)

जहाँ पूर्ववर्ती अक्षर दीर्घ स्वर से युक्त होता है, वहाँ क्षतिपूर्ति के लिए दीर्घीकरण की आवश्यकता नहीं रहती। ऐसे शब्द में होनेवाले सरलीकरण को भी 'दीर्घीकरण-रहित' के ही भीतर लिया जा सकता है। रासो में इसके भी उदाहरण मिलते हैं, जो निम्नलिखित हैं–

चैत्र > चैत्त > चैत (1.1)
योद्धा > जोद्धा > जोध (80.2, 258.2)
वाद्य° > वाज्ज° > बाजने (257.3)

स्वर-भक्ति

66. प्राकृत-अपभ्रंश में संयुक्त व्यंजन के क्लिष्ट उच्चारण को सरल करने के लिए संयुक्त-व्यंजन के बीच में प्रायः स्वरागम कर दिया जाता था और यह स्वर संयुक्त-व्यंजन में से पूर्ववर्ती व्यंजन के साथ जुड़कर पूर्ण अक्षर की रचना करता था। भाषाशास्त्रियों ने इस प्रक्रिया को 'स्वर-भक्ति' की संज्ञा दी है। रासो में म. भा. आ. की इस परम्परा का निर्वाह पाया जाता है। कुछ उदाहरण निम्नलिखित हैं–

अचलेश्वर	अचलेसुवर	(312.2)
अर्धांग	अरधंग	(26.3)
अस्नान	असनान	(10.1)
यत्न	जतन	(193.1)
तल्प	तलप्प	(190.3)
तीर्थ	तीरत्थ	(192.1)
तुर्क	तुरक	(275.5)
दर्शन	दरसन	(29.1)
दुर्दैव	दुरदेव	(166.1)
द्वार	दुवार	(57.1)
धर्म°	धरम्म°	(130.1)
पर्वत	परवत्त	(99.3)
प्रणाम	परनाम	(85.4)
स्पर्श	परस	(112.3, 190.1, 331.2)
प्राकृत	पराकृत	(345.4)

पार्थ	पारथ्थि	(274.5)
पूर्ण	पूरन	(75.2)
मुक्ति	मुकति	(78.1)
वर्ण	वरन	(107.2, 312.2, 320.5)
वर्ष	वरस	(110.1)
स्वप्न	सपन	(127.1, 144.1)
शब्द	सबद	(5.1, 105.1)
स्वर्ग	सरग्गि	(132.3)
सर्व	सरव	(179.2)

सानुनासिकता

67. संयुक्त व्यंजन तथा व्यंजन-द्वित्व का सरलीकरण करने के लिए जिस प्रकार क्षतिपूरक दीर्घीकरण होता है, उसी प्रकार क्षतिपूरक सानुनासिकता भी होती है। यह क्षतिपूरक सानुनासिकता कभी तो दीर्घीकरण-सहित होती है और कभी दीर्घीकरण-रहित। रासो में इसके लिए सानुनासिकता के स्थान पर **अनुस्वार** का प्रयोग किया गया है। अनुनासिक स्वर का अस्तित्व रासो की लिपि-शैली के कारण स्पष्ट नहीं है। इसलिए छंद-प्रवाह को ध्यान में रखते हुए ऐसे सरलीकरण को ***क्षतिपूरक अनुस्वार*** के ही अंतर्गत समझना सुरक्षित है। 'क्षतिपूरक अनुस्वार' के कतिपय उदाहरण निम्नलिखित हैं–

अश्रु	अंसु	(79.1)
कर्ष	खंच*	(251.1)
जल्प्	जंप	(85.1, 110.6, 177.1, 199.6)
दंश	दंसन	(25.4, 45.1)
बक्रिम	वंकिम	(148.1)
मध्य	मंझ	(71.1)
√मृग्	मंगन	(105.2)
मुग्ध	मुंध	(271.4)
निद्रा	निंद	(139.2)
पक्षी	पंखी	(159.1)
प्र+√जल्प्	पंयपि	(179.1)

* खंच की व्युत्पत्ति विवादास्पद है। होर्नले ने इसका सम्बन्ध √कृष् से जोड़ा है परंतु ष् से च् परिवर्तन की व्याख्या युक्तिसंगत प्रतीत नहीं होती।

रेफ-विपर्यय

68. रासो में कुछ शब्द ऐसे मिलते हैं, जिनमें किसी व्यंजन से संयुक्त पूर्ववर्ती *र* (र+व्यंजन) विपर्यासित होकर पूर्ववर्ती व्यंजन के साथ परवर्ती अंश की तरह संयुक्त हो जाता है; जैसे–

गंधर्व > **गंध्रव** (23.1, 27.1)
पर्यंक > **प्रजंक** (344.2)

लघुतम रूपांतर में इस प्रकार के शब्द बहुत कम हैं। इसके विपरीत बृहत् रूपांतर में ऐसे शब्दों की बहुलता है। रेफ-विपर्यय की यह प्रवृत्ति आज भी पंजाबी बोलचाल में पाई जाती है। ***परमात्मा*** का उच्चारण पंजाबी लोग **प्रमात्मा** करते हैं। इस विषय में आधुनिक राजस्थानी की क्या स्थिति है, मुझे नहीं मालूम। सम्भवतः राजस्थानी में यह प्रवृत्ति नहीं है। इसलिए रासो में रेफ-विपर्यय की इस प्रवृत्ति को किसी अन्य संतोषप्रद व्याख्या के अभाव में पंजाबी प्रभाव का परिणाम कहा जा सकता है। सम्भव है, कुछ लोग इसे छंदोऽनुरोध का परिणाम कहें, लेकिन जैसाकि बीम्स ने कहा है, रासो की प्रत्येक ध्वन्यात्मक विशेषता को हम छंदोऽनुरोध की ओट में नहीं छिपा सकते। छंदोऽनुरोध लँगड़ी दलील है और इस युक्ति की शरण, चारों ओर से निराश होकर, अंत में ही लेने की सलाह दी जा सकती है।

फ़ारसी शब्दों में ध्वनि-परिवर्तन

69. लघुतम कनवज्ज समय में फ़ारसी शब्दों की संख्या तीस के आसपास है, जिनमें से निम्नलिखित शब्द तद्भव रूप में ही प्रयुक्त हैं–

आब (276.6, 279.2)
दरबार (79.4, 85.2, 142.2)
सवार (174.3)
साल (10.3, 22.3, 344.3)
साहब (102.3)
स्याह (133.4, 175.4)

शेष निम्नलिखित ध्वनि-परिवर्तन के साथ प्रयुक्त हैं–

(1) आदि अक्षर के स्वर में स्वराघात के कारण मात्रा-सम्बन्धी परिवर्तन–

आसमान° > **असमनह** (202.2)
सेहरा > **सेहरउ** (220.6)

(2) श-स :

शमशेर > **समसेर** (206.3)

शहनाई > **सहनाइ**(225.1)

शाह > **साह** (17.1, 325.3)

शोर > **सोर** (186.2)

(3) व्यंजन-द्वित्व :

तुर्क > **तुरक्की** (127.3)

फ़ौज़ > **फवज्जि** (208.1)

(4) सम्प्रसारण तथा स्वरभक्ति :

तख़्त > **तखत** (186.4)

तुर्क > **तुरक** (275.5)

(5) फारसी की संघर्षी ध्वनि ***ख़ ग़ ज़*** और फ़ उस समय हिंदी में नहीं थी, इसलिए रासो में स्वभावतः उनका ग्रहण स्पर्श व्यंजन के रूप में किया गया। फलतः–

तख़्त > **तखत**

तेग़ > **तेग**

ज़िरह > **जिरह**

हज़ार > **हज्जार**

फ़ौज़ > **फवज्ज**

(6) शब्द के द्वितीय अक्षर में स्वर का गुणात्मक परिवर्तन–

नफ़ीरी > **नफेरी** (226.1)

साबित > **साबुत** (276.5)

बृहत् रूपांतर में अरबी-फारसी शब्दों की संख्या बहुत अधिक हैं; परंतु चूँकि मैंने उसे अपने अध्ययन का आधार नहीं बनाया है, इसलिए उन शब्दों पर यहाँ विचार करना अप्रासंगिक होगा। उन शब्दों पर स्वतंत्र रूप से अन्यत्र विचार करना ही अधिक उचित होगा।

द्वितीय अध्याय

रूप-विचार

1. रचनात्मक उपसर्ग और प्रत्यय

70. उपसर्ग : रासो की शब्द-रचना में तत्सम और तद्भव दोनों प्रकार के उपसर्ग दृष्टिगोचर होते हैं। सम्प्रति तद्भव उपसर्गों पर ही विचार करना उपादेय है।

(1) *अ-* > *आ-* (अधिक, पूरा, चारों ओर और तक); द्वितीय अक्षर पर स्वराघात के कारण आदि अक्षर के दीर्घ *आ* का ह्रस्वीकरण हो गया है–

अनंदने	(242.2)	**आनन्द°**
अरंभ	(201.2)	**आरम्भ**
अरोह	(51.2)	**आरोह**
अबद्ध	(40.2)	**आबद्ध**

(2) उ- > उत्-(ऊपर)

तत्सम शब्दों में सन्धि-प्रक्रिया से उत् का त् परवर्ती स्वर अथवा व्यंजन के साथ जुड़कर सुरक्षित रहता है किंतु रासो के तद्भव शब्दों में इस उपसर्ग के अंत्य त् का लोप हो गया है–

उखारे	(260.2)	**उत्+ √खा**
उझकि	(103.3)	**उत्+ √झक्**
उटंकि	(94.4)	**उत्+ √टकि**
उठत	(320.2)	**उत्+ √स्था**
उडि	(3.5)	**उत्+ √डा**
उतंग	(23.3)	**उत्+ तुंग**
उपारे	(260.1)	**उत् + पाटयति**
उलट्टि	(136.1)	**उत् + लुट्**

(3) *ऊ-* > *अव-* (नीचे, हीन, अभाव)

ऊघट्ट (157.1) **अव + √घट्**

(4) *ओ-* < *अव-*

ओघरियं (311.2)

(5) *दु-* < *दुस्-* (कठिन)

दुसह (149.2) दुस्सह

(6) *नि-* < *निर्-*, *निस्-* (बाहर, निषेध)

निकस्सि	(286.2)	**निष्कासित**
निबरंत	(333.2)	**निर + √वृ**
निसंक	(189.1)	**निस् + शंक**

(7) *प-* < *प्र-* (अधिक, आगे, ऊपर)

पठावहि	(168.3)	**प्रस्थापयसि**
पयंपि	(179.1)	**प्रजल्प्य**
पयाणहि	(287.2)	***प्रयाणस्मिन्**
पसर	(128.2)	**प्रसार**
पहार	(335.2)	**प्रहार**
पहुच	(71.1)	***प्रभूतक**[1]

(8) *स-* < *सम्-* (साथ, पूर्ण)

सजुत्त (109.1) संयुक्त

(9) *सा-* < *सम्-*

सपत्तिय (321.1) सम्प्राप्तिक

सामुही (252.2) < **सम्मुख**

71. रचनात्मक प्रत्यय–कृदन्त और तद्धित

-अ < *क* : (स्वार्थिक)

रूपांतर–उ और *य-*

अग्गलउ	(107.2)	**सेहरउ**	(320.2)
गुज्जरउ	(303.1)	**कियउ**	(145.3)
पक्खरउ	(149.4)	**अच्छरिउ**	(311.3)
अंजुलीय	(171.1)	**कित्तिय**	(229.1)
अरिय	(13.2)	**ढिल्लिय**	(315.5)
अलिय	(128.1)	**छत्रपतिय**	(313.5)
अनुरत्तिय	(1934)	**त्रीय**	(7.1)

-अ* < *-क्त : भूत कृदंत। कुछ लोग इसे भ्रम से शून्य प्रत्यय समझते हैं।

हंक (310.1)

गह (313.1)

---

1. भुवः पर्याप्तौ हुच्च। (हेमचन्द्र, प्राकृत व्याकरण, 8.4.390)

-अंत (तत्सम) : वर्तमान कृदंत, विशेषण; रासो में वर्तमान काल की समापिका क्रिया के रूप में प्रयुक्त।

अप्पंत	(19.1)	**झलकंत**	(12.4)
कसंत	(75.3)	**गसंत**	(271.2)
जरंत	(75.3)		

-अत < -अंत :

देखत	(89.3)	**दिखत**	(84.1)
कहत	(149)	**परत**	(335.1)

-अता <- अंत :

कहता (215.1)
लहता (215.2)

-अ <-अक : स्वार्थिक से उत्पन्न और संज्ञा तथा विशेषण शब्दों की रचना करनेवाला।

भला	(149.6)	**पत्ता**	(118.1)
अड्ढा	(251.1)	**तुरिया**	(192.4)
पगुरा	(274.4)	**वानरा**	(217.2)

-आ <-क्त + क : भूत कृदंत। लिंग-वचन से अनुशासित। यह खड़ी बोली तथा पुरानी ब्रजभाषा की मुख्य विशेषता है।

हुआ (183.1)
किया (185.2)
चल्या (153.2)

- ई < - इका[1] *:* तद्धित। मुख्य स्त्री-प्रत्यय।

अखुली (241.1)
अगुली (33.1)
अँधियारी (27.1)
अच्छरी (173.2)
घरी (209.4)

-ई < - ईय : तद्धित। विशेषण।

तुरक्की (157.3)
दच्छिनी (100.4)
पच्छिमी (158.1)
जंगुली (277.5)

-क्क[2] *< :* कृदन्त। त्वरा सूचक।

---

1. चैटर्जी, बंगाली लैंग्वेज, § 419
2. भायाणी, संदेश रासक, ग्रैमर § 46

झमक्कहि (343.2)
पुक्कारे (343.2)

-त्तिन > **— *त्व* :** तद्धित। भाववाचक संज्ञा बनानेवाला प्रत्यय। इसका प्रचलन अपभ्रंश-काल से ही हो गया था।[1] आधुनिक हिंदी में इसके स्थान पर–*प्पन* का प्रचलन है जो अपभ्रंश-काल में विकल्प से व्यवहृत होता था। रासो के बृहत् रूपांतर में भी *प्पन* पाठ ही मिलता है। परंतु–*त्तनु* के प्रचलन की पुष्टि *रामचरितमानस* की कुछ प्राचीन प्रतियों से होती है। ना. प्र. सभा से प्रकाशित और शम्भूनारायण चौबे द्वारा सम्पादित मानस में *'केहि* न सुसंग बडत्तनु पावा' (1-10-8) पाठ सुरक्षित रखा गया है। वस्तुतः *-त्म* और *-त्व के -त्त* और *-प्प* दोनों ही विकार म. भा. आ. काल में हुए; जैसे–*आत्म* - > अत्त, अप्प-। इनमें से सम्भवतः *-त्त* वाला रूप प्राचीनतर है–

अमलत्तिनु (29.3)
कवित्तनौ (279.6)
धीरत्तनु (182.1)
बडित्तनौ (279.5)

-न < -अनीय : क्रियार्थक कृदन्त। इसका संबंध अपभ्रंश–***अण*** (हेम. 4.441) से है–

कहन	(37.4)	**कहना**
गहन	(212.1)	**ग्रहण**
दिख्खन	(91.4)	**देखना**
मग्गन	(112.2)	**माँगना**
चाहन	(136.1)	**चाहना (देखना)**
मरन	(334.2)	**मरना**
जान	(261.4)	**जाना**

-नो (णो) < -अनीय : क्रियार्थक कृदन्त। *-न* का ओकारांत रूप। *- नो* पुरानी ब्रजभाषा की अपनी विशेषता है[2]। आधुनिक कन्नौजी और जयपुरी में यह अब भी बोला जाता है। आधुनिक ब्रजभाषा में *नौ* होता है। बोल-चाल की ब्रजभाषा में मिर्जा खाँ ने *-ना* रूप भी सुना था।

कहणो (280.1)
गहणो (280.1)

---

1. त्व-तलोः प्पणः।। अपभ्रंशे त्व तलोः प्रत्ययोः प्पण इत्यादेशो भवति। वड्डप्पणु परि पाविअइ [366.1]।। प्रायोधिकारात् 'वड्डत्तणहो तणेण [366.1])।। (हेम. प्राकृत व्याकरण, 4437)
2. मिज़ा खाँ; ग्रैमर ऑव बजभाखा, पृ. 46

रहणो (280.2)
वहणो (280.2)

-नी < -इन : तद्धित, स्त्रीलिंग द्योतक।

चंदणी (270.1) चाँदनी
न्रित्तनी(226.2) नर्तकी

-र < -(अप.) ड, ड़ : तद्धित, स्वार्थक

पंगुर (184.1) पंगुराज (जयचंद)
मज्झर (337.2) मज्झ, मध्य
हत्थरे (221.1) हाथ में

-री < -र : तद्धित, गुणवाचक, 'वाला' अर्थ द्योतक।

मुँछरिया (207.4) मूँछवाला

-हार < -कार ? : तद्धित, 'वाला' अर्थ द्योतक। इसकी व्युत्पत्ति अभी तक अनिश्चित है। होर्नले ने इसका सम्बन्ध सं. *–अनीय* से जोड़ा है[1] जो संतोषप्रद नहीं समझा जाता। सम्भव है, *–कार < -आर* में *-ह-श्रुति* के आगम से इसकी रचना हुई हो।

निसाहार (223.1) निशावाला; पूरा वाक्य इस प्रकार है–
'निसानं निसाहार वज्जे' अर्थात् रातवाले निसान बजे।

2. संज्ञा

72. *लिंग :* व्याकरण की दृष्टि से रासो में प्रयुक्त संज्ञा शब्दों में लिंग-निर्णय के लिए एक ही उपाय है कि स्त्रीलिंग संज्ञाएँ इकारांत तथा –ईकारांत होती हैं, जैसे–

अच्छरी (173.2), *चंदणी* (270.1), *अंगुरी* (33.1), *भिल्ली* (260.2), *घरी* (209.4), तथा

सुंदरि (170.1), *पुत्ति* (169.1), *संजोगि* (338.3) इत्यादि।

इसके अतिरिक्त स्त्रीलिंग संज्ञाएँ कृदंत विशेषण के अन्वय से भी स्पष्ट हो जाती हैं। स्त्रीलिंग संज्ञाओं के साथ अन्वित होनेवाले कृदंत भी प्रायः इकारान्त तथा ईकारान्त होते हैं, जैसे–

भई विपरीत गति (346.4)
सुनि सुंदरि वर वज्जने

1. गौडियन ग्रैमर; § 321

चढ़ी अवासन उड्डि। (165.1)
दिक्खति सुंदरि दर बलनि। (165.1)
जब दस कोस दिली रहिय (335.2)
भिरत भंति भइ विक्खहर। (315.6)
भई रारि। (323.1)

कृदंत विशेषणों के अतिरिक्त स्त्रीलिंग संज्ञाएँ सम्बन्ध परसर्ग–*की* के अन्वय से भी पहचान में आ जाती हैं; जैसे–

इहि मरन कीरती पंग की। (277.5)

कभी-कभी ये संज्ञाएँ निकटवर्ती अथवा दूरवर्ती निश्चयवाचक के स्त्रीलिंगवत् रूप से भी विविक्त होती हैं; जैसे–

पंगुराइ सा पुत्ति (169.1)
ति अच्छरी (173.3)

जहाँ अचेतन पदार्थों में -इकारांत और -ईकारांत रूप दृष्टिगोचर होते हैं, वहाँ ये प्रत्यय लिंग-बोध कराने के साथ कभी-कभी आकार की लघुता भी प्रकट करते हैं; जैसे–*थारि* (171.3) अर्थात् थाली। आकार में जो थाली से बड़ा पात्र होता है, उसे थाल कहते हैं।

स्त्रीलिंग संज्ञाओं में -इकारांत तथा -ईकारांत प्रत्यय का प्रभाव इतना बढ़ा कि संस्कृत के अनेक आकारांत स्त्रीलिंग शब्द भी आ. भा. आ. में ईकारांत हो गए। रासो में इस प्रकार के अनेक शब्दों में से एक है–

सुलच्छिनिय (119.3) < सुलक्षणा

वचन

73. एकवचन से बहुवचन बनाने के लिए रासो में मुख्यतः *-न* प्रत्यय जोड़ा गया है, जो ब्रजभाषा की अपनी विशेषता है। मिर्जा खाँ ने 17वीं सदी में ही इसे लक्षित किया था। उनके अनुसार *कर* और *पग के बहुवचन रूप करन* और *पगन* होते हैं।[1] आरंभिक 14वीं सदी की मैथिली रचना 'वर्ण रत्नाकर' में जहाँ *-न्ह* वाले बहुवचन की प्रधानता है, एक उदाहरण *-न* प्रत्ययांत का भी मिला है–

मयूरन चरइते अछ (21 अ)

'वर्ण रत्नाकर' की ही तरह अन्य पूर्वी रचनाओं में --न्ह वाले बहुवचन की प्रधानता है। यहाँ तक कि पूर्वी प्रदेशों के कवियों की ब्रजभाषा में भी यदा-कदा -न्ह का प्रयोग दिखाई पड़ जाता है।[2] तुलसीदास की ब्रजभाषा में लिखी 'गीतावली'

1. ब्रजभाखा ग्रैमर, पृ. 41
2. डॉ., धीरेन्द्र वर्मा, ब्रजभाषा, § 150

में भी *वीथिन्ह* (1.1) जैसे प्रयोग मिल ही जाते हैं।

इनके विपरीत रासो में *-न्ह* का प्रयोग खोजे नहीं मिलता; अधिकांशतः बहुवचन *-न* प्रत्ययांत हैं; जैसे–

नृप नयनन ति सँजोगि। (34.12)
पुरिखन (120.3), **राइन** (125.1)
अवासन (164.2)

-न के अन्य विकृत रूप *-नु* और -नि भी मिलते हैं और बिना भेद-भाव के इन सबका प्रयोग सभी कारकों में होता है; परंतु *-नु* मुख्यतः कर्म-सम्प्रदाय-सम्बन्ध बहुवचन में प्रयुक्त होता है और *-नि* करण तथा अधिकरण में; जैसे–

मुक्के मीननु मुत्ति (163.2)
राजनु समझावहि (192.2)
सुगंधनि (113.2) **गयंदनि** (222.4)
दरबलनि (165.1)

74. *-न* से पूर्ववर्ती स्वर कभी-कभी अकारण ही दीर्घ कर दिया जाता है। रासो की इस विशेषता को बीम्स ने काफी पहले लक्षित किया था।[1] बीम्स के बाद *होर्नले* का भी ध्यान इस विशिष्ट रूप की ओर गया था।[2] रासो से उन्होंने *महिलान द्रव्यान* शब्द उद्धृत किए हैं। संयोग से रासो के हमारे पाठ में भी *महिलानु* शब्द प्राप्त हुआ है; उसके अतिरिक्त *कमलानु*, *दिवान* (देवान) और *हिंदुवाण* शब्द भी मिले हैं। इनका पूरा प्रयोग इस प्रकार है–

1. **दिव मंडन तारक सयल, सर मंडन कमलानु।**
   जस मंडन नर-भर सयल, महि मंडन महिलानु।। (339)
2. **दिव दिवान गो देवरउ।** (320.5)
3. **तैं रक्खे हिंदुवाण।** (277.2)

इनमें से केवल *कमल* शब्द ही अकारांत है और *-न* जुड़ने पर उसका अंत्य स्वर दीर्घ *-आ* हो गया।

शेष शब्द आकारांत तथा उकारांत हैं। इसलिए *महिला* का *महिलानु* तथा *हिंदु* का *हिंदुवाण* होना कोई आश्चर्यजनक नहीं है। किंतु *कमल* का कमलानु होना अवश्य विचारणीय है।

इस प्रकार के प्रयोग ब्रजभाषा के अन्य कवियों में भी मिलते हैं।[3]

तुरकान (भूषण 24)
सखियान (नरोत्तम 100)

---

1. कम्पैरेटिव ग्रैमर, जिल्द 2, 219, 207, 282
2. गौडियन ग्रैमर, पृ. 195.
3. डॉ. धीरेन्द्र वर्मा, ब्रजभाषा §150

दुखियान (भारतेन्दु)

सामान्य स्थिति में *तुरकन*, *सखियन*, *दुखियन* होना चाहिए। इसे केवल छंद का अनुरोध कहकर नहीं टाला जा सकता। मिर्जा खाँ ने भी *कुलिटान* रूप का उल्लेख किया है जो सम्भवतः *कुलटा* का बहुवचन है।[1]

75. *-न* बहुल रूपों के अतिरिक्त रासो में *-ह* प्रत्ययांत बहुवचन रूप भी मिलते हैं–

देखि अरि दंतह कट्टइ (309.4)

(देखकर शत्रु दाँत काटता हैं)

कँपे काइरह (295.3)

अपभ्रंश में ये रूप विशेषतः सम्बन्ध-सम्प्रदान, एकवचन में प्रयुक्त होते थे। ऐसा प्रतीत होता है कि यह प्रत्यय या तो *-हि* का ही दुर्बल रूप है या फिर *-हँ* का निरनुनासिक रूप। क्योंकि *-ह* वाले बहुवचन रूप अन्यत्र देखने में नहीं आये। 'वर्ण रत्नाकर' में भी *-आह* वाले ही रूप मिलते हैं।[2]

पुरानी रचनाओं में अभी तक संदेश रासक ही ऐसा है, जिसमें *-अह* अथवा -ह वाले कर्ता बहुवचन के रूप खोजे जा सके हैं[3]; जैसे–

अबुहत्तणि अबुह णहु पवेसि (21 ख)

परंतु मेरे विचार से *अंबुहह* यहाँ प्रथमा बहुवचन नहीं, बल्कि षष्ठी बहुवचन है। वाक्य का सीधा अर्थ है कि अबुधत्व के कारण अबुधों का प्रवेश नहीं है। लेकिन भायाणी ने उसे घुमाकर इस प्रकार रखा है–

'अबुधत्वेन, अबुधाः (मत्काव्ये) न खलु प्रवेशिनः'

वस्तुतः *अबुहह पवेसि* (पवेसु) रूप-रचना की दृष्टि से षष्ठी विभक्ति द्वारा सम्बद्ध है, परंतु कारक की दृष्टि से कर्ता का अर्थ देता है। इसे षष्ठी की व्यापकता का प्रमाण समझना चाहिए।

76. प्रत्ययों के अतिरिक्त संज्ञाओं का बहुत्व द्योतित करने के लिए रासो में *जन* या *गण* जैसे बहुलता-द्योतक शब्दों का भी विशेषणवत् प्रयोग किया गया है; जैसे–

अरिजननु (330.5)

तरायन (206.4)

हयगन (180.1)

समूहवाचक शब्दों से बहुवचन बनाने की प्रवृत्ति 'वर्ण रत्नाकर' में भी मिलती है; जैसे–*नायिका-जन* (21 ख)। यही वजह है कि कुछ विद्वानों ने बहुवचन प्रत्यय *-ह* की व्युत्पत्ति इसी *जन से मानी है।*

---

1. ब्रजभाखा ग्रैमर, पृ. 41
2. इंट्रोडक्शन § 26
3. संदेश रासक, ग्रैमर, § 51 (3)

कारक

77. रासो के संज्ञा शब्दों में कारक-रचना के तीन आधार दिखाई पड़ते हैं–

(1) निर्विभक्तिक शब्द-मात्र का प्रयोग सभी कारकों में;

(2) अपभ्रंश की विभक्तियों का ध्वन्यात्मक ह्रास के साथ अथवा यथावत् निर्वाह। जैसे–उ; इ, ए, एँ, ऐं; ह हि, हे; न, नि, और नु।

(3) अपभ्रंश के परसर्गों का निर्वाह तथा नये परसर्गों की रचना। जैसे–

सहु, सूं, सो

तण, तन, लगि

ते, तैं, हुति

का, की, के, कहुं, कइ, को, कूं

मज्झ, मंझ, मह, मंहि, मधि, इत्यादि।

अनुपात की दृष्टि से निर्विभक्तिक पदों की संख्या सबसे अधिक है[1]; और परसर्गों की संख्या सबसे कम। परंतु जैसाकि पहले कहा जा चुका है (§ 31 छ), प्राकृत-पैंगलम् तथा अन्य अवहट्ठ रचनाओं की अपेक्षा रासो में परसर्गों तथा उनके प्रयोग का अनुपात कहीं अधिक है। अवहट्ठ की कारक-रचना से रासो की एक विशेषता और है कि विभक्ति और कारक में अव्यवस्था अधिक है, जिसके कारण बहुत-सी विभक्तियाँ निर्विशेष रूप से सभी कारकों में प्रयुक्त होती हैं। विकारी विभक्ति का रूप[2] (ऑब्लीक केस) का प्रादुर्भाव इसी अव्यवस्था का परिणाम है। फलस्वरूप एकवचन में–हि[3] और बहुवचन में -न विभक्ति विकारी रूप में प्रायः सभी कारकों में प्रयुक्त दिखाई पड़ती है परंतु इन दोनों के संयोग से आधुनिक ढंग के एक विकारी रूप–**ओं** का निर्माण इस समय तक नहीं हुआ था। रासो में विकारी रूप–**ओं** कहीं नहीं मिलता।

78. ***कर्ताकारक :*** (क) सामान्यतः इस कारक के लिए रासो में निर्विभक्तिक शब्द मात्र का प्रयोग होता है; जैसे–

जंप्यो प्रिथिराज (336.2)
चहुवान गउ (302.6)
सिर तुट्टै (189.1)
भुल्यौ पुहवि-नरिंद (163.1)
विंट्यो चहुवान (268.1)

---

1. होर्नले का भी यही निष्कर्ष है कि चंद, कबीर, बिहारी लाल वगैरह की पुरानी हिंदी में विभक्ति-प्रत्यय बिलकुल नहीं या बहुत कम इस्तेमाल किया गया है। (गौडियन ग्रैमर, पृ. 219)
2. डॉ. चैटर्जी ने इसके लिए तिर्यक् शब्द का प्रयोग किया है (दे. भारतीय आर्यभाषा और हिंदी, 1954 ई.)
3. उक्ति व्यक्ति-प्रकरण, स्टडी, 59 (7)

(क) अकारांत प्रातिपदिकों के अतिरिक्त इकारांत और उकारांत प्रातिपदिक भी अपने मूल रूप में ही कर्ताकारक का अर्थ देते हैं; जैसे–

अरब्बी लरै (106.1)

इम जंपइ चंद वरद्दिया (302.6)

(ग) अपभ्रंश[1] की भाँति रासो में भी कर्ताकारक में संज्ञा के रूप प्रायः उकारांत दिखाई पड़ते हैं–

कहै चंदु (336.6)

पर्‌यो माल चंदेलु (317.1)

चंपिअ वद्दल वाउ (202.2)

रह्यो स्वामि सिर सेहरउ (320.6)

उकारांत कर्ताकारक की व्यापकता अपभ्रंश के बाद पुरानी पश्चिमी राजस्थानी[2], पुरानी ब्रजभाषा तथा मध्यप्रदेश की कुछ पूरबी बोलियों में भी दिखाई पड़ती है, जिसे चैटर्जी ने पुरानी ब्रजभाषा का प्रभाव माना है।[3]

कभी-कभी यह **-उ** विभक्ति स्वार्थिक प्रत्यय **-अ < -क** द्वारा प्रवर्धित प्रातिपदिक में जुड़कर स्वतंत्र स्वर के रूप में भी आता है; जैसे–

बड हथ्थहि बड गुज्जरउ जुज्झि गयउ बैकुंठ (303.1)

(घ) कर्ताकारक, बहुवचन के रूप एकवचन की ही तरह निर्विभक्तिक और उकारांत होते हैं, परंतु बहुवचन के उकारांत रूप हमारे पाठ में बहुत कम मिलते हैं–

भिरहिं सूर सुनि सुनि निसान। (10.2)

गजराज विराजहिं। (283.1)

बिहरे जनु पावस अंभ उठे। (204.2)

इत्तने सोर वाजिन्न बज्ज। (222.2)

(ङ) बहुवचन के लिए कहीं-कहीं रासो में आधुनिक खड़ी बोली के–एकारांत विकारी रूप भी प्रयुक्त हुए हैं; जैसे–

वाजने वीर रा पंग बाजे। (257.4)

(वीर पंग राज के बाजने अर्थात् बाजे बजे)

अनंदने निसाचरे।(242.2)

(निशाचर आनंदित हुए)

79. ***कर्मकारक :*** (क) कर्ता की तरह कर्मकारक में भी सामान्यतः शब्द का मूल रूप अथवा **-उ** विभक्ति व्यवहार में लाई जाती है। कर्म की **-उ** विभक्ति को कर्ता

---

1. स्यमोरस्योत्। (हेम. 4.331)
2. तेस्सितोरी, पुरानी राजस्थानी; 57 (1)
3. उक्ति व्यक्ति-प्रकरण, स्टडी, 59 (2)

के रूप का ही विस्तार समझना चाहिए--

बज्जपति बज्ज गहि। (148.2)

अमिय कलस लियो। (211.2)

इह अप्पउं ढिल्लिय तखत। (198.1)

अंगना अंग चंदनु लावहिं। (192.2)

दिव दिवान गो देवरउ। (320.5)

(देव-देवता देवल को गए)

(ख) बहुवचन में कर्मकारक के लिए–**हि** विभक्ति का प्रयोग किया गया है। लिपि-शैली की अनियमितता के कारण यह कहना कठिन है कि यह–**हि** सानुनासिक था या निरनुनासिक। हमारी प्रति में यह निरनुनासिक ही है–

कीर चुनहि मुकताफलहि। (98.4)

कर्मकारक बहुवचन में कहीं-कहीं **-इ** विभक्ति भी मिलती है, जो सम्भवतः –**हि** का ही प्राणत्व-रहित रूप है–

न्रिप जोइ फबज्जइ वंट लियं (211.2)

(ग) कर्मकारक, बहुवचन की सर्वाधिक प्रचलित विभक्ति **-न** है, जिस पर वचनवाले प्रकरण में विचार किया जा चुका है। मूलतः यह विभक्ति संस्कृत के षष्ठी बहुवचन–**आनाम्** का घृष्ट रूप है–

मुक्के मीननु मुत्ति (163.2)

सत्थियनु (152.1)

अन्य रूप–

पुरिखन (120.3), **राइन** (125.1)

दरबलनि (165.1), **सुगंधनि** (113.2)

80. ***करणकारक***–(क) निर्विभक्तिक रूप–

अप्पिग हत्थ तंबोल (147.1)

(क) करण, एकवचन की अपनी विभक्ति **-इ** तथा **-ए** है, जिसे अपभ्रंश तृतीया का अवशेष समझना चाहिएं–

कनवज दिख्खन कारणइ (1.2)

मनो राम रावन्न हत्थे विलग्गी। (127.4)

(ग) बहुवचन में अन्य कारकों की तरह करण में भी **-न**, **-नि** तथा **-नु** का प्रयोग होता है और कभी-कभी –ऐँ का भी–

नृप नयननि सँजोग। (341.2)

सुगंधनि (113.2)

असु लाजनु राजनु समझावहि। (196.2)

सज्झि आवज्झ हत्थैं करेरी। (226.4)

81. *अपादानकारक*–(क) निर्विभक्तिक–

दुट्टियं जानु आकास तारा।

(मानो आकाश से तारा टूटा)

धर सिर छंडि फनिंद। (184 अ)

(फणीन्द्र ने धरा को सिर से छोड़ दिया।)

(ख) सविभक्तिक : सभी कारकों के लिए प्रयुक्त होनेवाली *–हि* विभक्ति अपादान में भी व्यवहृत होती है–

हेमहि कड्ढहि तार। (76.2)

(हेम से तार काढ़ता है।)

82. *सम्बन्धकारक*–(क) निविभक्तिक : सम्बन्धकारक के निर्विभक्तिक रूपों को विविक्त करने के विषय में सबसे बड़ी कठिनाई यह है कि ऐसे स्थलों पर प्रायः तत्पुरुष समास की सम्भावना दिखाई पड़ती है–

दिल्लिय तखत (198.3)

हय पुट्टिय (199.3)

रवि रत्थ (214.2)

गवरि कंत (213.3)

(ख) सविभक्तिक : अपभ्रंश की *–ह* विभक्ति का प्रयोग[1] रासो में तत्कालीन अन्य रचनाओं से कहीं अधिक मिलता है। कभी-कभी इसका रूप एकारांत भी हो जाता है–

तडित्तह ओप (77.4)

बिंबह फल (78.4)

कनवजहे (3.1)

(ग) सम्बन्ध बहुवचन की अपनी विभक्ति *-न* या *-नि* है जो विकारी रूप में अन्य कारकों के लिए भी प्रयुक्त होती है–

मद गंध गयंदनि सुक्कि गयो (288.4)

पंखिण सद्द भयं (288.3)

83. *अधिकरणकारक*–(क) निर्विभक्तिक–

परत देखि चालुक्क धर (331.1)

दिखिय न्रिपति तन चोट (321.2)

सपत्तिय न्रिपति रन (321.2)

जिनके मुख मुच्छ (207.4)

(ख) सविभक्तिक : एकवचन के अपभ्रंश की *–इ*, *–ए* विभक्तियों का निर्वाह

1. होर्नले, गौडियन ग्रैमर, पृ. 996

किया गया है–

करि कंकन (76.3), **एकइ समइ** (113.2), **दिसि** (124.2)

सिरि मंडि (131.1), **सरग्गि** (132.3), **प्राति** (142.1)

गवक्खइ अख्खी (191.1) तथा **आसने सूर वड्ढे** (98.1)

कंधे धरंता (219.2)

-ए कहीं कहीं *-ऐ* भी हो गया है–

सीसै धरो जास गंगा (224.4)

(ग) अपभ्रंश तृतीया-सप्तमी, बहुवचन की विभक्ति *–हि* [1] का प्रयोग रासो में भी प्राप्त होता है, किंतु यहाँ उसके निरनुनासिक रूप *-हिं* का प्रयोग बहुवचन के साथ ही एकवचन में भी हुआ है–

सरद्दहि (76.4)

कवियहि संपत्ते (87.1)

चहुं दिसहि (110.5)

सिंघासनहि (126.2)

(घ) सम्बन्धकारक की *-ह* विभक्ति का प्रयोग अधिकरण में भी हुआ है–

अंगह चंदन लावहि (192.1)

भयउ निसानह घाउ (202.1)

ज्यों भद्दव रवि असमनह (202.2)

84. ***भावे षष्ठी :*** सम्बन्ध और अधिकरण की -ह विभक्ति का प्रयोग रासो में *भावे* भी हुआ है, जैसे–

खग्गह सीसु हनंत खग्ग खप्पुरिव खरक्खर (304.5)

(शीर्ष पर खड्ग के हनते ही खड्ग खर-खर करता हुआ धँस गया।)

धरनह कन्हह परत ही प्रगट पंगु न्रिपु हंक्क (301.1)

(धरणी पर कन्ह के पड़ते ही नृप ने पंगु को प्रकट रूप से ललकारा)

यहाँ *खग्गह* और *कन्हह* की -ह विभक्ति भावे षष्ठी (Genetive absolute) की तरह प्रयुक्त हुई है।

परसर्ग

85. प्राचीन विभक्तियों और विकारी रूपों का प्रयोग जहाँ रासो की भाषा की प्राचीनता सूचित करता है, वहाँ परसर्गों के बहुल प्रयोग उसकी भाषा की आधुनिकता प्रमाणित करते हैं। पुरानी ब्रज के कर्तृ-करण परसर्ग *नै (ने)* को छोड़कर रासो में प्रायः सभी परसर्ग मिलते हैं। *ने* का प्रयोग रासो के बृहत् रूपांतर में भी खोजे नहीं मिला। रासो के प्रथम वैयाकरण और सम्पादक बीम्स को भी बड़ी मुश्किल से तीसरे समय में *ने* के प्रयोगवाली ये पंक्तियाँ मिलीं–

बालप्पन पृथ्वीराज नें
निसि सुपनंतर चिह्न।
लै जुग्गिनिपुरह
तिलक मथ्थ करि दीन्ह।।

(3|3|1-4)

परंतु उन्हें लगा कि यहाँ *ने* का प्रयोग कर्तृ-करण की अपेक्षा सम्प्रदान में हुआ है।[1] सम्प्रदान अर्थ में *ने का प्रयोग पश्चिमी राजस्थानी की विशेषता है और इस एक प्रयोग के आधार पर सम्पूर्ण रासो की भाषा में कोई निर्णय देना जल्दबाजी होगी। परंतु इतना निश्चित है कि रासो में* ने का अभाव है और वह अभाव भी एक महत्त्वपूर्ण तथ्य है। इससे यह प्रमाणित होता है कि रासो की भाषा उस समय की है जब ब्रजभाषा में *ने, नें* अथवा *नैं* का विकास नहीं हुआ था और इस बात के पर्याप्त प्रमाण हैं कि *ने* का विकास पश्चिमी बोलियों में बहुत बाद में हुआ। यह ध्यान देने योग्य है कि 14वीं सदी के 'प्राकृत-पैंगलम्' में भी *ने* अप्रयुक्त है। बीम्स[2] और होर्नले[3] ने पश्चिमी हिंदी के *ने* परसर्ग को मारवाड़ी के जिस सम्प्रदान *नैं* या *ने* से सम्बद्ध किया है, वह स्वयं परवर्ती विकास है। तेस्सितोरी ने 'प्राचीन पश्चिमी राजस्थानी' में कर्म-सम्प्रदान-परसर्ग *नइँ* के उदाहरण जिन रचनाओं से दिये हैं वे स्वयं उन्हीं के अनुसार 1500 ई. के आसपास की हैं।

परंतु पश्चिमी हिंदी के *ने* परसर्ग के लिए यदि प्राचीन पश्चिमी राजस्थानी (मारवाड़ी) तक ही जाना है तो कर्म-सम्प्रदान *नइँ* की अपेक्षा स्वयं कर्तृ-करण में प्रयुक्त *नइँ* के निकट जाना अधिक युक्तिसंगत होगा। तेस्सितोरी ने कर्तृ-करण *नइँ* के भी कुछ उदाहरण दिए हैं, जैसे–

आदीश्वर-नइँ दीक्षा लीधी (आदि च.)
(आदीश्वर ने दीक्षा ली)
देवताए भगवन्त-नइँ कीधउ ते देखी (आदि च.)
(देवताओं ने वह देखा (जो) भगवंत ने किया।)

परंतु *ने* के कर्तरि प्रयोगवाली यह रचना भी 16वीं सदी की है।

तात्पर्य यह है कि रासो में कर्तृ-करण परसर्ग *ने* का अभाव उसकी प्राचीनता का पक्का प्रमाण है।

86. की तरह रासो में एक ही परसर्ग अनेक कारकों के लिए प्रयुक्त होता है। एक कारक के लिए विशेष रूप से आने के साथ ही सामान्य रूप से वह अन्य कारकों में भी आता है। कारकों के क्रम से रासो में प्राप्त परसर्गों का वर्गीकरण

1. स्टडीज़ इन दि ग्रैमर ऑव चंद वरदाई, जे. आर. ए. एस. बी., 1873 ई.
2. कम्पैरेटिव ग्रैमर, भाग 2, पृ. 270
3. गौडियन ग्रैमर, पृ. 219

इस प्रकार है–

कर्ताकारक	:	x
कर्मकारक	:	x
करणकारक	:	सों, सूँ, सहुं, (सहु); ते
सम्प्रदानकारक	:	तनु, तन; लागि
अपादानकारक	:	ते, तैं; हुँति
सम्बन्धकारक	:	का, की, के; को, कउ, कहु, कहुँ, कूँ
अधिकरणकारक	:	मज्झहि, मज्झे; मज्झि; मज्झ, माझी, मज्झर; मंझ; मधि; महँ, महिं

87. ***करण-परसर्ग*** : (क) *सहु* < *अपभ्रंश सहुँ* (हेम 4.419,5) < सं. *साकम्* (पिशेल § 206)–

धातु सहु (70.2)

(ख) *सों* < *अप. सहुं*–

इक्क लक्ख सों भिरे (299.4)

इह कहि सखिन सों (197.1)

(ग) *सूँ*–

लक्ख सूं लर्‌यो अकल्लो (299.02)

राज सूं कहहि (149.6)

मग्गन सूं पान (112.2)

जहाँ तक रासो के सूँ का सम्बन्ध है, इसे मारवाड़ी प्रभाव कहा जा सकता है। आधुनिक मारवाड़ी के साथ पुरानी राजस्थानी में भी सूँ के प्रयोग मिलते हैं[1]; जैसे–

कुमार सूँ (ष. 35), किरात *सूँ युद्ध करइ* (आदिच.)

जम सूँ जुरने (210.4)

किंतु रासो में प्रधानता ***सूँ*** की अपेक्षा ***सों*** परसर्ग की ही है और जहाँ सूँ है, *वहाँ उसके समानांतर दूसरी प्रतियों में* ***सों*** पाठ भी मिलता है, जो ब्रजभाषा की प्रकृति के सर्वथा अनुरूप है।

(घ) *ते* : इस की व्युत्पत्ति विवादास्पद है। चैटर्जी इसे संस्कृत *अंतः* से सम्बद्ध करते हैं।[2] केलॉग इसका सम्बन्ध संस्कृत प्रत्यय *–तः* से जोड़ते हैं और तेस्सितोरी–होन्तउ (अप.) से।[3] मुझे तेस्सितोरी की व्युत्पत्ति ऐतिहासिक और युक्तिसंगत प्रतीत होती है। मूलतः वह अपादानकारक का परसर्ग है; परंतु करण के लिए भी इसका विस्तार हो गया। उसी तरह जैसे आधुनिक खड़ी बोली में मूलतः करण

1. पुरानी राजस्थानी, पृ. 72
2. उक्ति व्यक्ति. स्टडी § 63
3. हिंदी ग्रैमर § 171

परसर्ग *ते* का विस्तार अपादान के लिए भी हो गया है। जैसाकि केलॉग ने ***ते*** का अर्थ स्पष्ट करते हुए कहा है कि यह अंग्रेजी के 'बाइ' शब्द का समानार्थक है न कि 'विद्' का[1], रासो में भी *सों* और *ते* के प्रयोग में अर्थ-सम्बन्धी अंतर किया गया है। करणकारक में *ते* के प्रयोग के दो उदाहरण रासो से प्रस्तुत हैं–

पुण्य ते राजकाज (28.1)

(पुरुष के द्वारा राजकाज)

पानि ते मेरु ढिल्ले (234.4)

(पाणि के द्वारा मेरु ढीला हो गया)

सों का प्रयोग सामान्यतः 'साथ' के अर्थ में हुआ है, जबकि *ते* का प्रयोग 'द्वारा' अथवा 'साधन' के अर्थ में। इस प्रकार केलॉग ने *ते* का जो अर्थ-विवेक किया है, वह प्रस्तुत प्रसंग से भिन्न होते हुए भी *सों* और *ते* के अर्थ-भेद पर विचार करने के लिए संकेत सूत्र प्रस्तुत करता है।

लिपि-शैली की अनिश्चितता के कारण यह स्पष्ट नहीं है कि *ते* सानुनासिक था अथवा निरनुनासिक।

88. ***सम्प्रदान परसर्ग***–(क) *तन, तनु* < अप. तण[2] : रासो में इसका प्रयोग *ओर* के अर्थ में हुआ है–

गुनियन तन चाह्यो (86.1)

पट्टनु तनु देख (306.1)

(ख) ***लगि* < **लग्गि* < *लग्ने* :** इस परसर्ग का प्रयोग अपभ्रंश में नहीं था। तेस्सितोरी ने 'पुरानी पश्चिमी राजस्थानी' में अपादान के अंतर्गत *लगइ* और *लगि* दो परसर्गों का उल्लेख किया है[3] जो रूप की दृष्टि से इससे साम्य रखते हुए भी अर्थ की दृष्टि से भिन्न हैं। वस्तुतः सम्प्रदान के अर्थ में *लगि* अथवा *लागि* का प्रयोग पुरानी पश्चिमी बोलियों में नहीं मिलता, बल्कि पूर्वी बोलियों में मिलता है। यदि *लिए* का सम्बन्ध *लगि* से ही है तो खड़ी बोली में इसे पूर्वी प्रभाव के रूप में स्वीकार करना चाहिए। इस प्रकार रासो में *लगि* के प्रयोग को पूर्वी प्रभाव कहा जा सकता है–

जीव लगि सत्त न छंडउं। (302.3)

रासो में अन्यत्र कई स्थानों पर *लगि* का प्रयोग *तक* के अर्थ में हुआ है, जिस अर्थ में आगे चलकर इसी से विकसित *लौं* का प्रयोग हुआ।

89. ***अपादान परसर्ग***–(क) *हुँति* < अप. (हेम. 4.355, 373) *होन्तउ* < सं. *भवन्तक–

कविराज दिल्ली हुंति आयो। (83.4)

सभावाली प्रति में ***हुँति*** के स्थान पर ***तैं*** पाठ है। इससे *हुँति* और *तैं* के

1. पुरानी राजस्थानी §72 (2)
2. तादर्थ्ये केहिं-तेहिं-रेसिं तणेणाः। (हेम. 4.425)
3. पुरानी राजस्थानी, §72 (9)

सम्बन्ध–सम्भवतः पौर्वापर्य सम्बन्ध–पर प्रकाश पड़ता है। *हुँति* का प्रयोग कीर्तिलता, पद्मावत, रामचरितमानस आदि अन्य रचनाओं में भी मिलता है। तेस्सितोरी ने पुरानी राजस्थानी में भी इसके प्रचलन के उदाहरण दिए हैं (72 §.1)।

(ख) *ते* : रासो में अपादान के लिए *हुँत* की अपेक्षा *ते* का ही प्रयोग अधिक हुआ है–

देवता मग्ग ते स्वर्ग भुल्ले।	(17.4)
दस कोस कनवज्ज ते।	(270.5)
परबत्त ते ढाहे।	(99.3)
ताप से ध्यान लग्गे।	(18.3)

अंतिम उदाहरण में अधिकरण का संदेह होता है; और *ताप* के स्थान पर *तप* पाठ सही मालूम होता है।

90. ***सम्बन्ध परसर्ग*** : विशेष्य-निघ्न होने के कारण सम्बन्ध-परसर्ग के रूप सम्बद्ध संज्ञा के लिंग-वचन के अनुसार विविध मिलते हैं।

(क) आधुनिक खड़ी बोली के समान रूप–*का, की, के*–

तजि जीवन का मोहि	(187.2)
भय की दिसि	(209.1)
कीरती पंग की	(277.1)
चहुवान के भंवर सार	(301.2)
नितम्ब स्याम के	(116.2)
सयन्न काम के	(116.2)
कोट के मुनारे	(255.4)

(ख) *को* : रूप की दृष्टि से यह खड़ी बोली के कर्म-सम्प्रदान से साम्य रखते हुए भी अर्थ की दृष्टि से ब्रजभाषा सम्बन्धकारक का परसर्ग है। आरम्भिक ब्रजभाषा में आधुनिक *कौ* का विकास सम्भवतः नहीं हुआ था; इसीलिए मिर्जा खाँ ने सम्बन्ध-परसर्ग के नाम पर केवल *को* का उल्लेख किया है।[1] सामान्यतः इसे कन्नौजी और जयपुरिया का रूप कहा जाता है–

कवि को मन रत्तउ (90.3)

आदरु किय न्रिप तास को (105.1)

(ग) *कउ*–सम्भवतः यह ब्रजभाषा *कौ* का पूर्व रूप है–

सुनि रव प्रिय प्रिथिराज कउ (167.37)

सभा की प्रति में *कउ* के स्थान पर *का* पाठ मिलता है।

(घ) *कहु, कुहु*–वस्तुतः यह कर्म-सम्प्रदान परसर्ग है, परंतु रासो के लघुतम कनवज्ज समय में हमें इसके सभी प्रयोग सम्बन्ध अथवा भावे षष्ठी के मिले–

---

1. ब्रजभाषा ग्रैमर, पृ. 42

कनवज्ज कहुं (152.2)
प्रथिराज कहु निसान (202.1)
परत धरनि हरसिंघ कहु (300.1)

सभा की प्रति में प्रथम *कहुँ* के स्थान पर *कों*, द्वितीय *कहु* के स्थान पर *को* किंतु अंतिम *कहु* के स्थान पर *कहुं* पाठ मिलता है। लिपि-शैली की अनिश्चितता के कारण यह कहना कठिन है कि *कहुं* सानुनासिक था अथवा निरनुनासिक। बहुत सम्भव है, यह सानुनासिक रहा होगा। सामान्यतः इसे अवधी, भोजपुरिया आदि पूर्वी बोलियों की विशेषता के अंतर्गत रखा जाता है। तुलसी, जायसी, कबीर में इसके उदाहरण बहुत हैं।

(ङ) *कूँ* : ब्रजभाषा में *कौं* के साथ *कूँ* रूप भी मिलता है। हमारी सीमा में इसका केवल एक उदाहरण मिला है और उसके लिए भी सभा की प्रति में *कौं पाठान्तर है।*

दल प्रिथिराज कूँ। (305.2)

(च) *कै* : वस्तुतः यह पुरानी बैसवाड़ी का परसर्ग है और स्त्रीलिंग में प्रयुक्त होता है। तुलसी ने लिखा है, *'खल कै प्रीति यथा थिर नाहीं'* (किष्किंधा कांड)। रासो की सीमा में जो दो उदाहरण मिले हैं, दोनों ही पुल्लिंगवत् व्यवहृत हुए हैं–

रोस कै दरिया हिलोरे (103.2)
रिपु कै सबद (105.1)

(छ) *तणी, तण* : सम्बन्ध के अर्थ में इसका प्रयोग पुरानी राजस्थानी की विशेषता है; जैसे–'ढोला-मारू-रा-दूहा' में–

राणि राउ पिंगल-तणी (4)

रासो में इसके केवल दो उदाहरण मिले हैं–

रेण सरद्द तनी (शरद की रजनी) (284.4)
वर बंबर वैरख छत्र तणी (छत्र की) (284.1)

91. ***अधिकरण-परसर्ग***–(क) इसके विषय में महत्त्वपूर्ण तथ्य यही है कि पुरानी ब्रज के घिसे रूप–*मैं* और *में* रासो में दृष्टिगोचर नहीं हुए। रासो में इस परसर्ग का अधिक से अधिक घिसा रूप *मह* है; इसके अतिरिक्त अधिकांश रूप *मज्झ* वाले पुराने ही हैं। कुछ उदाहरण निम्नलिखित हैं–

झरंत सु गंग मह (163.4)
मन महि अनुरत्तिय (193.4)
सावंत घन मधि (126.1)
हत्थ माझी (325.4)
पट्टन मंझ (71.1)
गन मज्झ (234.2)
घन मज्झि तडित्त (77.4)

अच्छरी अच्छ मज्झे (225.2)

ससि मज्झहि (77.2)

(ख) इसी प्रकार ब्रजभाषा के *पै* और *पर* रूप रासो में नहीं मिलते। इनके स्थान पर रासो में पुराना रूप *उप्पर* अथवा *उप्परि* ही प्रयुक्त है–

रेनु परए सिरि उप्परहि (180.1)

3. संख्यावाचक विशेषण

92. *पूर्ण संख्यावाचक*

1	:	**इक**	(3.6, 9.3, 102.1, 319.1)
		इक्क	(6.2, 100.4, 177.2, 279.4, 299.4, 337.2)
		इक्कु	(3.6, 160.4)
		एकु	(320.2)
		एग	(186.1)
2	:	**दु**	(78.3)
		दुइ	(319.1)
3	:	**तिन्नि**	(82.2)
		तीन	(86.2)
		त्रिय	(7.1)
		त्रीय	(7.1)
4	:	**चार**	(270.3)
		चारि	(90.1)
		च्यारि	(299.3)
5	:	**पंच**	(279.3, 325.7, 317.6)
6	:	**खट**	(142.2, 144.1)
		छह	(110.1, 113.1)
7	:	**सात**	(146.2, 144.1)
8	:	**आठ**	(304.6)
10	:	**दस**	(144.1, 270.5, 282.2, 320.2)
		दह	(79.3, 163.2, 313.2)
11	:	**ग्यारह**	(1.1)
12	:	**बारह**	(336.3)
		द्वादस	(337.4)
13	:	**तेरह**	(318.6)

15 : **दस पंचति** (282.2)

16. : **सोड़स** (19.1)

सोलह (321.6, 322.2)

50 : **पंचास** (108.2)

51 : **इकावनइ** (1.1)

64 : **चउसट्ठि** (313.5)

80 : **असिय** (230.2)

असी (274.6)

100 : **सइ** (1.1, 292.1)

सै (277.4)

सय (201.1)

सौ (279.3)

सत (201, 96.2, 151.2)

1000 : **सहस** (125.1, 142.2, 268.1)

सहस्स (268.2)

सहस्र (96.2)

हज्जार (254.1)

पूर्णांक संख्याबोधक अन्य शब्द :

लक्ख (82.2, 138.3, 274.6, 299.2)

लाख (23.2)

लाखु (67.1)

कोटि (58.2, 61.2, 166.2, 321.1)

(ख) रासो में प्राप्त होनेवाले पूर्णांक संख्याबोधक शब्दों में कुछ के रूप विचारणीय हैं–*सात, आठ, ग्यारह, बारह* और *तेरह* के वैकल्पिक रूप नहीं मिलते। इससे यह अनुमान लगाया जा सकता है कि इनके आधुनिक रूप तब तक स्थिर हो चुके थे। *बीस* तक की अन्य संख्याओं में भी *एक, तीन, चार,* दस और *सोलह* के आधुनिक रूप विकल्प से प्रचलित थे। इनके अतिरिक्त *सौ* और *लाख* भी आधुनिक रूप में प्रयुक्त होते थे। इनके साथ-साथ प्राकृत अपभ्रंश के कुछ पुराने अवशेष भी रह गए थे; जैसे–*इक्क, एग*[1], दह[2], *सइ* और *सहस्स*।

कुछ संख्याओं के रूप अभी विकास की आधुनिक अवस्था तक नहीं पहुँच सके हैं; जैसे–*छह*। षष् का आंत्य ष् क्षयांत प्रवृत्ति के कारण *ह* तो हो गया किंतु

1. एगी (हेम. 1.176)
2. वररुचि : प्राकृत-प्रकाश, 2.44; हेमचन्द्र 1.219; प्रबन्ध चिन्तामणि–गणिया लब्भइ दीहड़ा के दह अहवा अट्ठ।

आधुनिक भाषाओं में मिलनेवाले रूप तक पहुँचने के लिए *ह* का पूर्णतः लोप नहीं हो सका था।

अन्य रूपों में विशेष विचारणीय *दुइ*, *तिन्नि* और *च्यारि* हैं। ब्रज में जहाँ *दोउ* रूप मिलता है, वहाँ रासो में *दुइ* है जो कि पूर्वी भाषाओं की प्रकृति के अनुसार है।[1] 'उक्ति व्यक्ति-प्रकरण' से भी प्रमाणित होता है कि पुरानी कोसली में *दुइ* रूप ही होता था (15/21)। इस प्रकार या तो रासो के *दुइ* को पूर्वी प्रभाव माना जाय या फिर स्वराघात के कारण आद्य *ओ* की दुर्बलता का परिणाम समझा जाय।

ब्रजभाषा की भाँति रासो में भी *चारि* रूप मिलता है, परंतु ऐसा प्रतीत होता है कि *च* में *य* संयुक्त करके उसके ताव्य संघर्षी उच्चारण की ओर विशेष झुकाव था।

तीन के अतिरिक्त *तिन्नि* रूप की व्याख्या के लिए या तो छंदोऽनुरोध की युक्ति दी जाय या फिर उसे पंजाब़ी प्रभाव माना जाय क्योंकि पंजाबी में *तिन* रूप होता है।[2]

पूर्ण संख्यावाचक शब्दों में फारसी *हजार* का *हज्जार* रूप में ग्रहण ध्यान देने योग्य है

93. ***अपूर्ण संख्यावाचक—***

अड्ढ (251.1)
अध (333.2)
अद्ध (38.1, 204.3, 370.1)

रासो में प्राप्त होनेवाले रूप प्राकृत अपभ्रंश के अवशेष प्रतीत होते हैं। व्यंजन-द्वित्व का सरलीकरण करने के बाद भी *अध* आधुनिक ब्रजभाषा का रूप प्राप्त नहीं कर सका था।

94. ***क्रम संख्यावाचक—***

पहिलइ (269.6)
पहिली (315.1)
पहिल्ले (299.1)
दुतीय (318.4)
विय (321.1)
वीय (38.2, 50.4)
तिअ (337.1)
तीज (1.1)

1. होर्नले, गौडियन ग्रैमर, पृ. 254
2. वही

इनमें से *पहिली* को छोड़कर अन्य सभी रूप प्राचीन अवशेष हैं। रासो में *सर* प्रत्ययवाले *दूसरे* और *तीसरे* रूपों का प्रयोग नहीं मिलता।

95. ***समुदायवाचक***–

दुहुँ (101.1, 204.1) = दोनों
तिहुँ (212.6) = तीनों
चहुँ (110.5) = चारों

96. ***संख्यावाचक विशेषणों से बननेवाले समास***–

दुसेर :

समसेर दुसेर समाहनि से। (206.3)

तिहिद्दिया :

बंध्यो तिन्न तिहिद्दिया। (269.5)

4. सर्वनाम

97. ***उत्तम पुरुष सर्वनाम :*** रासो में निम्नलिखित रूप मिलते हैं–

मूल रूप : **हूँ, मैं, मो।**
विकारी रूप : **मोहि, मो, हम।**

यहाँ दो रूपों का अभाव ध्यान देने योग्य है–*हौं* और *हमारो*। ये दोनों ही रूप प्राचीन ब्रजभाषा में बहुत प्रचलित थे और रासो के बृहत् रूपांतर में भी अन्यत्र मिलते हैं। बीम्स ने इन रूपों का उल्लेख किया है। किन्तु हमारे पाठ की सीमा में ये दृष्टिगोचर नहीं हुए।

(1) *हूँ :*

अहो चंद वरदायि कहूँ हूँ। (91.3)
कनवज्जह दिख्खन आय हूँ। (91.4)

प्राचीन ब्रजभाषा की कुछ रचनाओं में हूँ मिलता है।[1] परंतु इसका विशेष प्रचलन पुरानी और संभवतः आधुनिक मारवाड़ी में है।[2]

(2) *मैं :*

***मैं* व गोरि साहिब्ब साहि सरवर साहंतो।** (275.5)

मैं वस्तुतः तृतीया एकवचन का रूप है और इसका प्रयोग भूतकालिक कृदंत के कर्ता की भाँति होता है, लेकिन यहाँ यह वर्तमान कृदंत के साथ प्रयुक्त हुआ है।

---

1. डॉ. धीरेन्द्र वर्मा, ब्रजभाषा, § 156
2. तेस्सितोरी, पुरानी राजस्थानी, § 83

(3) *मो* :

मो रवि मंडल भेदि जीव लगि सत्त न छंडउं। (302.3)

मो वस्तुतः विकारी रूप है, परंतु यहाँ इसका प्रयोग मूल रूप कर्ता की भाँति हुआ है–*मो छंडउं।*

(4) *मो* (विकारी रूप) :

मो सरण सरण हिंदू तुरक (257.5) = मेरी
मो कंपहि सुरलोक (198.1) = मुझसे
ते जम्म [illegible] लहे (119.2) = मुझे

उपर्युक्त तीनों उदा[illegible] में *मो* का प्रयोग क्रमशः सम्बन्ध, अपादान और कर्म-सम्प्रदान में हुआ है। इससे स्पष्ट है कि विकारी *मो* का प्रयोग सभी कारकों में होता था।

(5) ***मोहि*** :

भय मोहि दिखायो (275.1) = मुझे
है व्रत मोहि (169.4) = मुझे

मोहि मुख्यतः कर्मकारक एकवचन का रूप है।

(6) *हम* :

हम बोल रहै (274.5) = हमारा
हम तुम्ह दुस्सह मिलन (302.2) = हमारा
हम सउ भ्रित सुंदरी एग (186.1) = हमारे ?

उपर्युक्त उदाहरणों से स्पष्ट है कि रासो में *हम* का प्रयोग प्रायः आदरार्थे एकवचन में ही हुआ है।

98. ***मध्यम पुरुष सर्वनाम :*** प्राप्त रूप निम्नलिखित हैं–

मूल रूप : **तुम**
विकारी रूप : **तुम्ह, तुम्हइ, तैं, तुज्झ, तोहि**

(1) *तुम* :

मिल्यो तुम आइ (184.2)
तुम गुज्जर भट भीम (275.3)
तिहि सरणागत तुम करो (275.5)

इसका प्रयोग कर्ता कारक, एकवचन के रूप में हुआ है।

(2) *तुम्ह* :

इह तुम्ह मग्ग (14.1) = तुम्हारा
हम तुम्ह दुस्सह मिल (302.2) = तुम्हारा
तुम्ह सत्थहि सामंत कुमार (196.2) = तुम्हारे

तुम्ह का प्रयोग सम्बन्ध कारक, एकवचन में मिलता है।

(3) *तुम्हइ :*

रवि तुम्हइ समुहउ उवइ (14.1)

यहाँ *तुम्ह-इ* का *-इ* या तो निश्चयार्थक *-हि* का ही एक रूप है, या फिर इसका सम्बन्ध अपभ्रंश *तुम्हइं* से है।

(4) *तैं :*

तैं रक्खे हिंदुवाण (277.1) = तैंने, तुमने

तैं रक्खे जालोर (277.2)

तैं रक्खे पंगुलिय (277.3)

तैं रक्खे रिणथंभु (277.4)

तैं का सम्बन्ध अपभ्रंश *तइं* [1] से है जो *मइं* की भाँति तृतीया एकवचन का रूप है।

(5) *तुज्झ :*

तहि गिन्यौ तुज्झ गनि (1.5.4) = तुझे

यह कर्म-सम्प्रदान, एकवचन का विकारी रूप है। ब्रजभाषा में इसका प्रयोग नहीं मिलता। वस्तुतः यह खड़ी बोली का रूप है।

(6) *तोहि :*

नहि रक्खूँ कवि तोहि (123.1)

कल्लि समप्पूं तोहि (123.2)

यह कर्म-सम्प्रदान एकवचन का रूप है और प्राचीन ब्रजभाषा की अनेक रचनाओं में प्रयुक्त हुआ है।

यहाँ यह ध्यान देने योग्य है कि *मेरो* और *हमारो* की तरह *तेरो* और *तुम्हारो* तथा *तिहारा* रूप अप्राप्त हैं।

99. ***दूरवर्ती निश्चयवाचक :*** अपभ्रंशोत्तर काल से ही दूरवर्ती निश्चयवाचक सर्वनाम के रूपों का प्रयोग अन्य पुरुष सर्वनाम के लिए भी होने लगा था। यह प्रवृत्ति ब्रजभाषा की अन्य रचनाओं की तरह रासो में भी पाई जाती है। हमारे पाठ में केवल *वह* के ही उदाहरण प्राप्त हुए हैं, बहुवचन *वे (वै)* तथा विकारी रूप *वा* के उदाहरण अप्राप्त हैं। ऐसा प्रतीत होता है कि ये रूप परवर्ती विकास हैं।

(1) *वह :*

वह रवि रथ लै जुत्तयो (309.6)

वह नर निसंक (309.5)

वह रुंडमाल हार (309.6)

इनके अतिरिक्त निम्नलिखित दो स्थलों पर **उह** का प्रयोग हुआ है, जो सम्भवतः स्थानवाचक क्रिया विशेषण अव्यय *वहाँ* का अर्थ देता है–

---

1. त्व-इ्यमा पइं तइं (हेम. 4.370)

उह हने गयंदह (307.3) = वहाँ, उधर
उह मारइ इहु धाइ (309.4)

इसके विकारी रूप *उस* (54.2) का भी केवल एक उदाहरण प्राप्त हुआ है, जो संदेहास्पद है।

100. ***निकटवर्ती निश्चयवाचक :*** रासो में निम्नलिखित रूप प्राप्त होते हैं–

एकवचन : इह, इहु, यह, येह
बहुवचन : इनि

यह (57.2) और *येह* (63.4) के प्रयोग संदेहास्पद हैं।

(1) **इह, इहु :**

इह *तुम्ह मग्ग समुज्झ* (23.1) = यह
इनिहारि इह (109.2)
इह न सत्थि प्रिथिराज (122.1)
इह जु इंदुजन (145.2)
इह कहि सिर धुनि (195.1)
इह सुनिय लीज (318.2)
इहु प्रिथिराज नरिंद (166.2)
इहु पिक्खिउ (307.2)

(1) **इनि :**

इनि छिनि (169.3)
वान रक्खहि इनि बारह (336.3)

101. ***सम्बन्धवाचक :*** रासो में प्राप्त रूप निम्नलिखित हैं–

सम्बन्धवाचक

एकवचन : *जु*, *जो*, *जासु*, *जिहि*
एकवचन : जिन, जिने

(1) **जु** : *जो*–

धरणि रक्खे जु भुअंगह (275.2)
वधू रक्खै जु अप्प कुल (275.3)
जहु रक्खै जो हेम (275.4)
पस्यो साह जो सूर सारंग गाजी (325.2)

(2) *जास*, *जासु* : जिसके–

सीसै धरो जास गंगा (224.4)
राम गोइंद जासु वर (269.1)
पलौ नागवर जासु धर (269.2)

(3) *जिने* : *जिन्होंने*–

जिने हंकिया पंगुरा (322.4)

जिने पारियै पंग खंधार सारो (324.4)
जिने नंखिया नैन गयदंत नाना (325.2)

(4) *जिन* : जिनके–

जिनके मुख मुच्छ ति मुंछरिया (207.4)

102. ***नित्य संबंधी* :** प्राप्त रूप निम्नलिखित हैं–

एकवचन : *सो, तासु, तिहि*

बहुवचन : ति, ते, तिन, तिनै, तिके

(1) *सो* :

सो कविराज दिल्ली हुँति आयो (83.4)
लिए साथ रजपूत सो (3.6)

दूसरे उदाहरण में *सो* का अर्थ संख्यावाचक *सौ* भी हो सकता है।

(2) *तासु* :

तासु पुत्ति जम्मु छोड़ि ढिल्लिनाथ आचरे (173.4)
तासु गेरव मैमंतो (375.3)

(3) *तिहि* :

तिहि सरणागत तुम करो (275.5)
भयो परत तिहि सद्द (311.4)
तिहि सद्द सीस संकर धुन्यो (333.5)
तिहि उप्परि संजोग नग (340.2)

(4) *ति, ते* :

ति अच्छरी (173.1)
ते नैन दीसं (49.1)

(5) *तिन, तिनै* :

राजन तिन सह प्रिय प्रमद (341.1)
तिनै देखते रूप संसार भग्गै (18.4)
ते सज्जए सूर सब्बे तुखारा (154.4)

(6) *तिके* : वस्तुतः यह मारवाड़ी बोली में पाया जाता है।[1]

परे सूर सोलह तिके नाम आनं (323.2)
तिके उच्चरे सोह अन्नोन्न पारी (61.4)
तिके दव्व के हीन हीनेति गत्ते (62.4)

103. ***प्रश्नवाचक सर्वनाम***–इसके दो भेद होते हैं–प्राणिवाचक और अप्राणिवाचक। रासो में इन दोनों के निम्नलिखित रूप प्राप्त होते हैं–

प्राणिवाचक : को, कौन, किनहि

1. केलॉग, हिंदी ग्रैमर, टेबिल 11

अप्राणिवाचक : कइ, कहु

उदाहरण :

इह अपुव्व को मानिहै (94.6)
रहै कौन संता (219.1)
किनहि कह्यो प्रिथिराज (81.1)
तिहि प्रियजन कइ काज (195.2) = केहि, किस
कहहि कन्ह यहु, काहु (183.2) = क्या

104. ***अनिश्चयवाचक सर्वनाम***—इस सर्वनाम के, रासो में, दो प्रकार के रूप मिलते हैं। एक तो *कोइ* (कोई) वाले और दूसरे संख्यावाचक विशेषण *एक* से बने हुए हैं। दोनों के उदाहरण निम्नलिखित हैं—

इह वंस भाजि जानइ न कोइ (302.5)
एक करहिं सूर असनान दान (19.1) = कोई
इक कहहिं लेहि वर इंदुराज (19.3)
इक कह इंदु फनिंद (166.1)
इक्क कहै दुरदेव है (166.1)
इक्क कहें असि कोटि नर (166.2)

105. ***निजवाचक सर्वनाम***—*निय* के अतिरिक्त *अप्पण, अप्प, अप्पु तथा* अपन रूप प्राप्त होते हैं, जिनके उदाहरण निम्नलिखित हैं—

न्रिप निय निंद विसारि (139.2)
इतो बोझ अप्पण धरो (275.6)
अप्पु मग्ग लग्गियइ 274.2)
वधू रक्खै जु अप्प कुल (276.3)
स्वामि हुइ जाइ अपन घर (302.2)

कभी-कभी निजवाचक सर्वनाम का द्वित्व भी हो जाता है; जैसे—*अपना-अपना।* रासो में इसका *अप्प-अप्प* रूप मिलता है—

जु अप्प-अप्प विफ्फुरे (245.2)

5. सर्वनाम-मूलक विशेषण

106. ***प्रकारवाचक*** : रासो में इसके *अस, इसो, तस* और *तेसो* रूप मिलते हैं। उदाहरण निम्नलिखित हैं—

अस कत्थइ (279.3)
इसो जुद्ध अनुरुद्ध मध्यान्ह हूवं (296.1)
प्रजंक तदून तस (344.3)

वरं वीर गुंडीर तेसे सुभंगा (224.,3)

107. ***परिमाणवाचक*** : रासो में इसके *इत्त°* वाले रूप मिलते हैं। सोदाहरण सभी रूप निम्नलिखित हैं–

नरिंद इंद इत्त कोरि (139.2)
इत्तनहि सास घरि वारि रहियो (238.3)
इत्तनउ कहत भुजपति उठ्यो (149.5)
भयो इत्तने युद्ध (266.6)

108. ***संख्यावाचक*** : प्राप्त रूप निम्नलिखित हैं–

कितकु सुर संभरधनी	(107.1)
कितकु देस दल बंध	(107.1)
कितोकु इन हथ उग्गलउ	(107.2)
कते राने	(267.2)

6. क्रिया

109. ***प्रेरणार्थक***–रासो में प्रेरणार्थक क्रिया के जो थोड़े-से रूप प्राप्त हुए हैं, उनमें एकमात्र प्रेरणार्थक प्रत्यय **-आ-** का प्रयोग दिखाई पड़ता है; जैसे–निम्नलिखित उदाहरणों में *पठावनि*, *दिखायो* और *कहायो* क्रिया रूप *पठ्+आ*, *दिख्+आ*, *कह+आ* से बने हैं–

अम्महि पुच्छन दूत पठावहि	(168.3)
मरन भय मोहि दिखायो	(275.1)
होइ के मोहि कहायो	(275.2)

110. ***वाच्य***–भूतकालिक कृदंत से बने हुए निष्ठा के रूप मूलतः कर्मवाच्य के होते हुए भी अपभ्रंश तथा परवर्ती भाषाओं में कर्तृवाच्य की ही तरह प्रयुक्त होते हैं। इनके अतिरिक्त *-य-* लगाकर बनाए हुए अन्य प्रकार के भी भाव वाच्य तथा कर्मवाच्य के रूप मिलते हैं–

मनो दिख्खियै रूव ऐराव इंदा।	(16.2)	=	दिखलाई पड़ता है।
मनो दिक्खियै वाय वड्ढे कुरंगा।	(16.4)	=	दिखलाई पड़ता है।
विनेत्रिय दिक्खिय पूरन काम।	(75.2)	=	दिखलाई पड़ता है।
बुज्झियइ सूर सामंत हुइ।	(275.6)	=	बूझा जाता है।
पत्ति सत्थै तन खंडियइ।	(278.6)	=	खंडित किया जाता है।
मरण सनम्मुख मंडियइ।	(278.6)	=	मंडित किया जाय
अप्पु मग्ग लग्गियइ	(274.2)	=	लगा जाय।

वस्तुतः ये सभी रूप प्राकृत-अपभ्रंश के *-ज्ज-* वाले विधि के रूपों से

उत्पन्न हुए हैं, जिनका अर्थ भाववाच्य की भाँति होता है। इनके अतिरिक्त रासो में *-ज्ज-* > *-ज-* वाले कुछ रूप भी सुरक्षित हैं; जैसे–

कहूं जग्गिजै पुण्य ते राज काजं (18.1)

मरन दिजइ प्रिथिराज (279.1)

देख–धातु के कर्मवाच्य अथवा भाव वाच्य बनाने के लिए आदि स्वर को परिवर्तित करके *दिख*– अथवा *दीख*– कर देने से भी काम चल जाता है; जैसे–

जु दिख्खिहि नारि सकुंज परी (73.3) = दिखाई पड़ती है।

इसी प्रकार भूतकाल में भी कर्मवाच्य तथा भाववाच्य के रूप बनाए जाते हैं; यहाँ भाववाच्य का एक उदाहरण प्रस्तुत है–

दिक्खियग नीर (12.4) = नीर देखा गया।

आधुनिक हिंदी में भाववाच्य अथवा कर्मवाच्य बनाने के लिए दो क्रियाओं के संयुक्त प्रयोग की अपेक्षा रहती है और ऐसे संयुक्त प्रयोग में द्वितीय क्रिया प्रायः *जाना* अर्थवाली होती है; किंतु रासो में भूतकालिक भाववाच्य के ऐसे भी रूप मिलते हैं जिनमें *जाना* के बिना केवल एक ही क्रिया से काम चलाया जाता है। संयुक्त क्रियाओं की अविकसित अवस्था के कारण ही उस समय ऐसा होता था।

अनेक वर्न जो कहे। (119.2) = कहे गए हैं

मूल काल

111. आधुनिक आर्यभाषा की अन्य आरम्भिक रचनाओं की तरह रासो में भी ऐतिहासिक दृष्टि से दो प्रकार की काल-रचना मिलती है–प्राचीन तिङन्त रूपों से उत्पन्न अर्थात् तिङन्त-तद्भव और प्राचीन कृदंत रूपों से उत्पन्न अर्थात् कृदन्त-तद्भव। तिङन्त-तद्भव रूपों से तीन मूल काल बनते हैं : वर्तमान निश्चयार्थ, भविष्य निश्चयार्थ और आज्ञार्थ।

कालरचना के लिए प्रयुक्त होनेवाले तिङन्त-तद्भव रूप भी तीन हैं : वर्तमान कृदन्त, भूतकालिक कृदंत और भूत सम्भावनार्थ।

चूँकि ये कृदंत रूप विशेषण होते हैं, इसलिए ये लिंग-वचन-पुरुष से अनुशासित होते हैं।

112. ***वर्तमान निश्चयार्थ***–रासो में प्राप्त रूप निम्नलिखित प्रकार के हैं–

	एकवचन	बहुवचन
1.	कहउं, कहूं	कहहिं
2.	X	कहहु, कहउ
3.	कहइ, कहै	कहहिं

विश्लेषण करने से निम्नलिखित प्रत्यय लगाए गए प्रतीत होते हैं–

1.	-अउं,-ऊं	-अहिं

2.	x	-अहु, -अउ
3.	-अइ, -ए	अहिं

इनमें से प्रत्येक के उदाहरण निम्नलिखित हैं–

(1) *–अउं :* ऐतिहासिक दृष्टि से ये रूप प्राचीनतर हैं; अपभ्रंश में ऐसे ही रूपों का चलन था। रासो में इनके अवशेष पर्याप्त मात्रा में मिलते हैं–

इहि भुवहि ढिल्लि कनवज करउं। (198.3)
इह अप्पउं ढिल्लिय तखत (198.3)

(2) *–ऊं :* ये रूप अपेक्षाकृत आधुनिक हैं और अंत्य स्वर-संकोचन के परिणामस्वरूप निर्मित हुए हैं। रासों के अपने रूप यही हैं–

नहि रक्खूँ कवि तोहिं (123.1)
कल्लि समप्पूं तोहिं (123.2)
जाणूं पावस चुव्वइ (239.2)

(3) *–अहु :* रासो के ये रूप अपेक्षाकृत प्राचीनतर हैं–

गेह किमि गंजहु (92.2)
किनि गुनि पंगुराइ मन रंजहु (92.3)
तिहि रक्खहु तिय वास (124.2)

(4) *–अउ :* ये रूप बहुत कम मिलते हैं–

संचउ (93.1), **रंचउ** (93.2)

(5) *-अइ :* इन रूपों को अपभ्रंश का अवशेष समझना चाहिए। इनकी संख्या रासो में बहुत अधिक है–

इम जंपइ चंद वरद्दिया (302.6)
धर तुट्टइ खुर धार (304.1)
गहव गय कुंभ उपट्टइ (309.3)
इस वंस भाजि जानइ न कोइ (302.5)

(6) *-ऐ :* आधुनिक रूप यही हैं और अंत्य स्वर-संकोचन के द्वारा इनकी रचना हुई है–

इम जंपै चंद वरद्दिया (299.6)
दिक्खि सुर लोक सहदेव कंपै (237.2)
आब रहै तब लग जियन (236.5)
तब लगि चलै कवित्तनौ (279.6)

(7) - *अहिं* : ऐतिहासिक दृष्टि से अन्य पुरुष बहुवचन के ये रूप अपेक्षाकृत प्राचीन हैं। अन्त्य *'-ह* के लोप से *-एँ* वाले रूपों के निर्माण की प्रवृत्ति रासो में नहीं मिलती–

इक कहहिं (9.3)
बल भरहिं सूर सुणि सुणि निसान (10.2)

तिन्नि लक्ख निसि दिन रहहिं (82.2)
सयल करहिं दरबार (142.2)
गजराज विराजहिं (283.1)

113. ***भविष्य निश्चयार्थ*** : रासो में *-ह-* < *-स्स-* < *-श्य-* वाले रूपों की प्रधानता है। प्रायः स्वर-संकोचन के द्वारा *-इह* > *-है* हो गया है, किंतु कहीं-कहीं प्राचीन अवशेष के रूप में-*हइ* वाले रूप भी मिल जाते हैं–

इक रवि मंडल भिद्दिहै (6.2)
राठोर राय गुन जानिहै (94.5)
इह अपुव्व को मानिहै (94.6)
जु कछु इच्छ करि मंगहइ (123.2)

इनमें से अंतिम उदाहरण मध्यम पुरुष एकवचन का है।

114. ***आज्ञार्थ*** : रासो में आज्ञा़र्थ के *-ओ* प्रत्ययांत रूप ही मिलते हैं–

तिहिं सरणागत तुम करो (275.5)
इतो बोझ अप्पण धरो (275.6)

कृदंत रूप

115. ***वर्तमानकालिक कृदंत*** : इसके लिए रासो में प्राचीन *-अंत* तथा नवीन *-अत* दोनों प्रकार के रूप मिलते हैं और किसी सहायक क्रिया के बिना ही वर्तमान काल की रचना करते हैं–

(1) -अंत :

झलकंत कनक (12.4) = कनक झलकता है।
राइ अप्पंत दानं (19.1) = राजा दान अर्पित करते हैं।
जराउ जरंत कनंक कसंत (75.3)

(2) -अत :

दिखत चंदवरदाइ (84.1) = चंद वरदाई देखता है।
सेवते बंध निसुरत्त पाई (102.4)
कवि कन्ह कहत्ता(215.1)
सकति सुर महिख बलिदान लहत्ता (215.2)

116. ***भूतकालिक कृदंत*** : रासो में भूतकालिक कृदंत के विविध रूप मिलते हैं। कहीं तो *-अ* अथवा शून्य प्रत्यय मिलता है; कहीं *-य, -यो, -यौ;* कहीं *-न, -नी, -नो, -नौ;* कहीं *-न्ह, -न्हों* तथा कहीं *-ध, -धो, -धी* वाले रूप भी मिलते हैं। इनके अतिरिक्त एक रूप और मिलता है जिसके अंत में *-इग* प्रत्यय आता है। संभवतः यह संयुक्त प्रत्यय है। इसमें *-ग गत* > *गअ* का संक्षिप्त रूप प्रतीत होता है। प्रत्येक के उदाहरण इस तरह हैं–

(1) -अ :

झुकित खग्ग चहुवान गह (313.1)

(झुकते हुए चहुवान ने खड्ग गहा।)

धन्न धन्न कह प्रिथिराज (312.1)

(प्रिथिराज ने धन्य धन्य कहा)

प्रगट पंगु न्रिप हंक (310.1)

(पंगु नृप ने प्रगट रूप से हाँका।)

उड़ न्रिप तेज विराज (127.1)

(तेज विराज रहा था।)

(2) -य, -यो, -यौ : ये पुल्लिंग एकवचन के रूप हैं। इनमें से *-यो* वाले रूपों को रासों में बहुलता है किंतु यत्र-तत्र *–यौ* वाले रूप भी मिल जाते हैं। प्राचीन ब्रजभाषा में ये दोनों ही रूप साथ-साथ मिलते हैं। आगे चलकर *-यो* वाले रूप कन्नौजी और जयपुरी में विशेष प्रचलित रहे और ब्रज में *-यौ* वाले रूपों की प्रधानता हो गई–

बंधि खुरसान किय मीर वंदा (10.3)

कविता किय चंद (126.1)

उडिय रेणु (3.5)

कर करार सज्यो समुह (6.1)

उपज्यो जुद्ध (12.2)

भट्टि पुव्वहि चल्यो (14.2)

कंचन फूल्यो अर्क बन (15.1)

चंद गयो दरबारह (83.1)

दिल्लीसर लक्ख्यौ (149.1)

दुसह दारुन अति पिक्ख्यौ (149.2)

(३) -ई : स्त्रीलिंग में भूतकालिक कृदंत कर्ता के अनुसार *-इकारांत* हो जाता है; जैसे–

छह सुंदरि एकइ समइ चली। (113.2)

(४) -ये, -ए : ये रूप बहुवचन के हैं–

उये कलस जयचंद ग्रिह (15.2)

देवता मग्ग ते स्वर्ग भुल्ले (17.4)

(5) -न, -न्ह–

मिलि मुद मंगल कीन (272.4)

खन तलप्प अलप्प मन कीने (190.3)

गुन उच्चारि चारि तब किन्हो (90.1)

जउ भूखे सक्कर पय दिन्हो (90.2)

देवि दीन्हो हुंकारो (311.2)

(6) -द्ध : यह अत्यंत प्राचीन रूप है। अपभ्रंश में भी इसके उदाहरण बहुत कम मिलते हैं। 'प्रबंध चिंतामणि' के एक दोहे में इसका प्रयोग हुआ है–

मह कन्तह इक्क ज दसा अवरि ते चोरहिं लिद्ध।

बीम्स को भी इसके चार ही उदाहरण रासो में मिले हैं–

वर दीधौ ढुंढा नरिंद। (1.305.1)
प्रथिराज ताहि को देस दिद्ध।। (1.307.61)
पुत्री पुत्र उछाह। दान मान घन दिद्धिय।।
धाम धाम गावत धमार। मनहु अहि बन मनि लद्धिय।।

यहाँ लिद्ध की व्याख्या करते हुए बीम्स ने कहा है कि *लभ्* धातु के भूत कृदंत रूप *लब्ध* से सम्बद्ध होने के कारण ही *लद्ध* रूप बना है और सारूप्य सिद्धान्त के अनुसार दद्ध भी उसी के वजन पर बन गया।

हमारे पाठ में एक स्थान पर लद्धी और अन्यत्र पाठांतर में *लिद्ध* रूप मिलता है–

लिद्ध वैरागिरि सब्ब हीरा (102.2)
दिसा देस दच्छिन्न लद्धी उपंगा (223.2)

(7) -इग[1] : यह रूप रासो की अपनी विशेषता है–

करिग देव दिख्खन नयर (162.1)
गंठि छोरि दक्खिन फिरिग (178.2)
त्रिप्पु नयन विअ अंकुरिग (182.2)
उभय सहस हय गय परिग (268.1)
सोनंकी सारंग परगे (269.4)

अन्य उदाहरण :

अनुसरिग (112.4), **डरिग** (333.6)
अप्पिग (123.1, 148.1), **फटिग** (12.3)
उठिग (112.3), **भ्रमिग** (13.1)
कहिग (13.1), **मलिग** (146.2)
खपिग (315.7), **मिलिग** (11.3)
गहिग (332.4), **संचरिग** (7.2, 313.5)
घटिग (12.3), **संप्परिग** (313.2)
चिडिग (198.2), **सज्जिगे** (99.1)
झिलमिलिग (11.3)

1. बीम्स ने रासो में यह रूप लक्षित नहीं किया है।

क्रियार्थक संज्ञा

117. *-न* और *-ब* दो प्रकार के रूप मिलते हैं। इनमें से -न वाले रूपों का प्रचलन अधिक है। प्रत्येक के उदाहरण निम्नलिखित हैं–

(1) -न :

कनवज दिक्खण कारणइ (1.2)
पुच्छन चंद गयो दरबारह (83.1)
कनवज्जह दिख्खन आय हूँ (91.4)
फिरक्कि चक्कि चाहनं (136.1)
सुह दुह कहन चंद मन रत्तउ (338.4)

(2) -ब :

करिब्ब (35.1)
गहब गय कुंभ उपट्टइ (309.3)

पूर्वकालिक कृदंत

118. ***रासो का सामान्य पूर्वकालिक कृदंत*** *–इ* है, जो व्यंजनांत और स्वरांत सभी धातुओं में समान रूप से लागू होता है। आधुनिक ब्रज की भाँति -आकारांत और -ओकारांत धातुओं में जुड़ने पर *-य* होने की जगह *-इ* ही बना रहता है। कुछ उदाहरण निम्नलिखित हैं–

सज्जि साह संधै (17.1)
वेलि सेवंतिय गुंथिय जाइ (72.3)
आइ स जो गुनियन तन चाह्यो (86.1)
ति कवि आइ कवियहि संपत्ते (87.1)
अप्पिग पानु समानु करि (123.1)
इच्छ करि मंगिहइ (123.2)

सहायक क्रिया

'भू' धातु के रूप

119. रासो में √भू के *-भ-* और *--ह-* दोनों ही प्रकार के रूप मिलते हैं और अनुपात की दृष्टि से दोनों का प्रयोग समान है। किंतु विकासक्रम की दृष्टि से *-ह-* वाले रूप ही रासो के अपने कहे जाएँगे। आगे इनमें से प्रत्येक के काल-रचनानुसार तिङन्त-तद्भव और कृदंत-तद्भव रूप दिए जा रहे हैं। यहाँ ध्यान देने योग्य तथ्य यह है कि इस सहायक क्रिया के रूप रासो में संयुक्तकाल रचना के लिए प्रयुक्त नहीं हुए हैं।

120. ***-भ- मूलक कृदंत*** [1] **:** प्राप्त रूपों में से अधिकांशतः भूत कालिक कृदंत के हैं।

पुंल्लिग

भो (328.1), **भउ** (317.6), **भय** (75.4)
भयो (266.2, 306.2, 311.4, 318.4)

स्त्रीलिंग

भइ (315.6), **भई** (323.1, 346.4), **भइ** (336.4)
भयत (127.1)।

121. *-ह- मूलक तिङन्त रूप :*

है (23.2) हैं (109.1)
अहहि (94.3), आहि (84.2)
होइ (71.4, 277.6, 307.2)

उदाहरण–

मुकुट बंध सब भूप हैं (109.1)
होइ घरे घरे मंगली (277.6)
जिह पंगुर त्रिप आहि (84.2)

122. ***-ह- मूलक कृदंत रूप*** *:* मुख्यतः भूतकालिक कृदंत के ही रूप प्राप्त होते हैं–*हुआ, हुअ, हुव, हुवो, हूवं* इत्यादि–

हरखवंत नृप भ्रित हुआ (183.1)
खंड खंड हुअ रुंड (302.4)
अचल अचेत जु खेत हुव (314.1)
उभय हुव स्वेद कंप सुरभंग (167.1)
राज सगुन साम्हो हुवो (4.1)
इसो जुद्ध अनुरुद्ध मध्यान्ह हूवं (296.1)

7. संयुक्त क्रिया

123. ऐतिहासिक दृष्टि से 'संयुक्त क्रिया' भारतीय आर्यभाषा में परवर्ती विकास है। अपभ्रंश-काल से इसका उदय स्पष्ट होता है और आधुनिक भाषाओं के क्रमिक विकास के साथ रूप और अर्थ दोनों ही दृष्टियों से इसमें जटिलता बढ़ती जा रही है। रासो में संयुक्त क्रिया के जो रूप प्राप्त होते हैं, वे रूप और अर्थ दोनों

---

1. इसके तिङन्त-तद्भव रूप रासो में नहीं मिलते।

ही दृष्टियों से कम जटिल हैं। अधिकांश संयुक्त क्रियाएँ पूर्वकालिक कृदंत के योग से बनी हैं और थोड़ी-सी क्रियार्थक संज्ञा के भी योग से निर्मित हुई हैं। इनमें से प्रत्येक के उदाहरण निम्नलिखित हैं–

(1) पूर्वकालिक कृदंत के योग से निर्मित :

धरि रख्यो वल वानि	(340.2) :
आनि चंपी दिल्ली धर	(336.1)
उबर हंस उड़ चलहि	(313.4)
लेहि बइठो	(307.1)
जुज्झि गयउ	(303.1)
हुइ जाइ	(302.2)
मद गंध गयंदनि सुक्कि गयं	(288.4)
जाइ निकस्सि	(286.1)
रहे सूर सामंत जकि	(321.3)
चलि गयो न मंदिर रह्यो	(330.5)
कहे, घरि आव बइट्ठो	(289.2)
न्रिप जोइ फवज्जइ बंट लियं	(211.4)
भाजि प्रिथिराज जाइ जनि	(149.4)
चल्या तु छूटि प्रवाह	(153.2)

(2) क्रियार्थक संज्ञा के योग से निर्मित :

ग्रिद्ध पावै न जानं	(261.4)
(गृद्ध जाने न पाए)	
मिटयो न जाइ कहणो	(280.1)
(कहना मिट न जाय)	
गज्जि लग्ग्यो	(332.1)
(गर्जने लगा।)	

रासो की संयुक्त क्रियाओं की रचना में यह विशेषता ध्यान देने योग्य है कि दो क्रियाओं के बीच जोर देने के लिए दूसरे शब्द भी आ गए हैं, जैसे *जकि रहे* के बीच में 'सूर सामंत' तथा छूटि *चल्या* के बीच *तु*।

8. अव्यय

क्रिया-विशेषण

124. ***कालवाचक :***

अब (184.3, 319.2)

अजहुँति (181.1) = आज से
कब (57.2); छिनि (169.3) = क्षणभर
जब (198.2, 279.6, 334.1)
जब लगि (108.2) = जब तक
तब (80.1, 108.2)
तब लगि (108.2) = तब तक
नित्ति (223.4) = नित्य
नित्तु (130.2) = नित्य
पुनि (152.2) = पुनः
फिर (129.1)
सदाहं (292.1) = सदा

125. *स्थानवाचक :*
अग्ग (254.2) , **अग्गलउ** (84.2)
अग्गे (84.2) , अग्गैं (270.1)
अनु (151.2)
इत्त (69.2)
इत्तु (11.2)
इतो (275.6)
उप्पर (304.9)
उप्परि (315.3, 340.2)
उप्परहि (180.1)
ओर (40.2)
कहँ (47.3)
कित (309.2)
कोद (234.1) = **ओर**
जहँ (83.3, 142.1, 281.3)
जहि (61.2, 143.2)
जाह (44.1)
तहाँ (266.2, 326.4, 333.3)
तहि (145.4, 232.2)

126. *रीतिवाचक :*
अस (279.2, 315.1) = ऐसा
इम (55.3, 110.2, 270.6, 299.6, 331.2) = ऐसा
किमि (92.2) = कैसे

जनु (204.2, 283.2) = जैसे, मानो
जिम (110.2, 191.4, 225.2, 240.4) = जैसे
ज्यं (5.2) = ज्यों
ज्यूं (109.2, 202.1) = ज्यों
तिम (8.1, 311.1) = त्यों
मनहु (148.1, 180.1, 189.2, 300.1, 318.4) = मानो
मनो (35.1, 48.2, 116.2, 255.2, 260.2) = मानो

127. ***निषेधवाचक :***

जनि* (149.4) = मत
जिन (286.2)
न (73.2, 87.4, 289.3, 290.2)
नहि (123.1, 149.2)
नहिं (330.3), **नहीं** (327.3), **नही** (299.5)
नानु (315.1), **नाहिं** (227.2)
बिनु (112.3, 330.1) < **बिना**
म (43.1) < **मा**
मति (275.1) < **मा ?**

128. ***कारणवाचक :***

कत (151.2, 289.2) = क्यों
किनि (92.3) = क्यों, क्यों न
क्यूं (154.4) = क्यों

129. ***परिमाणवाचक :***

कछु (278.3)

130. ***समुच्चय बोधक अव्यय :***

अरु (2.2, 80.2, 190.1) और

131. ***विभाजक***

अह (346.3) = अथवा
अहवा (197.2) = अथवा
कि (165.2) = या
किधुं (165.2) = अथवा
किधौं (86.3) = अथवा

---

* तुलनीय–**बार-बार तू ह्याँ जनि आवै।** –सूरसागर

कै (2.2, 61.1, 101.2) = या

कैं (345.1) = या

132. *केवलार्थक, निश्चयबोधक*

ही (34.1, 36.1, 40.2, 310.1)

133. *विस्मयादिबोधक अव्यय*

अरी (286.2)

अहो (91.3)

तृतीय अध्याय

वाक्य-विन्यास

134. ***कारक-सम्बन्धी विशेषता :*** वाक्य-विन्यास के अंतर्गत कारकों के प्रयोग-सम्बन्धी विशेषताओं में से षष्ठी विभक्ति की व्यापकता महत्त्वपूर्ण है। षष्ठी की व्यापकता के प्रमाण संस्कृत से ही मिलते हैं।[1] म. भा. आ. में षष्ठी का क्षेत्र और भी व्यापक हो गया।[2] प्राकृत-अपभ्रंश में षष्ठी का प्रयोग सभी कारकों में होता था।[3] रासो में भी षष्ठी -ह के व्यापक प्रयोग के अनेक उदाहरण मिलते हैं–

(1) कर्म कारक के अर्थ में :

चंद गयो दरबारह (83.1)

(चंद दरबार को (की ओर) गया)

कनवज्जह दिक्खन आयो (91.4)

(कनवज को देखने आया)

(2) अधिकरण के अर्थ में :

अंगह चंदन लावहि (192.1)

(अंगों में चंदन लगाती हैं)

भयउ निसानह घाउ (202.1)

(निसान पर घाव (आघात) हुआ)

ज्यूँ भद्दव रवि असमनह चंपिय वद्दल वाउ (202.2)

(जैसे आसमान में भाद्रपद के रवि को बादल-वायु ने चाँप लिया)

135. षष्ठी के विशिष्ट प्रयोगों में से एक है स्वतंत्र कारक के रूप में 'भावे षष्ठी' का प्रयोग। 'जब शत्रंत अथवा शानजंत पद का लिंग, वचन और कारक क्रिया

1. षष्ठी शेषे-(अष्टाध्यायी, 2|3|50)
2. सुकुमार सेन, हिस्टोरिकिल सिटैक्स आव मिडिल इंडो आर्यन, §63-84
3. हेमचंद्र, 8|3|131-134

के कर्त्ता से भिन्न किसी अन्य कर्ता के अनुरूप होता है तब वह वाक्यांश *भावे* कहलाता है।' जैसे–

खग्गह सीसु हनंत खग्ग खप्पुरिव खरख्खर। (304.3)
(खड्ग के शीर्ष पर हनते ही खप्पर की तरह खड्ग खर-खर धँस गया)
धरनह कन्हह परत ही प्रगट पंग न्रिपु हंक्क (301.1)
(धरणी पर कन्ह के पड़ते ही नृप ने प्रकट रूप से पंगु को ललकारा)

136. वाक्य-रचना की दृष्टि से 'भावे सप्तमी' के भी कुछ विशिष्ट प्रयोग रासो में मिलते हैं–

धरणि मंगल जल पाए (287.2)
(जल को प्राप्त करने से (पर) धरणी का मंगल होता है)
दीन मंगल कछु दीनइ (278.3)
(कुछ दिए जाने से (पर) दीन का मंगल होता है)
सार मंगली ग्रिह आए (278.1)
(गृह में (व्यक्ति विशेष) के आने से (पर) शाला मंगली होती हैं)

137. अपभ्रंशोत्तर युग से प्राचीन कर्मवाच्य कर्तृवाच्य की भाँति प्रयुक्त होने लगे[1] और नए ढंग के भाववाच्य तथा कर्मवाच्य विकसित हुए।[2] आधुनिक आर्यभाषा के उदय काल में कर्मवाच्य के भूतकालिक कृदंत रूप तथा विधि के रूपों में स्वरूपता के कारण दोनों के अर्थ में भ्रम उत्पन्न हो गया। फलस्वरूप दोनों के कार्य क्रमशः एक से होने लगे। उदाहरण के लिए रासो के निम्नलिखित *खंडियइ* और *मंडियइ* रूप विधि के *खंडिज्जइ* और *मंडिज्जइ* तथा *-इत (क)* वाले भूत कृदंत के *खंडित (क)* और मंडित *(क)* दोनों ही समझे जा सकते हैं–

पति सत्थै तन खंडियइ (278.5)
मरण सनम्मुख मंडियइ (278.6)

(1) इन दोनों प्रकार के रूपों के मिश्रण से *-इयै* वाले निम्नलिखित प्रकार के नये रूप बने जो सर्वथा भाववाच्य के लिए प्रयुक्त हुए हैं–

मनो दिक्खियै रूव ऐराव इंदा (16.2)
मनो दिक्खियै वाय वड्ढे कुरंगा (16.4)

यह प्रवृत्ति 14वीं सदी की संदेश रासक जैसी अवहट्ट रचनाओं से ही आरम्भ हो गई थी। संदेश रासक में *अंबरु पुणि रंगियइ*, *अंगु अब्भिंगियइ*, *दविणु पुणु भिट्टियइ* और *किम पट्टियइ* (101) जैसे विधि के रूप भाव वाच्य की तरह प्रयुक्त हुए हैं।

---

1. तेस्सितोरी, पुरानी राजस्थानी, § 137
2. भायाणी, संदेश रासक, ग्रैमर, § 16

(2) भूत कृदंत और विधि के तद्भव रूपों के मिश्रण से *-आणय* > *-आनय* वाले नये ढंग के कर्मवाच्य रूप निर्मित हुए, जिनकी रचना में प्रेरणार्थक प्रत्यय का भी आभास मिलता है। रासो में *पलायन* के अर्थ वाली क्रिया में इस प्रकार की विशेषता स्पष्ट रूप से लक्षित होती है–

तुरिय पट्टनु पल्लान्यो (309.1)
(तुरंग को पट्टन (नगर) की ओर भगाया)
पहु पट्टन पल्लानि (307.3)
(प्रभु पट्टन की ओर भागे)

अन्य धातुओं में भी इसका प्रभाव दिखाई पड़ता है; जैसे–

मरन अप्पहीं पिछान्यो (309.2)
(मरण को स्वयं पहचाना अथवा मरण स्वयं ही पहचाना गया)

138. ***पद-क्रम*** **:** छंद-प्रवाह के कारण रासो की वाक्य-रचना में उद्देश्य-विधेय तथा कर्ता-कर्म-क्रिया का गद्यानुरूप क्रम नहीं निभाया गया है। किंतु इस क्रमभंग में भी एक बात स्पष्ट रूप से दिखाई पड़ती है कि जिस वस्तु पर अधिक जोर देना है, वह वाक्य में सामान्य क्रम का उल्लंघन करके पहले रखी गई है; जैसे–

बड़ हत्थहि बड़ गुज्जरउ जुज्झ गयउ बैंकुठ (303.1)

यहाँ 'बड़गुज्जर' का बैकुंठ जाना कवि के लिए उतना महत्त्वपूर्ण नहीं है, जितना बड़े (नृप) के हाथ उसका जूझ जाना। इसलिए *बड़ हत्थहि* का क्रम *बड़ गुज्जर से पहले रखा गया है। इसी प्रकार–*

मद गंध गयंदनि सुक्क गयो (288.4)

गयंदनि मद गंध (=गजेन्द्रानां मदगंध–) के सामान्य क्रम को तोड़कर 'मद गंध' को पहले रखा गया है।

अमिय कलस आयास लियो अच्छरिउ उच्छंगह (311.3)

सामान्य क्रम होता : *अच्छरिउ आयास उच्छंगह अमिय कलस लियो;* अर्थात् अछरियाँ आकाश में उत्संगों में अमृत-कलश लिए हैं। किन्तु यहाँ 'अमिय कलस' को कवि प्रधानता देना चाहता है, इसलिए उसने कर्म को पहले रखा।

इस प्रकार वाक्य में पदों के क्रम-विपर्यय का मुख्य कारण *अवधारण* प्रतीत होता है।

139. अवधारण के कारण रासो में प्रायः मुख्य क्रिया को वाक्य में सबसे पहले रख दिया गया है। कभी-कभी संयुक्त क्रिया के दोनों अवयवों के बीच दूसरे अनेक शब्द रख दिए गये हैं; यहाँ तक कि एक अवयव वाक्य के आदि में है तो दूसरा वाक्य के अन्त में। इस प्रकार के विशिष्ट वाक्य-विन्यास के कुछ उदाहरण इस प्रकार हैं–

रहिउ स्वामि सिर सेहरउ (320.6)
(रहा स्वामी के सिर पर सेहरा)
डरे संभरे राइ संसार सारे 259.1)
(डरता है संभर-राय (पृथ्वीराज) से संसार सारा)
मिट्टयो न जाइ कहणो (280.2)
(मिट न जाय कहना)
भयो इत्तने युद्ध अस्तमित भाणं (266.2)
(हुआ इतने युद्ध में अस्तमित भानु)
गए सुंड दंतीनु दंता उपारे (260.1)
(गए दंतियों के सुंड (और) दाँत उपारे)

140. ***मिश्र वाक्य :*** रासो में वाक्य-रचना प्रायः साधारण वाक्यों की ही है, किंतु कहीं-कहीं एकाधिक वाक्यांशोंवाले मिश्र वाक्य भी मिल जाते हैं; जैसे–

मीचु लग्गए पाइ कहे घरि आव बइट्ठो (279.2)
(मृत्यु पाँव लगे और कहे कि आओ घर बैठो)
आब रहै तब लगि जियन जियन जम्मु साबुत रहै (276.5)
(जब तक आब (पानी=प्रतिष्ठा) रहे तभी तक जीवन है···)
उह मारइ इहु धाइ देखि अरि दंतह कट्टइ (209.4)
(वहाँ मारता है, यहाँ दौड़ता है, यह देखकर शत्रु (आश्चर्य से) अपने दाँत काटते हैं)

चतुर्थ अध्याय

शब्द-समूह

141. रासो के शब्द-समूह में पाँच तत्त्व हैं : संस्कृत तत्सम, प्राकृत-अपभ्रंश के अर्ध तत्सम, हिंदी तद्भव, राजस्थानी देशी तथा फारसी। इनमें से सबसे कम शब्द फारसी के हैं। डॉ. विपिन बिहारी त्रिवेदी ने बृहत् रूपांतर के मुद्रित संस्करण से लगभग साढ़े चार सौ अरबी-फारसी शब्दों की सूची दी है।[1] यदि यह मान लिया जाय कि इस सूची में बृहत् रूपांतर के सभी फारसी शब्द आ गए हैं तब भी अनुपात की दृष्टि से यह संख्या संपूर्ण शब्द-समूह में बहुत कम है। हमारे पाठ (लघुतम कनवज्ज समय) में फारसी शब्दों की संख्या पचास से भी कम है। फारसी शब्दों की सम्भावना 'कनवज्ज समय' के बाद 'बड़ी लड़ाई' में अधिक हो सकती है, क्योंकि उसमें पृथ्वीराज और मुहम्मद गोरी के युद्ध का वर्णन है। इसलिए 'कनवज्ज समय' के आधार पर फ़ारसी शब्दों के अनुपात के विषय में कुछ न कहते हुए भी इतना तो कहा ही जा सकता है कि रासो का शब्द-समूह मुख्यतः भारतीय आर्यभाषा का ही है। विद्यापति की 'कीर्तिलता' की तुलना में 'पृथ्वीराज रासो' में फारसी शब्द अधिक नहीं हैं। जिन फ़ारसी शब्दों को रासो में अपनाया गया है, उन्हें भी हिंदी की अपनी उच्चारण-पद्धति के अनुसार तद्भव रूप दे दिया गया है (दे. 39।

लघुतम कनवज्ज समय में प्राप्त फारसी शब्द निम्नलिखित हैं–

अरब्बी	(160.1)	= अरब
असमान	(202.2)	= आसमान
आब	(276.6)	= आब
कम्मान	(261.3)	= कमान
गाजी	(325.3)	= ग़ाज़ी
जिरह	(220.3)	= ज़िरिह

---

1. चंद वरदायी और उनका काव्य, पृ. 313-346

तखत	(186.4, 198.3)	=	तख़्त
तुरक	(275.5)	=	तुर्क
तेग	(186.2)	=	तेग़
दरिया	(204.4)	=	दर्या
दरबार	(79.4)	=	दरबार
नफेरी	(226.1)	=	नफ़ीरी
निसान	(240.2)	=	निशान
फवज्ज	(208.1)	=	फ़ौज
मीर	(247.2, 268.2)	=	मीर
समसेर	(206.3)	=	शम्शीर
सवार	(174.3)	=	सवार
सहनाइ	(225.1)	=	शहनाई
साह	(17.1, 325.3)	=	शाह
साहब्ब	(102.3)	=	साहिब
साल	(103, 22.3)	=	साल
साबुत	(276.5)	=	साबित
सेहरउ	(320.6)	=	सेहरा
सोर	(186.2)	=	शोर
स्याह	(133.4, 175.5)	=	सियाह
हज्जार	(254.1)	=	हज़ार

142. शेष शब्द-समूह में लगभग सोलह प्रतिशत संस्कृत-तत्सम हैं। अर्ध-तत्सम, तद्भव तथा देशी शब्दों के विषय में ठीक-ठीक कह सकना कुछ कठिन है। किंतु इतना निश्चित है कि ठेठ राजस्थानी के देसी शब्द भी हमारे पाठ में अधिक नहीं है। रासो के मुक्क ° (मुक्त°), *नंष°* (नश्) जैसे कुछ क्रियापद अवश्य हैं, जो आधुनिक राजस्थानी में बहुत प्रचलित हैं। ऐसे शब्दों पर यथासम्भव 'शब्दकोश' के अंतर्गत विचार किया गया है। राजस्थानी शब्द-कोश के अभाव में इस समय यह कहना कठिन है कि अमुक शब्द ठेठ राजस्थानी है अथवा सामान्यतः देसी।

परिशिष्ट

कनवज्ज समय

अथ राजा प्रिथीराज-प्रयाणरमाभ्यते

दूहा

ग्यारह सइ इक्कावनइ चैत तीज रविवार।
कनवज दिख्खण कारणइ चालिउ सिंभरिवार ।।1।।
सत सुभट ले संमुहो पंगुराय ग्रिह साज।
कै जानइ कवि चंद अरु कै जानै प्रिथिराज ।।2।।

कवित्त

कनवजहे जयचंद चल्यो दिल्लेसुर दिख्यन।
चंद वरदिया साथ बहुत सामंत सूर घन।।
चाहुवान राठोर जाति पुंडीर गुहिल्लय।
बड गुज्जर पांवर चलै जांगरा सु हल्लय।।
कूरंभ सहित भूपति चल्यो उडिय रेणु किन्हो नभो।
इक इक्कू लख वीर आंगमइ लिये साथ रजपूत सो।।3।।

दूहा

राज सगुन साम्हो हुवो ध्रुव नरसिंघ दहार।
म्रिग दक्खिण खिणि खिणि खुरति चरहि न संभरवारि।।4।।

सुरति साय सारस सवद उदय सवदला भानु।
परनि भज्ज प्रतिहार ज्यूँ करहि त कज्ज प्रवान ।।5।।

कर करार सज्यो समुह हसि न्रिप बुझ्यो चंद।
इक रवि-मंडल भिद्दिहै इक्क करहि ग्रिह दंद ।।6।।

त्रीय दिवस त्रिय यामिनी त्रयी जाम पल तिन्न।
योजन इक इक संचरिग प्रिथीराज संपन्न ।।7।।

भइत्त निसा दिस मुदित तिम उडन्निप तेज विराज।
कथित्त साथि कथहे कथा सुक्ख सयन प्रिथिराज ।।8।।

पद्धड़ी

उत्तरिय चित्त चिंता नरेस।
वत्तरहि सूर सुरलोक देस।।
इक कहहिं लेहि वर इन्दुराज।
जस जिवन मरन प्रिथीराज काज ।।9।।

एक करहिं सूर असनान दान।
बल भरहिं सूर सुणि सुणि निसान।।
सर्वरिय साल वंछहि निभान।
वुधु वाल केम मंगइ विधान ।।10।।

गुरु दपत उदित म्रिग उदित इत्तु।
झिलिमिलिग तार तर तिलिग पत्तु।।
देखियत इन्दु किरणीण मंदु
उद्दिमे हीन जिमि न्निपति वंदु ।।11।।

धर हरिग सीत सुर मंद मंद।
उप्पज्यो जुध्ध आवध्ध दंद।।
पह फटिग घटिग सर्वरि-सरीर।
झलकत कनक दिख्खयग नीर ।।12।।

न्रिप भ्रमिग कहगि पहु पुव्व देस।
अरि नीर नीर उत्तर कहेस।।
वर सिंधु विधु कनवज्ज राउ।
तिहि चढ़िउ स्वर्ग धुरि धर्म चाउ ।।13।।

रवि तुम्हइ समुहउ उहइ इह तुम्ह मग्ग समुज्झ।
भुल्लि भट्टि पुव्वहि चल्यो कहि उत्तर कनवज्ज ।।14।।

कंचन फूल्यो अर्क वन रतने किरण प्रहार।
उये कलस जइचंद ग्रिह संभरि सिंभरिवार ।।15।।

भुजंग प्रयात

कहूँ संभरे नाथ थड्ढे गयंदा।
मनो दिख्खियै रूव ऐराव इंदा।।

कहूँ फेरही भूप अच्छे तुरंगा।
मनो दिख्खियै वाय वड्ढे कुरंगा ।।16।।

कहूं माल भूदंड सजि साह संधै।
कहूं पिख्खि पायक्क बानैत बंधै।।

कहूँ विप्र ता उठ्ठि ते प्रातु चल्ले।
मनो देवता मग्गते स्वर्ग भुल्ले ।।17।।

कहूँ जग्गिजै पुण्य ते राज काजं।
कहूं देव देवाल ते भ्रित्य साजं।।

कहूँ तापसा तापते ध्यान लग्गै।
तिनै देखते रूप संसार भग्गै ।।18।।

कहूँ सोड़सा राइ अप्पंत दानं।
कहूँ हेम सम्मान प्रिथ्वी प्रमानं।।

इते चारु चारित्त संवेग तीरे।
तिनै देखते पाप नट्ठै सरीरे ।।19।।

काव्य

बंभे कंड कमंडले कलिमले कांतिहरः कः कविः।
तं तुष्टां त्रैलोक्य तुंग गहनी तुं गीयसे सांमवी।।
अर्ध विष्णु अगामिनि अविज्रले अस्टष्ट ज्वालाहवी।
जंजाले जग मार पार करनी दरसाइ सा जाह्नवी ।।20।।

त्रोटक

त्रिप थिक्कति गंगजि अंग सिता।
मुनि मंजन नीर जि अंग हिता।।
तट मंडल जा भमरे भमरं।
भव संगति जे अमरे अमरं ।।21।।

गुन ग्रंध्रव ग्रंध्रव नीति सुनी।
दिवि भूमि पयालह दिव्व धुनी।।
तल ताल तमालह साल वटी।
विचि अंब गंभीर जंभीर वटी ।।22।।

कल केलि स जंबु स निंबवरा।
गत पाप स आपस मे सियरा।।
सुभ वाय तरंग सुरंग धरे।
उर हार तु मुत्तिय जामु हरै ।।23।।

दिन दुल्लभ जा वरमं चरनं।
भइ बंभ कमंडल आभरनं।।
गिरि तुंग तुखार सदा धरनं।
नर पाप विमाप न तो सरनं ।।24।।

सुर ईस सु दीस सु सादरनं।
मिलि अंभसु रंभसु सागरनं।।
जसु दंसन जंबुयदीप हलं।
किस मंगन जाथइ पाप मलं ।।25।।

हर गंगे हर गंगे हर गंगे।
तमि तरल तरंगे अघ क्रितभंगे क्रितचंगे।।
हर सिर परसंगे जटन विलंगे अरधंगे।
गिरि तुंग तरंगे विहरित दंगे जल गंगे ।।26।।

गन गंध्रव छंदे जग जस चंदे मुख चंदे।
मति उच गति मंदे वरसत नंदे गत वंदे।
वपु अप विलसंदे जमभ्रित जंदे कह गंदे।।27।।

छिति मति उरमालं मुकति विसालं सहसालं।
सुर नर टट् चालं कुसुमति लालं अलिजालं।
हिम रिम प्रति पालं हरि चर नालं विधिवालं।।28।।

दरसन रस राजं जय जुग काजं भय भाजं।
अमरच्छरि करजं चामर वरजं स्रुव साजं।।
अमलत्तिन मंजरि निय तन जंजरि चख पंजरि।
करुणा रस रंजरि नतम पुनंजरि सा संकरि।।29।।

करिमल हरि मंजन जनहित सज्जन अरिगंजन ।। 30 ।।

उभय कमल सोभा भ्रिंग कंठाव लीला ।
पुनर पुहप पूजा वंदते विप्रराज ।।
उरसि मुतिय हारं मध्धि घंटीय सबदं ।
मुकति मुकति भारं नंग रंग त्रिवल्ली ।। 31 ।।

चन्द्रायणी

दिख्खय नयर सुभाइ न कवियन यूं कहइ ।
है मनु अच्छि पुरंदर इंदुज इह रहइ ।।
चख चंचल तन सुद्धि ति सिद्धिहु मनु हरिह ।
कंचन करस झकोलति गंगह जलु भरहि ।। 32 ।।

नाराच छन्द

भरन्ति नीर सुंदरी ति पान पत्त अंगुरी ।
कनंक बक्क जज्जुरी ति लग्गि कड्ढि जे हरी ।। 33 ।।

सहज्ज सोभी पंडुरी जु मीन चित्र ही भरी ।
सकोल लोज जंघया ति लीन कच्छ रंभया ।। 34 ।।

करिब्ब सोभ सेसरी मनो जुवान केसरी ।
अनेक छब्बि छत्तिया कहूँ तु चंद रत्तिया ।। 35 ।।

दुराइ कुच्च उच्छरे मनो अनंग ही भरे ।
हरंत हार सोहए विचित्र चित्त मोहए ।। 36 ।।

उठंति हत्थ अंचलं रुरंति मुत्ति सुज्जलं ।
कपोल उच्च उज्जले लहंति मोल सिंघले ।। 37 ।।

अधर अद्ध रत्तए सुकील कीर वद्धए ।
सोहंत दंत आलमी कहंत बीय दालमी ।। 38 ।।

गहग्ग कंठ नासिका विनान राग सासिका ।
सुभाइ मुत्ति सोहए टुभाइ गंज लग्गए ।। 39 ।।

दुराइ कोइ लोचने प्रतख़्ख काम मोचने ।
अवद्ध ओर भोंह ही चलंत सोह सोहही ।। 40 ।।

लिलाट लाट लग्गए सरद्द चंदु लग्गए ।।41।।

दूहा

ढिल्लिय जुहि अलकै लता स्रवन सुनै चहुवान।
मनु भुवंग सान्हो चढ़ै कंचन खंभ प्रमान ।।42।।

रहहि चंद मम कव्व करि करहि त कव्व विचार।
जि तुम नयरि सुंदरि कही सवि दीठी पनिहार ।।43।।

जांह नदी तट पिक्खियहि रूव रासि वै दासि।
नगर ति नागर नर घरनि रहहिं अवासि अवासि ।।44।।

दसन दिनयर दुल्लही निय मंडन भरतार।
सहु कारन विहि निम्मयी दुह कत्तिज करतार ।।45।।

कुवलय रवि लज्जा रहनि रहि भजि भंग सरन्नि।
सरसइ सुध वरनन कियो दुल्लह तरुन तरन्नि ।।46।।

छंद

पुनरजन्म जेते जानि जग्गं।
रहे संकि ते सेस ते पूठि लग्गे।
मोहिन्नि ले मुत्ति वानी।
मनो धार आहार कहं दुद्ध तानी ।।47।।

तिलक नग निरखि जगि जोति जग्गी।
मनो रोहिनी रूव उर इंदु लग्गी।।
रूप भुव देखि अवरेख ढग्गयो।।
मनो काम करि चंपि उडि अप्पु लग्गयो ।।48।।

पंगुरे अैन ते नैन दीसं।
विचे जोति सारंग निर्वात दीसं।।
तेज ताटंक ता स्रवन डोलं।
मनो अर्क राका उदै अस्त लोलं ।।49।।

जलद जंभीर भइ मध्य जोलं।
दिव्य दरसी तिहां ढील बोलं।।

अधर आरत्त तारत्त साई।
चंद विय बीय अरुनै बनाई ।।50।।

कपोलं कलंगी कलिंदीव सोहं।
अलक्कं अरोहं प्रवाहे खिमोहं।।
सिता स्वाति छुट्टै जितेहार भारं।
उभै ईस सीसं मनो गंग धारं ।।51।।

करं कोक नंदं न कंचू समज्झं।
मनो तित्थराया त्रिवल्ली अलुज्झं।।
उप्पमे पानि अंगून लब्भं।
लज्जि दुर केलि कुल मज्झ गब्भं ।।52।।

नखं निम्मलं दप्पनं भाव दीसं।
समीपं समीवं कियं मान रीसं।।
नितंबं उतंगं जुरे बे गयंदं।
मध्य रिपु खीन रक्ख्यो मयंदं ।।53।।

सक्कि सोवन्न मोहन्न थंभं।
सीत उसनेह रितु दोख रंभं।।
नारंग रंगीय पींडी छछोरी।
कनक कुंडीनु कुकुम्भ लोरी ।।54।।

रोहि आरोहि मंजीर सद्दे।
मंद म्रिदु तेज प्राकार वद्दे।।
एडि इम डंबरं स्रोन वानी।
फिरै कच्च रच्चीन मइरत्त पानी ।।55।।

अंबरं रत्त नीलं सु पीतं।
मनो पावसे धनुख सुरपत्ति कीतं।।
सुकीयं समीपं न वे सामि जानं।
पंग रवि दरिस अरविंद मानं ।।56।।

दूहा

हय गय दल सुंदर सुहर जे वरनह बहुवार।
यह चरित्त कब लगि गिनै चलउ संदेह दुवार[12] ।।57।।

छन्द जाति

दिख्खियं जाइ संदेह सोहं।
अर्क सा कोटि संपुन्न दोहं।।
मंडपै जासु सोवन्न गेहं।
मुत्तियं छित्त दीसै न छेहं ।।58।।

स्रोन सत एक महि महिख रत्ती।
प्रात पूजंत नर नेम अत्ती।।
पंड भारत्थ विहु वार साजी।
दिख्ख चहुवान कलिकार गाजी ।।59।।

तैनु आकास साभो विराजैं
होइ जयपत्त प्रिंथिराज राजं।।
दच्छिनै अंग करि नमस्कारं।
मध्य ता नयर कीजइ विचारं ।।60।।

भुजंगी

जे लंगरी जूथ तिनि कै प्रसंगा।
ते दिख्खिजहि कोटि कोपीन नंगा।।
जे जूप के रूप सू चोपबारी[7]।
तिते उच्चरे सोह अन्नोन्न पारी ।।61।।

जकै सारि संभारि खोलंत लख्खे।
तिके दिख्खिये भूप दानिव्व पख्खे।।
जिके छैलु संघट्ठ वेस्या सुरत्ते।
तिके दव्व के हीन हीनेति गत्ते ।।62।।

जिते पासि के रासि लग्गे सुरूपा।
मनो मीन चाहंति वग मध्य कूपा।।
नायिका दिख्खि नर नैन डुल्लै।
एह सुर लोक मन इंदु भुल्लै ।।63।।

उच्चरे वैन निस के उजग्गे।
मनो कोकला भाख संगीत लग्गे।।
उडुं अव्वीर सिंजा सवारे।
मनो होइ वासंत भूपाल बारे ।।64।।

कुसुंभ सा चीर सा कीर सोभा।
मध्यता काम कंदलि सु गोभा।।
राग छत्तीस कंठै करंति।
वीन वाजिन्न हाथे धरंति ।।65।।

दिक्खि अभिमान मिरगी ठठुक्की।
मनो मेनका न्रित्तते तार चुक्की।।
वर्णते भाइ लग्गे ति सारे।
पट्टने गेह दिख्खे सवारे ।।66।।

नाराच

जु लाखु लाखु द्रव्य जासु न्रित्त इंद उट्ठयइ
अनेक राइ जासु भाइ आवि आविं विट्ठयइ।।
सुगंध नारि सार मान सा मृदंग सुब्भवइ।
दच्छिनी समस्त रूव स्याम अंग लुब्भवइ ।।67।।

जि चंद चार धूव देस सेस कंठि गावही।
उपंग वीन तासु चालि वालिता बजावही।।
गमन्न तेय अंग रंग संग ए परच्चए।
वीर साउ ओड अंग पख्खि पत्त नच्चए ।।68।।

सबद्द सोभ उद्धरे ति न्रित्ति का वखानए।
नरिंद इंद इत्त कोरि कोरि इंद जानए ।।69।।

दूहा

अगम हट्ट पट्टन नयर रतन मोति मनियार।
हाटक पट धनु धातु सहु तुछ तुछ दिक्खि सवार ।।70।।

मोतीदाम छंद

अमग्गति हट्टति पट्टन मंझ।
मानो द्रिग देवल फुल्लिय संझ।।
जु नख्खहि मोरित मोर सुढार।
उलिंचि ज कीच सु होइ अगार ।।71।।

सुमालय पहुप द्रवे दल चंप।
सुसीत समीर मनो हिय कंप।।

बेलि सेवंतिय गुंथिय जाइ।
दिये द्रबु दासी लेहि ढहाइ ।।72।।

सुबुद्धि वजाज जु वंचहि सार।
छुवंति न वासर सुज्झहि तार।।
जु दिख्खिहि नारि स कुंज पटोर।
मनो दुज देखि न लग्गहि चोर ।।73।।

जु मुत्ति जराउ मढ़े बहु भाइ।
सु फट्टहि कीर कहे सुन गाइ।।
जु ले तनु सुक्खु अपुव्व सु साजु।।
सु सेजु सुगंध रहै लपटाइ ।।74।।

लहल्लक तानुक तान सि पाम।
विने त्रिय दिख्खिय पूरन काम।।
जराउ जरंत कनंक कसंत।
मनो भय वासर जामिनि अंत ।।75।।

कसिक्कसि हेमहि कड्ढहि तार।
उवंति दिनेसहि कर्न प्रकार।।
करिक्करि कंकन अंकन जोब।
मनो दुज-हीन सरद्दहि सोव ।।76।।

जरे जुव नग्ग प्रकार ति लाल।
मनो ससि मज्झहि तार विसाल।।
तुलंतु ज तुंज तराजन जोप।
मनो घन मज्झि तडित्तह ओप ।।77।।

जरे जुय नग्ग सुरंग सुघाट[3]।
ति सुंदरि सोह उवावहि घाट।।
दु अंगुलि नार निरख्खहि हीर।
मनो फल बिंबह चंपहि कीर ।।78।।

नखंनख चाहति मुत्ति न अंसु।
मनो भख छंडि गह्यो रहि हंसु।।
दह द्दिसि देखि हयग्गय भार।
जु दिख्खत चंद गयो दरबार ।।79।।

दूहा

भाखन भाख सु मिलहि दिसि देइ सिसिर वन इंद।
रथ न वै न वि रस्स अरु जोध सुपंग नरिंद ।।80।।

निसि नौबति पल प्रात मिलि हय गय दिख्ख्यो साज।
विरचि सुहरु करिवरु गह्यो किनहि कह्यो प्रिथिराज ।।81।।

कहे चंद दंदु न करहु रे सामंत कुमार।
तिन्नि लख्ख निसि दिन रहंहि इह जैचंद दुआर ।।82।।

मुडिल्ल

पुच्छन चन्द गयो दरबारह।
हेजम जह रघुबंस-कुमारह।।
जिहि हर सिद्धि सदा वरु पायो।
सो कविराज ढिल्ली हुंति आयो ।।83।।

दूहा

सुनित हेत हेजम उठित दिखत चंद बरदाइ।
न्रिप अग्गे गुदरन-गयो जिह पंगुर न्रिप आहि।।84।।

वस्तु

तब सु हेजम तवसु हेजम जंति करि जोरि।
सीसु नाइ दस वार सेन छत्तपति –।।
सकल बंध संधन नयन चकित चित्त दिसि दिस गरुड्डो।
तव सु कियो परनाम तिहि वरु करि तिहि प्रतिहार।
जिहि प्रसन्न सरसइ कहहि सु कवि चंद दरबार ।।85।।

चन्द्रायणी

आइस जो गुनियन तन चाह्यो।।
तीन प्रनाम करिउ सिर नायो।।
किधौं डींभ कवि कव्व प्रमानिय।।
सरसइ कव उच्चारहि जानिय ।।86।।

अडिल्ल

ति कवि आइ कवियहि संपत्ते।
नव-रस भाख ज पुच्छन तत्ते।।
कवि अनेक वहु बुधि गुन रत्ते।
कहि न एक कवि चन्द समत्ते ।।87।।

षट् भाषा काव्यं

अंभोरुहमानंद जोइ लरि सो दाडिम्म लो बीय लो।
लोयंदे चलु चालु आरु कलऊ विंबाय कीयो गहो।।
कै सीरी कै साहि बे यन रसो विक्किस की नागवी।
इंदो मध्य सु विद्यमान विहना ए षष्ठ भासा छंदो।।88।।

ते कवि आइ कवियहि संपत्तउ।
गुण व्याकरण करहि रस रत्तउ।।
थकि प्रवाह गंगामुख मंती।
सुर नर स्रवण मंडि रहि चंती ।।89।।

गुन उच्चार चारि तब किन्हो।
जउ भूखै सक्कर पय दिन्हो।।
कवि देखत कवि को मन रत्तउ।
न्याइ नयरि कनवज्जि सपुत्तउ ।।90।।

कवि अंगह अंगीक्रित हीना।
हेम विभा [सिंघासन दीना]
अहो चन्द वरदायि कहूं हूँ।
कनवज्जह दिख्खन आय हूँ ।।91।।

जे सरसइ जवनहुं न्रिप संचउ।
गजपति गरुव गेह किमि गंजहु।।
किनि गुनि पंगुराइ मन रंजहु ।।92।।
जो सरसइ जानहु वर रंचउ।
तो अदिट्ठ वर नहि न्रिप संचउ ।।93।।

कवितु

सघन पत्त घन थट्ठ वेलि पसरी प्रवाल वर।
तहाँ कमल उन्नयो मूल बिन रह्यो फुल्ल धर।।
कंदल थंभ तिह अहहि सिंघ तिहि रह्यो मंडि घरि।
तिहि गज संक न करइ निरखि रिखि रहि उटंकि अरि।।
जैचंद राय सुज्जान गिरि राठोर राय गुन जानिहै।
कीर चुनहि मुगताफलहि इह अप्पुव्व को मानिहै।। 94।।

काव्य

किं सांस चुवरे'ण सेतुस तुसा किं किं तअंदोलिता।
वाला अर्क समान जामतेज अ़मीलि मोलिता।।
शस्त्रे शास्त्र समस्त खत्त ढहियं सिंधू प्रजा ती खलं।
कंठे हारु रुलंति अंतक समै प्रिथिराज हालाहलं।। 95।।

दूहा

छत्र सरद जवजन बहुल महल वंस विधि नंद।
सत सहस्त्र संखध्वनिअ महल थानि जयचंद ।। 96।।

मंगल बुध गुरु सुक्र सनि सकल सूर उड्डु दिट्ठ।
आठ पत्त धुव तम तिमइ सुभ जयचंद वइट्ठ ।। 97।।

पद्धरि

आसने सूर वड्ढे सनाहं।
जीति छिति राइ किय नासुराहं।।
धम्म दिगपाल धर धरनि खंडं।
धरहि सिर सोभ दुति कनक दंडं ।। 98।।

जिनै सज्जिगे सिंधु गाही सुपंगं।
तिमिर तजि तेजु भंज्यो कुरंगं।।
जिने हेम परवत्त ते सवे ढाहे।
एक दिन आठ सुरतान साहे ।। 99।।

जंपियो संच जो चंड चंडं।
थप्पियं जाइ तिरहुत्ति पिंडं।।

दच्छिनी देस अप्पो विचारं।
उत्तरयो सेत वंधे पहारं ।। 100 ।।

कर्न डाहाल दुहुं बान बंध्यो ।
सिंधु चालुक्क कै वार खेध्यो।।
तीन दिन जुद्ध भरि (भूमि) रुंडं।
तोरि तिल्लंग गोवल्ल कुंड ।। 101 ।।

छंडियो बंधि इक गुंड जीरा।
लिये वैरा गिरि सव्व हीरा।।
गाजनै सूर साहाब साही।
सेवते बंध निसुरत्त पाई ।। 102 ।।

भूलि बिम्भीषन जाइ रोरे।
रोस कै सास दरिया हिलोरे।।
बंधि खुरसान किय मीर वंदा।
राव[5] राठोर विजपाल नंदा ।। 103 ।।

वंस छत्तीस आवै हकारे।
एक चहुवान प्रिथिराज टारे ।।104 ।।

दूहा

पुनि न्रिपति रिपु कै सबद तामस नयन सुरत्त।
दरि दल्दि मंगन मुखह को मेट्ट विधि पत्त।। 105 ।।

आदरु किउ न्रिप तास को कह्यो चंद कवि आउ।
देल्लीपति जिहि विधि रहइ सु वत कहे समुझाउ।। 106 ।।

केतकु सूर संभरधनी कितकु देस दल बंध।
केतोकु रन हथ अग्गलउ पुच्छइ राउ सुचंद।। 107 ।।

सूर जिसो गयनह उवै दल बल मरनां आसि।
जब लगि अरि न्रिप वज्जवै तब लगि देइ पंचास।। 108 ।।

मुकुट बंध सब भूप है लच्छिन सर्व सुजुत्त[2]।
चरन वइ उ इनिहरि इह ज्यूं चहुवान संउत्त।। 109 ।।

कवितु

लच्छन सहित बत्तीस बरस छत्तीस मास छह।
इन दुज्जन संग्रहे राहु जिम चंद सूर गह।।
उव छुट्टे महि दान दुजन छूट्टे ति दंड वहि।
इक्क गहहि गिरि कंद इक्क अनुसरहिं चरन गहि।।
चहुंवान चतुर चहुं दिसहि बलि हिंदुवान सब हत्थ जिहि।
इम जंपइ चंदु वरद्दिया प्रिथीराज अनुहार इहि।। 110।।

दूहा

दिख्खि थवाइ तु थिर नयन करि कनवज्ज नरिंद।
नयन नयन अंकुरि परइ मनु थह दोइ मइ़ंद।। 111।।

वे त्रियन पुरख रस परस विनु उठिग राय[3]सुरिसान।
धवलग्रिह न्रिप अनुसरिग रिपु मग्गन सूं पान।। 112।।

दूहा

तिन कह हथ्थह अथ्थि किय जे राय ग्रह अत्थ।
दह सुंदरि एकइ समइ चली सुगंधनि कत्थ।। 113।।

दूहा

ता रनवास की दासी सुगंधादिक घनसार म्रिगमद।
हेम-संपुट सुरलोक वहु चलि अच्छरी समान।। 114।।

नाराच छंद उलाला जाति

विहंग भ्रंग जा पुरा चलंति सोभ नूपुरा।
अनेक भंति सादुरं असाढ सोर दादुरं ।। 115।।

सुधा समान मुक्कही उठंति तिंदु संगु ही।
नितंब तुंग स्याम के मनो सयन्न काम के ।। 116।।

लवन्न भ्रिंग गुंजही सुगंध गंध हत्थही।
वपंति डोर कंकने कटि प्रभान रंकने ।। 117।।

धनुक्क भौंह अंकुरे···· मनो नयन्न बंकुरे।
श्रवन्न मुत्ति तारए अलक्क डंक आरए ।। 118।।

सबद्द सोब जो खुले रहित्त लज्ज कोकिले।
अनेक वर्न जो कहे ते जम्म अंत मो लहे ।। 119 ।।

अडिल्ल

चाहुवान दासिय रिसि कंपिय।
पुर राठोर रहइ दिसि नंखिय।।
विजर वासु पुरिखन कहि अंखिय।
प्रिथीराज देखत सिर ढंकिय ।। 120 ।।

दूहा

भय चकि भूप अनूप सह पुरख जु कहि प्रिथिराज।
सुम्नु भट्ट सत्थह अछै जिह करंति त्रिय लाज ।। 121 ।।

एक कहिय विड्डिय सुभट इह न सत्थि प्रिथिराज।
इद्द नृपत्ति दुहु एक इह ताहि करति त्रिय लाज ।। 122 ।।

अप्पिग पानु समानु करि नहि रक्खूं कवि गोय ।
जु कछु इच्छ करि मंगिहइ कल्लि समप्पूं तोय ।। 123 ।।

हक्कारिउ रखत न्रिपति कुंकुम कलस सुवास।
पच्छिम दिसि जैचंद पुर तिहि रक्खहु तियवास ।। 124 ।।

आइस राइन सत्थ चलि असी सहस भर सत्थ।
भिर भुम्मिहि तिल्लन कहइ मेर तरिअ मुनि वत्थ ।। 125 ।।

सकल सूर सावंत घन मधि कविता किय चंदु।
प्रिथीराज सिंघासनहि पुर पर ऊयो इंदु ।। 126 ।।

भयन निसा दिसि मुदित वनु उड़ न्रिप तेज विराज।
कथ्थिक सत्थ कत्थहि कथा सुक्ख सयन प्रिथिराज ।। 127 ।।

दूहा

म्रिदु म्रिदंग धुनि संचरिय अलि अलाप सुध विंद।
तार त्रिगामउ पसर सुर अउसर पंग नरिंद।। 128 ।।

जलन दीप दिय अगर रस फिरि घनसार तमोर।
जमनि कपट अन महिल मुख सरद अब्भ ससि कोर।। 129 ।।

तत्तु धरम्मह मत्तु इह रत्तह काम सु वित्तु।
काम विरुद्ध न विधि कियो नित्त नितंबिनि नित्तु ।। 130 ।।

पुप्फंजलि[1] सिरि मंडि प्रभु गुरु लग्गी फिरि वाइ।
तरुनि तार सुर धरिय चित धरिनि[2] निरख्खिय चाइ ।। 131 ।।

नाराच छंद

ततंग थेइ तत्तथेइ तत्तथे सुमंडियं।
तथुंग थुंगथै विराम काम डंडियं।।
सरग्गि मप्पि धन्नि धा धनिध्धनी निरक्खियं।
भवंति जोति अंग तानु अंगु अंगु लक्खियं ।। 132 ।।

कलक्कला सुभेद भेद भेदनं मनं मतं।
रनंकि झंकि नूपुरं बुलंति ते झनं झनं।।
घमंडि धार घुंटिका भवंति भेख लेखयो।
तुटित्त खुत्त केस पास पीत स्याह रेखयो ।। 133 ।।

जतिग्गति स्सु तारया करिस्सु भेद कट्टरी।
कुसम्ह सार आउधं कुसम्ह उड्डु नट्टरी।।
अरप्प रंभ भेख रेख सेखरं करक्कसं।
तिरप्प तिप्प सिक्खयो सुदेस दक्खिनं दिसं ।। 134 ।।

दिसा दिसंग गीतने धरंति सासनं धमं।
जमाय जोग कट्टरी त्रिविद्धनं पसंचनं ।। 135 ।।

उलट्टि पट्टि नट्टनं फिरक्कि चक्कि चाहनं।
निरत्त तै निरक्खि जानु वंभ जुत्त वाहनं।।
विसेस देस धुप्पदं वदं वदं न राजयो।।
सुचक्र भेख चक्रवर्ति वालिगा विसाजयो ।। 136 ।।

उरद्ध मुद्ध मंडली अरोह रोह चालिनं।
ग्रिहं न मुत्ति वत्तिमा मनो मराल मालिनं।
प्रवीन वानि अंधरी मनि द्रम दु कुंडली।
प्रतच्छ[5] भेख यो धर्‌यो सु भूमि लोअ खंडली ।। 137 ।।

तलत्तलस्सु तालिना म्रिदंग धंकने घने।
अपा अपा भनंति भेजु पंति जानयो जने।।

अलक्ख लक्ख लक्ख नैनयं वैन भूखनं।
नरे जुरे नरिंद मास मे स काम मुक्खनं ।। 138 ।।

दूहा

जाम एक छिन रास घटि सत्तिहु न वारि।
कहु कामिनी मुख रति समर न्रिप निय निंद विसारि ।। 139 ।।

साटक

सुक्खं सुक्ख म्रिदंग तार जघनं रागं कला कोकिलं।
कंठो कंठ सुवासिनं मनयितं कामंकला पोखनं।।
उरभी रंभ किता गुना हरिहरी सुरभीय पवना पता।
एवं सुक्ख सुखाह तार सहिता जैराय रात्र्यं गता ।। 140 ।।

काव्य

कांती भार पुरा पुनर मद गजं साखा न गंडस्थलं।
उच्छं तुच्छ तुरा स पुष्प कालं कलि कुंभ निद्धादलं।।
मधुरे साय सकाय कुंभर सिता गुंजार गुंजारया।
तरुने प्रान लटापटा पगपरा जइ राय संप्राप्तितं ।। 141 ।।

दूहा

प्राति राउ संप्रापतिग जहं दर देव अनूप।
सयल करहिं दरबार जखि सत्त सहस जिह भूप ।। 142 ।।

निस वज्जहि गंगा नदिव दान कव्वि पति मोह।
चढ़ित सुखासन संमुहो जहि सामंत समोह ।। 143 ।।

दस हत्थिय मुत्तिय सघन सात तुरंग पट भाइ।
द्रव्य दरिस बहु संग लिय भट्ट समप्पन जाइ ।। 144 ।।

कवित्त

गयो राज मिल्लान चंद वरदिआ समप्पन।
दिक्खि सिंघासन ठयो इह जु बिट्ठइ (इं)दुजन।।
बहुत कियउ आलापु आउ कनवज्ज मुकट मनि।
इह दिल्लीसर दत्त दियो तहि गिन्यो तुज्झ गनि।।

थिर रहै थवाइस विज्जु कर छंडि सकारह खिनुकरहि।
जिहि असी लण्ण पल्लाणिइहि पान देहि दिढ़ हत्थ गहि।। 145।।

दूहा

मुनि तमूल सा पट्ठि करि वर उठि डिड्ढिय बंक।
मनो रोहिनि सुय मुन मलिग मनु नव उदित मयंक।। 146।।

आर्या

तुलसीयं विप्र हस्तेषु विभूतिः वर योगिनां।
चंडिय पुत्त ताम्बूलं त्रीणि देयानि सादरं।। 147।।

दूहा

भुअ बंकिय करि पंगु न्रिप अप्पिग हत्थ तंबोल।
मनहु वज्जपति वज्ज गहि सह अप्पिया सजोर।। 148।।

कवित्तु

पहिचान्यो जैचंदु इहति दिल्लीसर लक्ख्यौ।
नहिन चंद उनिहारि दुसहु दारुन अति पिक्ख्यौ।।
करि संध्यौ करि वारु कहै कनवज्ज मुकट मनि।
हय गय दल पक्खरउ भाजि प्रिथिराज जाइ जनि।।
इत्तनउ कहत भुजपति उठ्यो सुनि नरिंद किन्हों न भउ।
सावंत सूर हसि राज सूं कहहि भला रजपूत सउ।। 149।।

दूहा

सुनहु सव्व सामंत इह कहै न्रिपति **प्रिथिराज।**
जउ अच्छहु खिन खित्त महि दक्खिन नयर **विराज**।। 150।।

बुल्लिय कन्ह आयान न्रिप मति **मंडन समरत्थ।**
जउ मुक्कहि सत सत्थअनु तो कत लीन्हसि **सत्थ**।। 151।।

जउ मुक्कउँ सत सत्थिअनु तो संभरि कुल लाज।
दक्खिन करि कनवज्ज कहुँ पुनि संमुह मरनाज।। 152।।

भ्य टामक दिसि विदिसि हुइ लोह पखर तिह राउ।
म्नु अकाल टिड्डिय सघन चल्या तु छूटि प्रवाह ।। 153 ।।

भुजंग प्रयात

प्रवासंत तज्जी न लज्जी अहारे।
मनो रव्वि रत्थे जे आने प्रहारे।।
तिके स्सामि संग्राम झेले दुधारे।
तिनै उप्पमा क्यूं व दीजइ विकारे ।। 154 ।।

तिनै साहियै वग्ग गड्ढे जि लारा।
मनो आवधे हत्थि वज्जंति तारा।।
छुट्टियं तेजि वेठे जि कारा।
ते सज्जए सूर सव्वे तुखारा ।। 154 ।।

पक्खरे प्रान जे त्राहु चारा।
जके कंध नामे नहीं लौह झारा।
... ... नहीं भूमि भारा।
टुट्टियं जानु आकास तारा ।। 156 ।।

घट्ट औघट्ट फंदै निनारा।
कंठ झुंल्लंति गज गाह भारा।
लोह लाहोर वज्जइ तुरक्की।
तिनै धावतै दीस न धुरी खुरक्की ।। 157 ।।

पच्छमी सिंधु जाने न थक्की।
तिनै साथि सिंधी चले जक्कि[1] जक्की ।। 158 ।।

पवन पंखी न अंखी मनक्खी।
जे आस कड्ढे नहीं चंपि भक्खी।।
राग वरणै नहीं सुध उरक्की।
मनो उप्परे ओस आवै धुरक्की ।। 159 ।।

अरब्बी विदेशी लरै लोह लच्छी।
गणै को कंठ कंठील कच्छी।।
धरा खित्त खुदंतं बाजी।
दिक्खियै इक्कु इक्कंत ताजी ।। 160 ।।

पंडुए पंगुरे राइ सज्जे।
दुअण दल तुच्छ दिक्खंत लज्जै।।
एह अपुव्व कवि चंद पिक्ख्यो।
तरनि दुज-राज सम तेज दिक्ख्यो ।। 161 ।।

दूहा

करिग देव दखिखन नयर गंग तरंग अकुल्ल।
जल छंडहि अच्छहि करइ मीन चरित्तनु भुल्ल ।। 162 ।।

अडिल्ल

भूल्यो पुहवि नरिंद त जुद्ध विनुद्ध सह।
मुक्के मीननु मुत्ति लहंतु जु लच्छि दह।।
होइ तुछ तमोर सरंत जु कंठ लह।
पंक प्रवेसह संत झरंत जु गंग मह ।। 163 ।।

दूहा

भुल्यो रंग सु मीन न्रिप पंगु चढयो हय पुट्ठि।
सुनि सुंदरि वर वज्जने चढ़ी अवासह उट्ठि ।। 164 ।।

दिक्खति सुंदरि दल बलनि चमकि चढंति अवास।
नर कि देव किंधु कामहर गंग हसंत निवास ।। 165 ।।

इक्क कहै दनु देव है इक कह इंदु फनिंद।
इक्क कहें असि कोटि नर इहु प्रिथिराज नरिंद ।। 166 ।।

सुनि वर सुंदर उभय तन स्वेद कंप सुरभंग।
मनु कमलिनि कल सम हरिअ भ्रित करने तन रंग ।। 167 ।।

गुरुजन गुरु वंदिअ नहि सुंदरि।
राजपुत्ति पुच्छे कहुँ सुंदरि।।
अम्महि पुच्छन दूत पठावहि।
गुन अच्छइ पच्छे करु आवहि ।। 168 ।।

अडिल्ल

पंगुराइ सा पुत्ति सु मुत्तिय थार भरि।
जौ हिय जो प्रिथिराज न पूछहि तोहि फिरि।।
जरु इनि लच्छिन सवनि तव्व विचारु करि।
है व्रतु मोहि न्रप जीव लेउ सजीववरि ।।169।।

सुंदरि आइस धाइ विचारि न बोलइय।
जो जल गंग हिलोर प्रतीत प्रसंगु लिय।।
कमल ति कोमल हस्त केलि कुल अंजुलिय।
मनो दान दुज अंध समप्पति अंजुलिय ।।170।।

वृद्ध नाराच

अनंति अंजुलीय दान जान सोम लग्गए।
मनो अनंग रंग अंग रंभ इंदु पुज्जए।।
जु पानि वारि वाहु थक्कि थारि मुत्ति वित्तए।
पुनप्पि हत्थ कंठ तोरि पोति पुज्ज अप्पए ।।171।।

निरक्खि वैन देखि नैन ता न्रिपत्ति चाहियं।
तप्प दासि पासि पंक संकि जानि वाहियं ।।172।।

अनेक संगि रंगि रूप जूप जानि सुंदरी।
उछंग जान गंग मज्झि सुर्ग पत्ति अच्छरी।।
ति अच्छरी नरिंद नाह दासि गेह पंगुरे।
तासु पुत्ति जम्म छोडि ढिल्लिनाथ आचरे ।।173।।

सावंत सूर चाहुवान मान इंम जानए।
करन्तु केहरीन पीन इंद मन्न थानए।।
प्रतक्ख हीर जुद्ध धीर जे सुवीर संचही।
वरन्त प्रान मान नीच लंतु देंतु गंठही ।।174।।

सुबंत सूर अस्व फेरि तेजि ताम हंकयो।
मनो दरिद्द रिद्धि पाइ जाइ कंठ लग्ग्यो।।
कनक्क कोटि अंग धातु रासि वास मालसी।
रहंत भोंरु सोनि सोनि स्साह छत्र कामसी ।।175।।

सुधा सरोज मोजयं अलक्क रंग हल्लए।
मनो मयंक फट्ट पासि काम केलि घल्लए।।
करिस्स कोस कंकणं जु पानिपत्त बंधए।
सु भावरी सखी सलज्ज जुज्झ रुज्झ वज्जए ।।176।।

अचारु चारु देव सव्व दोउ पक्ख जंपही।
सु गंठि दिड्ढ इक्क चित्त लोक लोक[6] चंपही।।
अनेक सुक्ख मुक्ख सीस जुद्ध साध लग्गयं।
कंत कंति अंत सु तमोरि मोरि अप्पयं ।।177।।

दूहा

वरि चल्ल्यो ढिल्लिय न्रिपति सुत जैचंद कुमारि।
गंठि छोरि दिच्छन फिरिग प्रान करिग मनुहारि ।।178।।

गाथा

पयाने पंगुपुत्रीय जयति जोगिनी पुरह।
सरव विधि निसेधाइ तंबूलस्य समादाय ।।179।।

दूहा

रेनु परइ सिरि उप्परहि हय गय गयु उच्छार।
मनहु ठग ठगि मूल ले रहे ति सव्व मुछार ।।180।।

मनहु वंध अज हुंति भरे है तिनि जानत थट्ट।
वचन साह भंगन करहि सहु जोवइ न्रिप वट्ट ।।181।।

धीरत्तनु ढर ढार सिर वाहु दंति उभ रोभ।
न्रिप्पु नयन विअ अंकुरिग मनहु मदग्गज सोभ ।।182।।

हरखवंत न्रिप भ्रित हुअ मन मज्झहि जुधि राहु।
मिलत हथ्थ कंकन लखिउ कहहि कन्ह यहु काहु ।।183।।

{गगन रेनु रवि मुंद लिय धर सिर छंडि फनिंद।
इहु अपुव्व धीरत्त तुहि कंकन हत्थ नरिंद ।।184अ।।}

छन्द

वरिय वाल सुत पंगुर राइ।
उहि चितु रक्खि मिल्यो तुम आइ।।
तजि मुंधइ अब जुद्ध सहाइ।
सु अब दई आवास वताइ ।।184।।

जिहि तजि चित्त कियाउ तुम्ह पास।
छंडिय कन्ह रुवंत अवास।।
जे सउ भ्रित मज्झि इक भ्रितु होइ।
न्रिप यूंही हि न मुक्कै कोइ ।।185।।

हम सउ भ्रित्त सुन्दरी एग।
मुक्कि जाइ ग्रिह बंधइ तेग।।
जउ अरि थट्ट कोरि दल साज।
ढिल्लिय तखत देहु प्रिथिराज ।।186।।

इहु न्रिपत्ति बुज्झियै न तोहि।
सुन्दरि तजि जीवन का मोहि ।।187।।

श्लोक

यज्ञकालेषु धर्मेषु कामकालेषु शोभिता।
सर्वत्र वल्लभा बाला रण कालेसु मोहिनी ।।188।।

दूहा

चले सूर सहु सत्थि हुअ रन निसंक मन भौन।
सह अचार मुख मंगलहि मनहु करे फिरि गौन।।189।।

मुडिल्ल

पानि परस अरु द्रिस्टि अलग्गिय।
सा सुन्दरि कामागनि जग्गिय।।
खन तलप्प अलप्प मनु कीने।
जै वरु वारि गये तनु मीने ।।190।।

फिरि फिरि वाल गवक्खइ अख्खी।
ता सिख देहि वैन वर सख्वी।।

विनु उत्तर मोहन मुख रख्वी।
जिस चातग पाव ऋतु नख्वी ।। 191 ।।

अंगना अंगह चंदनु लावहि।
अरु लाजनु राजनु समुझावहि।।
दे अंचल चंचल द्रिग मूंदहि।
कुल सुहाइ तुरिया जिय खुंदहि ।। 192 ।।

बहुत जतन संजोग समाए।
सोम कमल अम्रित दरसाए।।
उझकि झंकि दिख्ख्यो पुन पत्तिय।
पति देख्यो मन महि अनुरत्तिय ।। 193 ।।

श्लोक

गुरुजनो जि मनो नास्ति तात आज्ञा विवर्जितः।
तस्य काम विनश्यंति यावत् चंद्रदिवाकरः ।। 194 ।।

दूहा

इह कहि सिर धुनि सखिनि सों देखि संजोगि सुराज।
जिहि पिय जन अंगुलि फिरिय तिहि प्रियजन किहि काज।। 195 ।।

सुनि सावंत निसंत कहि पंगु पुत्रि घटि मंत।
तुम्ह सत्थहि सामंत सुभट ले ढिल्लहि गज दंत ।। 196 ।।

गाथा

मदन सराल ति विवहा विविहारे देत प्राण प्राणेण।
नयन प्रवाहिति विवहा अहवा कामा कथा दोह ।। 197 ।।

कवित्त

प्रथिराज वामंग संग जो कन्ह नन्ह दल।
हउं चहुवान समत्थ हरउं रिपुराय तथ्थ बल।।
मोहि विरुद नरनाह दंद को करइ भुवनि वर।।
मो कंपहि सुरलोक सत्त पाताल नाग नर।
म म कंपि जंपि सुंदरि सपहु चडिग कोरि काइर रखत।।
इहि भुवनि ढिल्लि कनवज करउं इह अप्पउं ढिल्लिय तखत
।। 198 ।।

सुंदरि सोचि समज्झि गहुग्गह कंठ भरि।
तवहि प्रान प्रिथिराइ सु खिंचिय बाहु करि।।
दिय हय पुट्ठिय भार जु सव्व सुलच्छिनिय।
करत तुरंग सुरंग स पुच्छ नि वच्छनिय।। 199।।

दूहा

परनि राउ ढिल्लिय समुह रुख कीनी मनु आस।
कहहि चंद न्रिप पंगु रख जुज्झ जुरहि जिम दास।। 200।।

गाथा

स्य रिपु दिल्लिय नाथो स एव आला अग्य धुंसनं।
परणेवा पंगु पुत्री ए जुद्धत मंगति भूखनं।। 201।।

दूहा

सुनि स्रवननि प्रिथिराज कहु भयो निसानह घाउ।
ज्यूं भद्दव रवि असमनह चंपिय वद्दल वाउ।। 202।।

छंद त्रोटक भ्रमरावली जाति

सलिता जन सत्त समुद्द लियं।
दुइ राइ महाभर यं मिलियं।।
करकादि निसा मकरादि दिनं।
वर वध्धति सेन दुवाल मनं।। 203।।

दुहु राइ रखत्ति तिरत्त उठे।
विहरे जनु पावस अंभ उठे।।
निसि अद्ध विधत्त निसान धुरे।
दरिया दिव जानि पहार नुरे।। 204।।

सहनाइ नफेरि कलाहलियं।
रस वीरह वीर चली मिलियं।।
घननं कित धंटनि घंट धुरं।
कल कोतिग देव पयालपुरं।। 205।।

लगि अंबर बंबर डंबरियं।
बिसरी दिसि अद्वति धुंधरियं।।

समसेर दुसेर समाहि लिसे।
दमके दल मज्झि तरायन से ।।206।।

चमके चतरंग सनाह घनं।
प्रतिबिंबित मित्ति मऊख वनं।।
दरसे दल वद्दल झल्लरियं।
जिनके मुख मुच्छ ति मुंछरियं ।।207।।

न्रिप जोइ फवज्जि निबट्टि लियं।
मुह माहिरि कवच करा उदियं।।
भुज दच्छिन अव्वुअ राउ रच्यो।
सिरि छत्र समेत जु आनि सच्यो ।।205।।

भय की दिसि वाम पंडीर भख्यो।
कट कंध कबंध गिरंत लरचो।।
कूरंमे अरंभ जु अंभ अनी।
सु धरी कवि चंद सुनी सु मनी ।।209।।

दल पुट्ठि न मोरिय राउ सुन्यो।
कवियत्तनि संच सुन्यो सु मन्यो।।
निरवाह चंदेल ति जद्दमने।
हय मुक्कि लरे जम सू जुरने ।।210।।

तिनि मज्झि त संभरि वायु जिसो।।
भुज अर्जुन अर्जुन राउ जिसो।।
भमराउलि छंद प्रवान थियं।
न्रिप जोइ फवज्जइ बंट लियं ।।211।।

कवितु

जि दिन रोस राठोर चंपि चहुवान गहन कह।
सै उप्परि सै सहस बीस अगनित्त लख्ख दह।।
तुटि डूंगर थल भरिग भरिग थल जलनि प्रवाहिग।
सह अच्छरि अच्छहि विमान सुर लोग वनाइग।।
कहि चंद दंद दुहं दल भयो घन जिम सर सारह झरिग।
भर सेसु हरी हर ब्रह्म तन तिहु समाधि तिहि दिन टरिग ।212।।

छन्द

सज्जतं धूम धूमे सुनंतं।
कंपयां तीन पुर जेनि पत्तं।।
डंमरु कर डहकिथं गवरि कंतं।
मानयं जोग जोगादि अंतं ।।213।।

किम किमे सेस सिर भार रहियं।
किमे उच्चासु रवि रत्थ नहियं।।
कमल सुत कमठ नहिं अंबु लहियं।
संक्कि ब्रह्मान ब्रह्मंड गहियं ।।214।।

राम रावन्न कवि किंन कहता।
सकति सुर महिख वलिदान लहिता।।
कंस सिसुपाल जुरि जमन प्रभुता।
संकियं एम भय लच्छि सुरता ।।215।।

चढ्ढियं सूर आजान बाहं।
तुट्ठि वन सिंघ तटहीन लाहं।।
गंगजल जमन धर हलिय जूझे।
पंगुरा राय राठोर फोजे ।।216।।

उप्परे फोज प्रिथिराज राजं।
मनो वानरा लंक लागे हि गाजं।।
जग्गिय देव देवा उनिंदं।
दिक्खियं दीन इंदं फनिदं ।।217।।

चंपियं भार पायाल दुंदं।
उड्डियं रेन आयास मुद्दं।।
लहै कोनु रावुत्त अगनित्त रत्ता।
छत्र छिति भार दीसइ न पत्ता ।।218।।

आरंभ चक्की रहै कौन संता।
वाराह रूपी न कंधे धरता।।
सेन सन्नाह नव रूप रंगा।
झिल्लिवै सीस त्रिन्नयन गंगा ।।219।।

टोप टंकारि दीसै उतंगा।
मनो बद्दलं पंति बंधी विहंगा।।
जिरह जंगीन गहि अंग लायी।
मनो कट्ठ कंथीन गोरक्ख पायी ।।220।।

हत्थरे हत्थ लग्गी सुहायी।
घाइ लग्गै न थक्कै थकायी।।
राय जरजीव विन्नवन अच्छे।
दिक्खयै जानु नर भेख कच्छे ।।221।।

सस्त्र छत्तीस करि कोहु सज्जे।
इत्तने सूर वाजित्र वज्जे ।।222।।

निसानं निसाहार बज्जे सु-चंगा।
दिसा देस दच्छिन्न लद्धी उपंगा।।
तबल्लं तिदूरं ति जग्गी म्रिदंगा।
मनो न्रित्त नारद्द कड्ढे प्रसंगा ।।223।।

वज वेस विसतार बहु राग रंगा।
जिसे मोहियं सत्थि लग्गे कुरंगा।
वरं वीर गुंडीर तेसे सुमंगा।
नचै इस सीसै धरो जास गंगा ।।224।।

सिंधु सहनाइ स्रवने उतंगा।
सुनै अच्छरी अच्छ मज्झे सु अंगा ।।225।।

नफेरी नवा रंग सारंग भेरी।
मनो न्रित्तनी इन्द्र आरंभ केरी।।
सिंगि साबद्द गेन नेरी।
सज्झि आवज्झ हत्थैं करेरी ।।226।।

उच्छरी धाइ घिर घंट टेरे।
चिंततै ताहि बड्ढी कुबेरी।।
उप्पमा खंड नव नयन सग्गी।
मनो राम रावन्न हत्थे विल्लगी ।।227।।

दूहा

जुणिम वज्जन राजन चढिय बहु पक्खर भरराहु।
ननु अकाल तेडिय सघन पवय छूट पर बाहु ।।228।।

चढिय सूर सामंत सहु न्रिप धर्मह कुल काज।
नह समूह दिख्खिय नयन त्रिण वरगिन प्रिथिराज ।।229।।

.... औहि रख्खण बन्धु।
असिय लाख परसूं भिरग धन प्रिथिराज नरिंद ।।230।।

दल संमुह दंती सघन गणि को कहि अगणित्त।
मनु पव्वय विधि चरण किय सहु दिख्वय मदमत्त ।।231।।

छन्द

दिख्खियहि मंत गय मत्तमत्ता।
छत्र छह रंग अंगे ढुरंता।।
एमि अंदून छूटे जुरंता।
वोय वहु वेगि झटकंत दंता ।।232।।

जे सिंघली सिंघ सुंडे प्रहारे।
ते सार सम्मूह धावै पहारे।।
उज्जये वाण सज्जे हकारे।
अंकुसह कोस नहि ते चिकारे ।।233।।

मीठ मंगोल चहुं कोद वंके।
भूप वाजूनि वाजून हंके।।

तेह तर जोर पट्टे न झिल्ले।।
कंपिये पानि ते मेरु ढिल्ले ।।234।।

रेस रेसम्म नारी ति भल्ली।
सेस संदेह संदूखि मिल्ली।।
रेख बैरख्ख पति पीत चल्ली।
मनो वनराइ ढालेति हल्ली ।।235।।

घंट घोरं न सोरं समानं।
हल्लए मत्त लग्गे विमानं।।

सिंधु संबंध बंधइ धुरंगा।
सुर्गा संगीत न करि रंभ संगा ।।236।।

सीस सिंदूर गज झिप्पि झंपै।
दिक्खि सुरलोक सह देव कंपै ।।237।।

दंत मणि मुत्ति जर जटित लख्खे।
बीज चमकंति घन मेघ पख्खे।।

इत्तनहि सास धरि वारि रहियो।
कहई प्रथिराज प्रिथिराज गहियो ।।238।।

दूहा

गहि गहि कहि सेनान सब चलि हय गय मिलि एक।
जनु पावस पुव्वइ अनिल हलि वद्दल वहु भेक ।।239।।

छंद

हयं गयं नरं भरं उनम्मियं जलध्धरं।
दिसा निसान वज्जए समुद्द सद्द लज्जए ।।240।।

रजोद मोद उष्षली सव्योम पंक संकुली।
तटाक बालु रंगिनी जु चक्क सो वियोगिनी ।।241।।

पयाल पल्ल पल्लए दिगंत मंन हल्लए।
अनंदने निसाचरे कु कंपि तुंड साचरे ।।242।।

भगंत गंग कुल्लए समुद्द सून फुल्लए।
चरंति छत्त छत्तिए सरोज भोज सत्तए ।।243।।

अखंड रेण मंडणे डरप्पि इंदु छंडणे।
कमट्ठ पिट्ठ निट्ठुरं प्रसार भार भित्थरं ।।244।।

साण हंस मग्गए समाधि आदि जग्गए।
अपूरवं ति बंधयो जटाल काल लुद्धए ।।245।।

नरिंद पंग पायसं गसा भुयंति आइसं।
गहन्न योगिनी पुरे जु अप्प अप्प बिप्फुरे ।।246।।

दूहा

सह स मान सह छत्रपति सह सम जुध संजुत्त।
गहन मीर बंदन हती जिहि लग्गे लहु भत्त।।247।।

नाराच

पट्ठिए राइ पंगा सु हीसं।
भखे दोइ दुम्मान हीने न दीसं।।
नीचे कंधं प्रही रोम सीसं।
उप्परे राय प्रिथिराज रीसं ।।248।।

छन्द जाति नग्नका

कोल पल्लं लखी मेछ सखं भखी।
रोम राहं रखी, वीर बाहू पखी ।।249।।

सुंभरेनं लखी वनेचरं तं मुखी।
बान बाहं पखी संघ सावं धखी ।।250।।

टंक अड्ढा रखी खंच विम्भारखी।
लोह नारां जखी प्राण जोए लखी ।।251।।

कोल चाहं चखी दिव्य वाहू नखी।
द्रुम्मसि सामुखी बोलते ना लखी ।।252।।

पारसी पारखी पंग पारड्ढकी।
स्वामिना चित्तखी ढिल्ल ढाहं झखी ।।253।।

साठि हजारखी पंग वे पारखी ।।254।।

छन्द वृद्ध नाराच

हय दल पय दल अग्ग सु डारे।
न्रिपति नछत्तनु लब्भ न पारे।।
सूर सामंत मभ्झे हजारे
मनो विंटियं कोट मंझे मनारे ।।255।।

छन्छ पद्धरी

मोरियं राज प्रिथिराज वग्गं।
उड्डियं रोस आयासु लग्गं।।
पंथ मारत्थि हरि होम जग्गं।
खोलियं खग्ग खंड न लग्गं ।।256।।

उड्डियं सूर सामंत ताजे।
रोहिया सिंघ सा हत्थ लाजे।।
वाजने वीर रा पंग वाजे।
मनो आगमन मेघ आसाढ़ गाजे ।।257।।

मिले जोध बत्थै न लग्गे हकारे।
उडे गैन लग्गे समं सार झारे।।
कटे कंध कवंध संघे ननारे।
परे जंग रंगं मनो मत्त वारे ।।258।।

डरे संभरे राइ संसार सारे।
जुरे मल्ल हल्लै नही ते अखारे।।
जकवे हारि हल्ले नही कोपचारे।
तवे कोपियां कन्ह मयमत्त मारे ।।259।।

गये सुंड दंतीनु दंता उपारे।
मनो कंदला कंद भिल्ली उखारे ।।260।।

परे पंडुरे वेस ते मीर सीसं।
मनो जोगिनी जोट लागंति रीसं।।
वहै वान कम्मान दीसै न भानं।
भमै ग्रिद्धणी ग्रिद्ध पावै न जानं ।।261।।

रुने खेत रत्तं चरंतं करारं।
घुले कंठ संठी न लंगी उभारं ।।262।।

सरं स्रोन रंगी पलं पार पंकं।
वजे मंस षंची सु वैसे करंकं।।
द्रुभं ढाल लोलंति हालं सुदेसं।
गये हंस नासं लगे हंस वेसं ।।263।।

परे पानि जंघं धरंगं निनारे।
मनो मच्छ कच्छं तरं तीर भारे।।
सिरं सा सरोजं कचं सा सिवाली।
ग्रहै अंत गिद्धी स सोभै मुराली ।।264।।

तटं रंभ रंतं भरतं पिचारे।
कतं स्याम सेतं कतं नील पारे।।
मुरे अंग अंगे सुरंगं सुभट्टं।
जिते स्वामि कज्जे समप्पे सुघट्टं ।।265।।

तहां काल जम जाल हत्थी समाणं।
भयो इत्तने जुद्ध अस्तमित भाणं ।।266।।

गाथा

निसि गत वंछीय भानं चक्की चक्काइ सूर सा रयणी।
विधु संजोग संजोगे कुमुदिनि कलि कातरां नाचं ।।267।।

दूहा

उभय सहस हाय गय परिग निसि आगत गत भानु।
सत्त सहस असि मीर हनि थल विटयो चहुवान ।।268।।

कवितु

परचों गज गुहिलोतु राम गोइंद जासु वर।
दाहिम्मो नरसिंघ परचौ नागवर जासु घर।।
परयौ चंद पंडीर चंद दिख्यो मारंतो।
सोलंकी सारंग परचौ असिवर झारंतो।।
कूरम्भ राइ पाल्हंन्न दे बंध्यो तिन्न तिहिद्दिया।
कनवज्ज राडि पहिलइ दिवसि सउ मई सत्त निघट्टिया।। 269।।

अध्ध रयणि चंदणी अध्ध अग्गैं अंधियारी।
भोग भरन अस्टमी वार मंगल सुदि रारी।।
चार जाम जंगली राउ निसि नींद न घुटच्यो।
थल विंटूयौ चहुवान रहउ कंदल आहुटच्यौ।।
दस कोस कोस कनवज्ज ते कोस कोस अन्तर अनी।
वारह रोह जिम पारधी इम रुक्यौ संभरि धनी।। 270।।

अडिल्ल

मित्त महोदधि मज्झि दीसत ग्रसंत तम।
पथिक वधू पथ द्रिस्टि अहुट्टिय जग जिम।।
जिम युव युवतिन गत्त मत्त अनंगा लिय।
जिम सारस रस लुद्ध त मुंध मधुप्प लिय ।।271।।
खरह चारु रुचि इंदु ज इंदियवर उदय।
नव विरहिनि नव नेह नवज्जलु नव रुदय।।
भूखन सुभ्भ समीप न मंडनु मंडि तनु।
मिलि मुद मंगल कीन मनोरथ सव्व मन ।।272।।

गाथा

यतो नलिनी ततो नीर यतो नीर ततो नलिनी।
यत्र गेह गेहिनी तत्र यत्र गेहिनी तत्र गृह ।।273।।

कवितु

मेलि सव्व सामंत बोलु मंगहि ति नरेसर।
अप्पु मग्ग लग्गियइ मग्ग रख्खहि सु महा-भर।।
एक एक झूझंत दंत दंती ढंढोरे।
जिते पंगुरा भिच्च मारि मारि मुहु मोरे।।
हम बोल रहै कलि अंतरे देहि स्वामि पारथ्थियै।
अरि असी लख्ख को अंगमै परिणि राइ सारथ्थियै।।274।।

मति घट्टिय सामंत मरण भय मोहि दिखायो।
जिम चिट्ठिय विणु कहन होइ सो मोहि कहायो।।
तुम गंज्यो भट भीम तासु गब्बह मैमंतो।
मैं गोरी साहिव्व दीन सारवर साहंतो।।
मो सरण सरण हिंदू तुरक तिहि सरणागत तुम करहु।
बुज्झियइ सूर सामंत हुइ इतो बोझ अप्पण धरहु।।275।।

थान रहे ते सिंघ वीह वन रक्खै सिंघह।
धर रक्खै जु भुवंग धरणि रक्खै जु भुअंगह।।
कुल रक्खै कुल वधू वधू रक्खै जु अप्प कुल।
जहु रक्खै जो हेम हेम रक्खै तु सब जल।।
आब रहै तव लग जियन जियन जम्मु साबुत रहइ।
राउत कइ सरय रक्खनउ राउत रक्खहिं राव तिह।।276।।

तैं रक्खे हिंदुवाण गंजि गोरी गाहंतो।
तैं रक्खे जालोर चंपि चालुक साहंतो।।
तैं रक्ख्यो पंगुलिय भीम भट्टी दइ देमत्थै।
तैं रख्यौ रिणथंभु राइ जादव सै हत्थै।।
इह्नि मरन कीरती पंग की जियण कित्ति रा जंगली।
पहु परनि जाहु ढिल्ली लगै होइ घरे घरु मंगली।।277।।

सूर मरन मंगली स्याल मंगल ग्रिह आये।
वाच मंग मंगली धरण मंगल जल पाये।।
क्रिपण लोभ मंगली दीन मंगल कछु दीनइ।
रुत मंगल साहिसइ मंग मंगल कछु लीनइ।।
मंगली जु वार होइ मरण की पति सत्थै तन खंडियइ।
खेत चड्ढि राइ राठौर सउ मरण सनम्मुख मंडियइ।।278।।

मरन दिजइ प्रिथिराज दसहि छत्रिय करि पयठो।
मीचु लग्गये पाइ कहे धरि आव बइट्ठो।।
पंच घाट सौ कोस कहइ ढिल्ली अस कत्थइ।
इक्क इक्क सूरवा पिक्खि वाहंते वत्थइ।।
घर घरणि परणि रा पंगु के पहुचे इहै वडित्तनौ।
जब लग्गि गंग धर चंद रवि तव लगि चलै कवित्तनौ।।279।।

गाथा

मिट्ट्यो न जाइ कहणो गहणो कवि चंद सूर सांवत।
आती हय गय वहणो रहणो चित्त निदावंत।।280।।

सत-भट-किरण समूहे सुरंगो अरेन जान आएसु।
जोगिणि पुर पति सूरे पारस मिसि पंगु राएसु।।281।।

छंद त्रोटक

परि पंगु कटक्कति घेरि घनं।
दस पंच ति कोस निसान धुनं।।282।।

गजराज विराजहिं मध्य घनं।
जनु वद्दर अंभ सुरंग बनं।।
परि पक्खर सार पवंग घनी।
जनु हल्लति हेम समुद्द अनी।।283।।

बर बंबर वैरख छत्र तणी।
विच माहिय साहिय सिंघ रणी।।
हरि पत्थि हिमाउत पीत पनी।
देखिय लिय रेण सरद्द तनी ।।284।।

भणणंकिय भेरि अनेग सयं।
सरणाइनि सिंधुअ पूरि लियं।।
निसि सर्व नृपत्ति अनीनु फिर्‌यो।
जनु भावर भाण समेर करयो ।।285।।

दल सव्व संभारिय रत्त करी।
जिन जाइ निकस्सि नरिंद अरी।।
गत जाम त्रियाम सु पीत परी।
सय सद्द अयासनु देव करी ।।286।।

न्रिप जग्गति सव्व तुरंग चढे।
विणु भाणु पयाणहि लोह कढे ।।287।।

चहुवान कमान वि कोप लियं।
मिलि भौंहनि खंचि कसीस दियं।।
सर छुट्टति पंखिण सद्द भयं।
मद गंध गयंदनि सुक्क गयं ।।288।।

सर एक सविध्धित सत्त करी।
दल दिख्खित नय कत ठक्क परी।।
जहं जानइ सुर न भीर परी।
ठिल्लइ चहुवान तु अप्प बरी ।।289।।

ठठकी सब सेन मीर मिले।
बिड्डरिय सेन सव्वे न कले।।
चिर चाहुवान राठोर जुरे।
दिक्खियइ पंगरे नैन भरे ।।290।।

कुप्पियो वीर विजपाल पुत्त।
आबद्ध राइ जम जाल दुत्त ।।291।।

संहरे सेन सइ सदाह।
नौमि तिथि थलह प्रिथिराज साह।।
राजसं तामसं वेगं प्रगट्टं।
मुक्कियं एक सानुक्क वट्टं ।।292।।

सार संपत्त आतप्प तित्थं।
मनो आबद्ध रुद्र इंद्राति कत्थं।।
निड्ढरहि ढाल गय मत्त मत्तं।
उट्ठियं सूर सावंत रत्तं ।।293।।

भूमि भारत्थि ढर सोइ पत्थं।
अत्थि बिअ हत्थ प्रथिराज हत्थं।।
वढे वीर सावंत सा वीर रूपं।
जिसे सयल सादूल सद्दे सजूपं ।।294।।

उडे विगावाने स भाने उडंतं।
जिरे अंकुलाये निकट्टे अनंतं।।

कंपे काइरह लोह रत्ते सरंतं।
जिसे अनल आरंभ प्रारंभ पत्तं ।।295।।

इसउ जुद्ध अनुरुद्ध मध्यान हूवं ।।296।।

रहे हारि हत्थं ति जूअरि जूजं
नामिय अस्सि ढिल्ली निसानं।
पुट्ठिरे पंग वज्जे निसानं ।।297।।

चंपे चाहि चहुवान हरिसिंघ नायो।
जिसे सयल ते सिंघ गज जूथ पायो ।।298।।

कवितु

करि जुहार हरिसिंघ नयो चहुवान पहिल्लो।
वस्यि अनी सावरी लक्ख सूं लरयो इकल्लो।।
अगम कयाहउ फिरयो धरनि तिलतिल खुरखुंदे।
इक्क लक्ख सों भिरे इक्क लक्खहि रनरुंधे।।
तिल तिल तुट्यो नही मुर्यो मुरि हय हय आयास भउ।
इम जंपै चंद वरद्दिया च्यारि कोस चहुवान गउ।।299।।

दूहा

परत धरनि हरिसिंघ कहु हरिख पंगु दल सव्व।
मनुह जुद्ध जोगिन पुरह तन मुक्यो सव गव्व।।300।।
पुनि प्रिथिराजहि अत्थि दल बल राठोर नरेश।
सिर सरोज चहुवान के भंवर सस्त्र सम भेस।।301।।

कवितु

देखि सुनहु प्रिथिराज कनिक नायो वड़ गुज्जर।
हम तुम्ह दुस्सह मिलनु स्वामि हुइ जाइ अपन घर।।
मो रविमंडल भेदि जीव लगि सत्त न छंडउं।
खंड खंड हुअ रुंड मुंड हर-हार सु मंडउं।।
इह बंस भाजि जानइ न कोइ हो पति पंक अलुज्झयंउ।
इम जंपइ चंद वरद्दिया खट सु कोस चहुवान गउ।।302।।

दूहा

वड हथ्थहि वड गुज्जरह जुज्झि गयउ वैकुंठ।
भीर सघन स्वामिहि परत चख कबंध अरि दिट्ठ।।303।।

कवितु

धर तुट्टइ खुर धार लाल फुट्टे सिर उप्पर।
तव नायो राठोर न्रिपति प्रिथिराज स्वामि छर।।
खग्गह सीसु हनंत खग्ग खुप्परिव खरक्खर।
स्रोनित बुंद परंत पंक विद्धिय गयंद धर।।
विरचि लोह वरसिंघ सुअ खंड खंड तन खंडयउ।
नीडर निसंक जुझंत रन आठ कोस चहुवान गउ।।304।।

दूहा

सम रठोर निराठवर निडरु जुज्झ गिरि जाम।
दिनयर दल प्रिथिराज कूं चंपिउ पंग सम ताम।।305।।
चंपति पिछोरिय गति चखह हय पट्टन तनु देख।
तन तुरंग तिल तिल करन भयो कन्ह मनु भेख।।306।।

कवितु

सुनहि बात पखरेत लेहि बइठो दल रक्खिउ।
चिहुर होइ चंपंत स्वामि अदबुद इहु पिक्खिउ।।
पहु पट्टन पल्लानि हटकि उह हने गयंदह।
समर धीर संघरउ भीर बहु परी नरिंदह।।
रुक्क्यो सु छगन जइचंद दलु सिर तुट्‌यो असिवर कढ्‌यो।
जब लगि सहु दल रुक्कियो तब सु कन्ह हयवर चढ्‌यो।। 307।।

दूहा

चढ्‌त कन्ह सामंत हय जय जय कहि सहु देव।
मनो कमल करि वर किरन कुहर पंग दल सेव।। 308।।

कवितु

तव कान्हो चहुवान तुरिय पट्टनु पल्लान्यो।
हंस किरन कित उट्टि मरन अप्पही पिछान्यो[1]।।
कह करि असिवर लह्यी गहिब गय कुंभ उपट्टइ।
उह मारइ इहु धाइ देखि अरि दंतह कट्टइ।।
वह नर निसंक हय वर सधर पिक्खहु चित्त कवित्तयो।
वह रुंड माल, हर संठयो वह रवि रथ ले जुत्तयो।। 309।।

दूहा

घन्नह कन्हह परत ही प्रगट पंगु त्रिप हंक्क।
मनु अकाल [संकरह हँसि गहिय तुट्टि निधि]रंक।। 310।।

कवितु

सिर तुटै रुंध्यो गयंद कड्ढयो कट्टारो।
तिह समरी महामाइ देवि दीन्हो हुंकारो।।
अम्यि कलस आयास लियो अच्छरिउ उछंगह।
भयो परत तिहि सद्द सद्द जय जय सु कहक्कह।।
अल्हन कुमार विभ्रम सुभो रन कवि मानहि मनु मन्यो।
तिम थहि सो लोयन गंगधर तिम तिम संकर सिर धुन्यो।। 311।।

दूहा

धुनि सीस ईस सिर अल्हनह धन धन कहि प्रिथिराज।
सुनि कुप्यो अचलेसु वर मही वरन दिवि राज ।। 312 ।।

कवित्त

करि सु पैज अचलेसु झुकति चहुवान खग्ग गह।
अरि दल बल संप्परिग पूरि धर भरति रुधिर दह।।
मच्छ ति हयवर फुरहि कच्छ गज कुंभ विराजहि।
उवर हंस उड चलहि हंस मुख कमल विराजहि ।।
चउसट्ठि सद्द जय जय करहि छत्रपतिय परि संचरिग ।
बोहित्थ वीर बाहर भरिउ ढिल्लिय पति चढियउ तुरिग
।। 313 ।।

दूहा

अचल अचेत जु खेत हुव परिग पंगु बहुराइ।
पट्टनवइ पहु पट्ट छर विंझ वीरवर धाइ ।। 314 ।।

कवित्त

दिनियरु सवि दिन जुद्ध जूह चंपइ सावंतहि।
पर उप्परि सर परइ परहि उप्परि धावंतहि।।
दल दंती बिच्छुरहि हय जु हय हय किन नंकति।
अच्छरि पर हर हार धार धारनि झननंकति।।
जय जय जु घंट जुग्गिनि करह कलि कनवज ढिल्लिय वयर।
सामंत पंच खित्तहि खपिग भिरत भंति भइ विक्खहर
।। 315 ।।

गाथा

विखहर पहट्ट परयं हय गय नर भार सार हत्थेन।
रह रोस पंगु भरियं ओघरियं वीर बिंबेन ।। 316 ।।

कवित्तु

परयो माल चंदेलु जिन्ह धवली धर गुज्जर।
परयो भान भट्टी भुवाल घंटा घर अग्गर।।

परयो सूर सावरो जेन वानौ मुख मुच्छहि।
दूसे जेत पावारु जेन विरदावलि अच्छहि।।
निर्वान वीर धावर धनुह नव तर एक नरिंद दल।
ए परत पंच भउ जुग पहर अगनित भंजिअ पंग बल।।317।।

चढयो सूर मध्यान्ह पंग परतंग गहन किय।
खभिर खेह खह मिलिय स्रवन इह सुनिय लीजु लिय।।
तब नरिद जंगली कोह काढीय बंक असि।
धर धुम्मिलि धुंधरिय मनहु दल मंझ दुतिय ससि।।
अरि अरुन रत्त कोतुक कलस भयो न भवह भिरंत भर।
सामंत निघट तेरह परिग न्रपति सु पड्डिअ पंच सर।।318।।

दूहा

दुइ वर अस्व नि पक्खरह दुइ न्रिप इक संजोगि।
जुरि धर अत्थि न रत्थि करि अब जंगलवै भोगि।।319।।

कवित्त

रयन रास रावत्त रनह रन रंग रंग रस।
उठत एकु धावत्त पंच वाहत्त वीर दस।।
चलि चालउ मोहिल मयंदु मारुव मुह मंधउ।
अरुन अरि लंधिया पंग पारस दल खंधउ।।
नारयन नीर बंधउ वरन दिव देवान गो देवरउ।
कलहंत जीव सामंत मुअ रहिउ स्वामि सिर सेहरउ।।320।।

दूहा

संझ सपत्तिय न्रिपति रन बिय पारस परि कोट।
रहे सूर सामंत जकि देखि न्रिपति तन चोट।।321।।

कवित्तु

निसि नवमी सिरि चंदु हक्क वाजी चावद्दिसि।
भिरि अभंग सावंत वीर वरखंति मंत्र असि।।
अजुत जुद्ध आवद्ध इस्ट आरंभ सत्त वर।
इक्क जीव दस घटित दस त ठिल्लहि सहसभर।।
दिट्ठउ न देव दानव भिरत सुहर रत्त रत्तिय सु षल।
सामंत सूर सोलह परिग गन्यो न पंग अभंग दल।।322।।

छद भुजंग प्रयात जाति

भये राय दुअ कंक इक्कै समानं ।
परे सूर सोलह तिके नाम आनं।।
परे मंडली राउ माल्हंत हंसो।
जिने हंकिया पंग रा सख न गंसो ।।323।।

पर्‍यो जावलो जाल्ह सावंत भारो।
जिने पारियै पंग खंधार सारो।।
पर्‍यो वग्गरी वाघ वाहे दुहत्थं।
भिरे खग्गं भग्गे भरे हत्थ वत्थं ।।324।।

पर्‍यो वीर जादौंवली राउ वाना।
जिने नंखिया नैन गयदंत नाना।।
पर्‍यो साह जो सूर सारंग गाजी।
दुहं सत्थ भख्यो भले हत्थ माझी ।।325।।

पर्‍यो पद्धरी राउ परिहार राना।
खुले सेल सारंगु ले पंग वाना।।
जवे उप्पटे पंग आवद्ध नीरं।
तहां सांखुला सीह भुज पारि भीरं ।।326।।

पर्‍यो सींघ सिंघास सादुल्ल मोरी।
जगी लोह अंगी छगी जानु होरी।।
भिर्‍यो भोजु अंगो नही सार जग्गे।
ढरयो पंग मानो नही जूह लग्गे ।।327।।

पर्‍यो राउ भोंहा उभो चंद सक्खी।
इके कुसम नखो इके कित्ति भक्खी ।।328।।

दूहा

म्रित घर कुसल न जेतु सह लब्भ सु कित्तिय भूर।
तिहि मुख प्रगट सु पिंड किय तिहि संघरि गय सूर।।329।।

कवित्त

कलिन कल्यउ अरिजननु मिलिउ भर हर विनु भग्ग्यो।

अजस न लिय जस हीन भग्ग यो अगम न लग्यो।
पहु न लिअउ जीवंत गह्यो अपजस नहिं सुन्यो।
कायर[3] जिम दबरि न रह्यो...
चलि गयो न मंदिर रह्यो मरन जानि झुक्यो अनिय।
.... भग्गुल धविय।। 330।।

दूहा

परत देखि चालुक्क धर करिय पंग दल कूह।
इम सु देव इंदहि परसि रहे विंटि अरि जूह।। 331।।

कवित्त

राह रूप कमधज्ज गज्जि लग्यो आयासहि।
धारि तत्थ उर जानि फिरिउ पाँवारु नन्ह तहिं।।
रुधिर मद्ध जव करि जीव तनु तिलिमिलि पिंउ उसि।
रत्तु सीस अरि गहिग पानि सोभियइ केस कुसि।।
करि त्रिपति सारु त्रिप पंगु दल अब्बुय पति जय सब्बु किय।
उग्रह्यो ग्रहति प्रिथिराज रवि सलख अलख भुजदान दिय
।। 332।।

जिते समर लक्खन बघेल आहनति खग्गवर।
तिधर [तुट्टि धरनहि धुकंत निबरंत] अद्ध घर।।
तहाँ गिद्ध [रव रुरिग अंत गहि] अंतरु लग्गयो।
तरनि तेज सब्बासु पवन पावन घन चग्गयो।।
तिहि सद्द सीस संकर धुन्यो अमिय बिंदु [ससि]उल्हस्यो।
विड्डुरयउ धवल संकिय गवरि डरिग गंग संकरहस्यो।। 333।।

दूहा

दियौ दान पावार जब अरि पंगह सब खेल।
मरन जानि मन मज्झ रिउ लरि लक्खिनह वघेल।। 334।।
परत बघेल सुमेल किय रन राठोर सुमार।
जब दस कोस दिली रहिय फिरि तोंवर त पहार।। 335।।

कवित्त

दल पंगनि राठोर आनि चंपी ढिल्ली धर।

तब जंप्यो प्रिथिराज पंगु वंसह पहुरण नर।।
हरि हत्थहि हरि गहहि वान रक्खहि इनि बारह।
सेस सीसु कंपियउ दाढ दिल्ली भइं भारह।।
कहै चंदु इस अपुव सुनि न्रिप रक्खहि बिहु भुव भरयो।
फिरि कंपि संकि जयचंद दल तोंवर सिरि टट्टुर धरयो।।336।।
वेद कोस हरि सिंघ उभय तिअ तिहि वडगुज्जर।
इक्क बान हरनयन निडर नीडर भुइ मज्झर।।
छगनु पत्तु पल्लानि कन्ह खंचिय दिग पालह।
अल्हवाल द्वादसनि अचल विद्या गनि कालह।।
सिंगार विंझ सालख्ख दिय पंगु राउ फिरि गेहु गउ।
सामंत सत्त जुज्झे प्रथम ढिल्ली पति प्रिथिराज भउ।।337।।

मुडिल्ल

ढिल्ली पति ढिल्लीय संपत्तउ।
फिरि पहु रंग राउ ग्रह जत्तउ।।
जिम राजन संजोगि सुरत्तउ।
सुह दुह कहन चंद मनु रत्तउ ।।338।

दूहा

दिव मंडन तारक सयल सर मंडन कमलानु।
जस मंउन नर भर सयल महि मंडन महिलानु।।339।।

महिलहि मंडन न्रिपति ग्रिह कनक कंति ललनानि।
तिहि उप्परि संजोगि नग धरि रख्यो वलि वानि।।340।।

राजन तिन सह प्रिय प्रमद तन कामिनि गिनि भोग।
सरइ नि खलु लग्गत पलिति न्रिप नयनन ति संजोग।।341।।

सुभ हरम्य मंडिम न्रिपति दिपति दीप दिव लोक।
सुकल मुक्ख अम्रितु झरहि करहि जु मनहिअसोक।।242।।

छंद

अगर धूम मुख गोउख उन्नए मेघ जनु।
मोर मराल निरत्त हिरन्नहि मत्तु धनु।।
सारंग सारंग रंग पहुक्कहि पंखि रसि।

विज्जुलिका कलसंति झपक्कहि जासु मिसि ।। 343 ।।

दादुर सादुर सोर जु नूपुर नारि घन
मिनि सुरमध्धि मधु व्रत माधुर मंजु मन।।
सालक पंच पचीस प्रजंक त दून तस।
तहं तहं अथि सुर चीन्ह प्रवीण ति दासि दस ।। 344 ।।
कै जुव यूथजि वाद प्रमादहि मंद गति।
के चल अंचल वायु निरुप्पहि सद्द रति।।
के वर भाखि पराक्रिति संक्रिति देव सुर।
के गुन ग्यान सुजान विराजहि राज वर ।। 345 ।।

इह विधि विलसि विलास असार ति सार किय।
दइ सुख जोग संजोगि प्रिथी प्रिथिराज जिय।।
अहनिसि सुध्धि न जानहि मानिनि प्रौढ रति।
गुरु बंधव भृत लोइ भई विपरीत गति ।। 346 ।।

परिशिष्ट-2

शब्दकोश

अ

शब्द	संदर्भ	अर्थ
*अंकन	76.3	
अंके	323.1	अंका
अंकुरिग	182.2	अंकुरित
अंकुरे	112.1	
अंकुलाये	295.2	अकुलाये
अंकुसह	23.4	अंकुश का
अंखुली	241.1	अंकुर
अंखिय	120.3	(आख्या) कहा
अंखी	159.1	चाहना (आकांक्षा)
अंग	60.3, 67.4, 68.4 130.4, 167.3, 171.2, 265.4	
*अंगना	192.1	नारी
अंगमै	274.6	अंगीकार करना
अंगह	91.1, 192.1	अंग का
अंगा	225.2	अंग
अंगीक्रित	91.1	अंगीकृत
अंगे	232.2	अंग में
अंगु	132.4	अंग
अंगुरी	33.1	अंगुलि
*अंगुलि	78.3, 195.2	
अंग-रंग	68.3	अंगराग
*अंचल	37.1, 192.3, 345.2	अंचल

शब्द	संदर्भ	अर्थ
अंगुलिय	170.3	अंजलि
अंजुलीय	171.1	अंजलि
अंडंगुले	271.3	अनंग
*अंत	75.4, 177.4, 264.4, 333.3	
*अंतर	270.5	दूरी
अंतरे	274.5	में
अंदोलिता	95.1	आन्दोलित
अंध	170.4	अंधा
अंधियारी	270.1	अंधकार
*अंध	22.4	माँ
*अंबर	56.1, 206.1	आकाश
अंभ	204.2, 209.3, 283.2	अभ्र
*अंभसु	25.2	जल
*अंभोरुह	88.1	कमल
अंसु	79.1	अश्रु
अकल्ले	299.2	अकेला
अकाल	153.2, 228.2, 310.2	असमय
अकुल्ल	162.1	अकूल
*अखंड	244.1	
अखारे	259.2	अखाड़ा
अख्खी	199.2	देखा
अगणिन्त	231.1	अगणित
अगनित	317.6	अगणित

*तत्सम

+ फारसी

अगम	70.1, 330.2	अगम्य	अत्थ	113.1	अस्त्र
अग्ग	254.2	अग्र	अत्थि	294.2, 319.2	अस्त्र
अगर	129.1	अगरु	अदबुद	307.2	अद्‌भुत
अगार	71.4	अंगार	अद्ध	38.1, 204.3	अर्ध
अग्गलउ	107.2	अग्रिल, अगला	अद्रिष्ट	93.2	अदृष्ट
अग्गे	84.2	अग्रे	अध	333.2	अर्ध
अग्गैं	270.1	अंगे	*अधर	38.1, 50.3	
अगार	317.2	अग्र	अध्ध	270.1	अर्ध
अगी	327.2	अग्नि	*अनल	295.4	
अगो	327.3	अग्रे	*अनिल	239.2	
*अघ	26.2	पाप	अनी	270.5, 283.4	सेना
अचल	314.1, 337.4	स्थिर	अनु	151.2	अन्यथा
अचलेसु	313.1	अचलेश, राजा	अनुरत्तिय	193.4	अनुरक्त
अचलेसुवर	312.2	अचलेश्वर, राजा	अनुसरहि	110.4	अनुसरण करना
अचार	189.2	चारा	अनुसरिग	112.4	अनुसरण किया
अचेत	314.2	अचेतन, बेहोश	अनुरुद्ध	296.1	अनिरुद्ध
*अच्छ	225.5	स्वच्छ	*अनुहार	110.6	
अच्छइ	168.4	अच्छे	*अनूप	121.1, 142.1	
अच्छरि	315.5	अप्सरि	अनेक	35.2, 67.2, 87.3,	
अच्छरी	173.2, 225.2	अप्सरा		115.2, 119.2,	
अच्छहि	162.2, 317.4	स्वच्छ		173.1, 177.3	
अच्छहु	150.2	अस्ति	अनेग	285.1	अनेक
अच्छारिउ	331.3	अप्सरा	अन्नोन्न	61.4	अन्योन्य
अच्छि	32.2	अक्षि	*अनंग	36.1, 171.2	
अच्छे	16.3	अच्छे	*अनंतं	295.2	
अछार	180.1	क्षार	अनंदने	242.2	आनंद (न)
अज	181.1	आज	अपजस	330.3	अपयश
अजुत	322.3	अयुत, अयुक्त	अपन	302.2	अपना
अट्ठति	206.2	अष्ट इति	*अपर	315.6	
अट्ठिय	256.2	अस्थितं	अप्प	246.2, 276.3	अपना
अड्ढा	251.1	आधा, अर्ध	अप्पण	275.6	अपना
*अति	149.2		अप्पतं	19.1	अर्पित
अती	292.2	अति	अप्पयं	177.4	अर्पितं
अत्ती	59.2	अति	अप्पहो	309.2	अपना

अप्पउं	198.3	अर्पित करूँ
अप्पिग	123.1, 148.1	अर्पित किया
अप्पिया	148.2	अर्पित किया
अप्पु	48.4, 274.2	अपना
अप्पो	100.3	अपना
अपा	138.2	अपना
अपु	27.3	अपने आप, स्वयं
अपुब्बं	74.3	अपूर्व
अपुव	336.5	अपूर्व
अपूरव	245.2	अपूर्व
अपंति	171.1	अर्पिति
अब	184.3, 319.2	अब
अब्बीर	64.3	अबीर
अब्बुय	332.5	आबू
अब्बुअ	208.3	आबू
अब्भ	129.2	अभ्र
*अभिमान	66.1	
अभंग	322.2, 322.6	अभग्न
अमग्ग	71.1	
अम्महि	168.2	
अमरच्छरि	29.2	
अमलत्तिन	29.3	
अमिय	311.3	अमृत
अम्रित	193.2	अमृत
अम्रितु	342.2	अमृत
अमीलि	95.2	
अयास	165.2, 286.4	आकाश
*अर्क	15.1, 49.4, 58.2, 95.2	सूर्य
अरंभ	209.3	आरंभ
अरधंगे	26.3	अर्धांग
अरप्प	134.3	अर्प
अरब्बी	160.1	अरबी
*अरविंद	56.4	

*अरि	30.1, 94.4, 186.3, 274.6, 330.2, 331.2	
अरिजननु	330.1	
*अरिदल	313.2	
अरिन	88.2	अरि (बहुवचन)
अरिय	13.2	अरि
अरी	286.2	अरे
अरु	2.2, 80.2, 190.1	और
अरुन	318.5	अरुण
अरुनै	504	अरुण
अरोह	51.2	आरोह
*अलक	42.1	
अलक्कं	51.2, 118.2	अलक
अलक्ख	138.3	अलक्ष्य
अलख	332.6	अलक्ष्य
अलग्गिय	190.1	अलग्न
अलप्प	190.3	अल्प
अलाप	122.1	आलाप
*अलि	28.2	
अलिय	128.1	अलि
अलुज्झ	52.2	अलुब, उलझ ?
*अलुज्झउ	302.5	अलुब्ध
*अल्हर	311.5	अल्हड़
अल्ह˜यो	333.5	अल्हड़पन किया
अल्हवाल	337.4	अल्हपाल
अवद्ध	40.2, 291.2	आबद्ध
अवन्न	118.2	अवर्ण्य
अवास	165.1, 185.2	आवास
अवासि	44.2	आवास में
अवासन	164.2	आवासों
अवरेख	48.3	अवलेख°
अस	279.3	ऐसा
असनान	101	स्नान
+असमनह	202.2	आसमान

असाढ़	115.2	आषाढ़
*असार	346.1	
*असि	108.1, 125.1, 166.2, 268.2, 318.3	
असिय	230.2	असी (अशीति)
*असिवर	269.4, 309.3, 307.5	
अस्सि	297.1	असि
असी	274.6	अशीति
असु	192.2	अस, ऐसा
असोक	342.2	अशोक
अस्टमी	270.2	अष्टमी
*अस्तमित	266.2	
अस्व	175.1, 319.1	अश्व
अह	346.3	अथ
अहवा	197.2	अथवा
अहिह	94.3	अस्ति, है
अहारे	154.1	आहार में
अहुट्ठिय	271.2	अधिस्थित

आ

आइ	87.1, 89.1	आकर
आइस	125.5, 170.1, 144.1	आदेश
आउ	106.1, 145.3	आओ
आकास	60.1, 156.4	आकाश
*आगत	268.1	
*आगमे	257.4	
आचरे	173.4	आदरे, आदर किया
आठ	97.2	अष्ट
*आडंबर	55.3	
आदरु	106.1	आदर
*आदि	245	
आनि	208.4	ले आकर
आने	154.2	ले आए
आनं	323.2	अन्य
आपए	171.4	अर्पित किये
आपस	23.2	परस्पर
आभरनं	24.2	आभरण
आयान	151.1	अजान, अज्ञानी
आयास	299.5, 344.3	आकाश
आये	278.1	
आरोहि	55.1	चढ़कर
*आरंभ	226.2, 295.2, 322.3	
आलमी	38.2	
आलापु	145.3	आलाप
आली	280.2	अलि
+आव	276.5, 279.2	आब
आवज्झ	226.4	आबद्ध
*आबद्ध	293.2, 322.3, 326.2	
आबध्य	12.2	आबद्ध
आवधे	155.2	आबद्ध
आवज	134.2	आबद्ध
आवहि	168.4	आता है
*आवास	184.4	
आवि	67.2	आकर
आवै	104.1, 159.4	आता है
आस	159.2, 175.3	
*आसने	98.1	
आसाढ़	257.4	
आहनंति	333.1	
*आहार	47.3	
आहि	84.2	है
आहुट्यौ	270.4	अधि+√स्था
आंगमइ	3.6	
आंतिकि	95.4	अन्त्य

इ

इंद	80.1	इंदु

इंपाई	331.2	
इंदाति	293.2	
*इंदु	11.4, 32.2, 48.2, 63.4, 126.4, 166.1	
इंदुराज	9.3	
इंदो	88.4	
इक	3.6, 9.3, 102.1, 322.4	एक
इक्क	6.2, 110.4, 177.2, 279.4, 299.4, 337.2	
इक्कावनइ	1.1	
इक्कन्त	160.4	
इक्कु	3.6, 160.4	
इके	328.2	
इच्छ	123.2	इच्छा
इत्त	69.2	इतना
इत्तनहि	238.3	इतना
इत्तनउ	149.5	इतना
इत्तने	266.2	इतने
इत्तु	11.2	अत्र
इते	19.2	इतने
*इतो	275.6	अत्र
इनिहरि	109.2	अनुहार
इनि	122.2, 169.3, 336.3	इन्हें
इम	55.3, 110.2, 270.6, 299.6, 331.2	ऐसा
इसो	296.1	ऐसा
इस्ट	322.3	इष्ट
*इह	14.1, 32.2, 109.2, 122.1, 145.2, 195.1, 318.2,	यह
इहति	149.1	यह
इहि	110.6, 277.5	इसे
*इहे	161.3	इसे
इहै	269.5	यही
इहु	166.2, 307.2	यह

ई

ईस	25.1, 51.4, 312.1	ईश

उ

उंक	118.2	
उखारे	260.2	
उग्रलो	332.6	
उग्रो	226.2	
उच	27.2	उच्च
*उच्च	37.2	
उच्चरे	61.4, 64.1	उच्चारण किया
*उच्चार	90.1	उच्चारण
उच्चारहि	86.4	उच्चारण करता है
उच्छ	141.2	
उच्छरे	36.1, 227.1	उछले, उछाले
उछंग	173.2	उत्संग
उछिये	11.5	
उजग्गे	64..1	जगे
उज्जले	37.2	उज्ज्वल
उज्जेये	233.3	
उझकि	193.3	उचक कर
उटंकि	94.4	
उट्ठयइ	67.1	उठता है
उट्ठि	164.2, 184.2, 309.2	उठकर
उट्ठियं	146.1, 257.1	उठा
उठंति	116.1	उठते हैं
उठत	320.2	उठता है
उठिग	112.3	उठा
उठित	84.1	उठा

उठिते	17.3	
उठे	204.9	
उठ्यौ	149.5	उठा
उठंति	37.1	
उडंतं	295.1	उड़ते हैं
उड	8.1, 313.4	उड़ा, उड़कर
उड्ड	134.2	उड़कर
उडिय	3.5	उड़ा
उडे	258.2, 295.1	
उड्डुं	64.3	
उड़ि	48.4	
उतंगं	53.3	उत्तुंग
–गा	225.1	
*उत्तर	13.2, 14.2, 191.3	
उत्तर्‌यो	100.4	उतरा
उत्तरिय	9.1	उतरी
*उदय	272.1	
उद्दंगह	311.3	उर्ध अंग
*उदित	11.1	
उदै	49.4, 146.2	उदय
उद्धरे	69.1	उद्धार किया
उन्नये	343.1	झुके
उन्नयो	94.2	झुका
उनरोह	137.1	
उनिहारि	149.2	अनुहार
उने	240.1	उन्हें
उपट्टइ	309.3	उत्पाटित होता है
उपारे	260.1	उखाड़े
उपंग	68.2	ऊपरी अंग
उपंगा	223.2	
उप्पज्यो	12.2	उत्पन्न हुआ
उप्पमा	154.4, 227.3	उपमा
उप्पमे	52.3	उपमित किया
उप्पर	304.1	ऊपर
उप्परहि	180.1	ऊपर
उप्परि	315.3, 340.2	ऊहर
उप्परे	151.4, 284.4	ऊपर
उप्पटे	326.3	
उभ	182.1	उभय
उभद	167.3	
*उभय	31.1, 167.1, 268.1, 337.1	
उभार	262.2	
उभै	51.4	उभय
उभ्री	140.3	उभरी
उवर	313.4	उबरना
उये	15.2	उगे
*उर	48.2	उर की
उरक्की	159.3	
उरद्ध	137.1	ऊर्ध्व
*उरमाल	28.1	
उरिल	31.3	
उलट्टि	136.1	उलट कर
उलिंचि	71.4	
उवंति	76.2	उगते हैं
उब	110.3	उगा
उवै	107.1	उगता है
उस	54.2	
उह	307.3, 309.4	वह
उहइ	14.1	वही

ऊ

ऊखवनं	207.2	
ऊघट्ट	157.1	उघरा
ऊनी	209.3	ऊन
ऊयो	126.2	उगा

ए

ए	68.3, 88.4, 140.4,	

	145.4, 317.6	ये
*एक	10.1, 87.4, 99.4, 122.1, 139.1, 229.1, 274.3, 292.3, 317.5	
एकइ	113.1	एक ही
एकइ	113.1	
एकु	320.2, 15	एक
एग	186.1	एक
एडि	55.3	एडी
एम	174.1	ऐसा
एमि	232.3	ऐसा
*एव	200.1	ही

ऐ

ऐन	49.1	अयन
ऐराव	16.2	ऐरावत

ओ

ओउ	68.4	वह
*ओप	77.4	
ओर	40.2	
*ओस	159.4	

औ

औहि	230.1	

क

*कंकण	176.2	
कंकन	76.3	
कंकम	183.2	कुंकुम
*कंचन	32.4, 42.2	
कंचू	52.1	कंचुक
कंटी	140.2	
कंठ	20.1, 160.2, 163.3,	

	155.2, 171.4	
कंठाव	31.1	कंठ
*कंठि	68.1	कंठ में
कंठील	160.2	कंठ का
कंठै	65.3	कंठ में
कंड	20.1	कांड
कंत	177.4	कान्त
कंति	340.1	कान्ति
*कंद	110.4, 260.2	
*कंदल	94.3, 270.4	
*कंदला	260.2	
कंदलि	65.2	कंदली
कंध	156.2, 209.2, 248.3, 258.3	स्कंध
*कंप	72.2, 167.1	
कंपहि	198.1	काँपते हैं
कंपि	336.3	काँपता है
कंपियउ	336.4	काँपा
कंपिय	120.1	काँपा
कंपे	295.3	काँपे
कंपै	237.2	काँपते हैं
कंवारि	178.1	कुमारी
कइ	195.2	किस
कउ	167.3	को
कच्च	55.4	कच्चा
कवच	208.2	कच
कचं	264.3	कच
कच्छ	34.2, 313.3	कक्ष
कच्छी	160.2	
कछु	278.3	कुछ
कज्ज	5.2	कार्य
कज्जे	265.4	कार्ये
कट	209.2	कटा
*कटक	307.3	

शब्द	संदर्भ	अर्थ
कट्टरी	134.1, 134.2	कटारी
कटे	258.3	
कटक्कति	282.1	कटक
कड्ढि	33.2	काढ़कर
कड्ढाई	76.1	काढ़ता है
कड्ढे	159.2	काढ़े
कढे	287.2	काढ़े गए
कढ्यो	307.5	काढ़ा गया
कतं	265.2	कुत्र
कत	151.2, 289.2	कुत्र
कत्तिज	45.2	कितना ही
कते	267.2	कितने
कथ	197.2	कथा, कहा
कथाई	127.2	कहते हैं
कथहे	8.2	कहता है
कत्थं	264.2, 293.2	कथा
कत्थइ	279.3	कहता है
*कथा	8.2, 117.2	
कथिक	127.2	कथक
*कथित	8.2	
कन	91.4	कण
*कनक	12.4, 54.1, 98.4, 340.1	
कनक्क	175.2	कनक
कनंक	33.2, 75.3	कनक
कनवग	312.6	कान्यकुब्ज
कनवज	1.2, 198.3	कान्यकुब्ज
कनवज्ज	13.3, 145.3, 149.3, 152.2	कान्यकुब्ज
कनवजहे	3.1	°का
कनवज्जि	90.4	°में
कनिक	302.1	कनक
कने	117.2	
कन्ह	185.2, 307.8, 308.1, 337.3	कृष्ण
कन्हयहु	183.2	कृष्ण कस्य
कन्हह	310.1	कृष्ण का
*कपट	121.2	
*कपोलं	51.1	
*कपोल	37.2	
कब	57.2	
कव्व	43.1, 86.3	काव्य
कबंध	209.2, 238.3	
*कमल	31.1, 94.2, 170.3, 193.3, 308.2, 313.4	
कमलिनि	167.2	कमलिनी
कमट्ठ	244.2	कमठ
कमधज्ज	303.2	कामध्वज
कमंडलु	339.1	कमंडल
कमंडले	18.1	कमंडल में
कमान	288.1	
कम्मान	261.3	कमान
कया	291.2	काया
कर्न	76.2, 101.1	कर्ण
*कर	52.1, 145.5	हाथ
करइ	162.2, 315.6	करता है
करउ	198.3	करूँ
करंकं	263.2	हड्डी
करक्कसं	134.3	कर्कश
करकादि	203.3	
करजं	29.2	
करंति	65.3, 121.2, 122.2	करते हैं
करतार	45.2	कर्तार
करन	306.2	करना
करन्नु	274.2	
करने	167.2	
करयो	285.3	किया
करस	32.4	

करहिं	43.1, 89.2, 142.2, 145.5, 342.2	करते हैं
करहि	5.2	करते हैं
करहु	82.1	करो
कराउदियं	208.2	कला उदितं
करारं	6.1, 262.1	कड़ा
करि	48.4, 76.3, 112.1, 146.1, 292.1, 309.3	कर में, करके
करिउ	86.2	किया
करिक्क	81.2	
करिग	162.1, 178.2	किया
करिब्ब	35.1	कृ+तव्यत्
करिमल	30.1	
करिय	331.1	किया
करिस्स	176.3	करि स
करिस्सु	176.3	करि सु
करी	286.1, 286.4, 289.1	
करु	168.4	करो
*करुणा	29.4	
करे	189.2	
करेरी	226.4	
करो	275.5	
*कल	23.1, 167.2, 205.5	
कलऊ	88.2	कलियुग
कलक्कला	133.1	कलकल
कलंगी	51.1	
कलस	15.2, 124.1, 311.3	कलश
कलह	318.5	
कलहंत	320.6	कलह करते हुए
*कला	140.1	
कलाहासियं	105.1	कल हास करनेवाली
कलिंदी	51.1	कालिंदी
*कलि	267.2, 274.5, 315.6	

कलिकार	59.4	कलिकाएँ
कलिन	330.1	कलियाँ
कलिमले	20.1	कलि-मल में
कल्लि	123.2	कल
कल्ले	290.2	
कल्यउ	430.1	
*कवि	87.1, 89.1, 90.3, 123.1, 280.1, 311.5	
*कांविता	126.1	
कवित्तनौ	179.6	कवित्व
कवियन	32.1	कविजन
कवियहि	87.1, 89.1	कवि को
*कविराज	83.4	
कसंत	75.3	कसा हुआ
कसिक्कसि	76.1	कसा-कसाया
कसीस	288.2	कौशीष
कहं	47.3	को, के लिए
कहंत	38.2	कहता है
कह	27.3, 309.3	कहा
कहइ	32.1, 85.5, 188.2, 309.4	कहता है
कहक्कह	311.4	कहकहा
कहणो	280.1	कहना
कहत	149.5	कहते हुए
कहतु	315.1	कहता है
कहन	275.2, 338.4	कहना
कहहि	9.3, 149.6	कहते हैं
कहारो	311.1	
कहायो	275.2	कहलाया
कहि	87.4, 107.2, 120.3, 121.1, 312.1	कहकर
कहिग	13.1	कहा
कही	43.2	
कहु	152.2, 202.1, 300.1	का

कहुं	168.2	का
कहूं	16.1, 35.2, 91.3	
कहे	74.2, 82.1, 279.2	
कहेस	13.2	कहा
कहै	149.3, 308.1	कहता है
कह्यो	81.2, 106.1	कहा
काइर	198.2	कायर
काइरह	295.3	कायर का
कांतिहर	20.1	
कांता	141.1	
काज	9.4, 29.1, 59.2, 229.1	कार्य
काढीय	338.3	काढ़ लिया
कानलंकलि	141.2	
कान्हों	309.1	कान्ह
कामकला	140.2	कामकला
काम	40.1, 42.4, 116.2, 132.2, 176.2, 188.1, 194.2	
कामसी	175.4	
कामहर	165.2	काम को हरने वाला
कामा	197.2	
कामागनि	190.2	कामाग्नि
*कमिना	139.2	
कायर	330.4	
कारणइ	1.2	कारण
कारन	45.2	
कारा	155.3	
काल	176.2, 245.2, 266.1	काल का
कालह	337.4	
कालेषु	188.1	कालों में
कालेसु	188.2	कालों में
किं	95.1	क्या

कि	165.2	
किउ	105.1	किया
कित	309.2	कहाँ
कितकु	107.1	कितना
कित्ति	277.5, 228.2	कीर्ति
कित्तिय	329.1	कीर्ति
कितोकु	107.2	कितना
किननंकति	315.4	
किनहि	81.2	किन्हें
किनि	92.3	किन्हें
किन्हों	3.5, 90.1, 149.5	किया
किधौं	86.3	या
किंधु	165.2	या
किमि	92.2	क्यों
कियं	83.2, 98.2	किया
किय	103.2, 126.1, 285.1, 318.1, 332.5	किया
कियो	46.2, 85.4	किया
कियउ	145.3	किया
किरक्कि	136.1	
किरण	15.1, 289.1	
किरन	308.2, 309.2	किरण
किरनीन	11.4	किरणें
किस	25.5	कौसा
किहु	139.2	किसे
की	209.1, 277.1	
*कीच	71.4	
कोजह	60.4	कीजिए
कीतं	56.2	किया
कीन	272.4	किया
कीने	190.3	किए
कीयो	88.2	किय
*कीर	38.1, 65.1, 74.1, 78.4, 94.6, 129.2	

कीरती	277.5	कीर्ति
*कुंकुम	124.1	
कुंडली	137.3	
कुंडीनु	54.4	
*कुंद	242.2	
*कुंभ	141.2, 309.3, 313.3	
कुंभर	141.3	हाथी
कुकुम्भ	54.4	कुकुभ
कुच्च	36.1	कुच
कुचित्तयो	309.5	कु+चित्त.
कुछु	123.2	कुछ
कुड़एढयो	311.1	कुढ़ी
कुप्पियो	291.1	कोप किया
कुप्प्यो	312.2	कोप किया
*कुमार	82.1, 311.5	
कुमुदिनि	267.2	
कुरंग	16.4, 99.2, 264.2	
कुरम्म	269.5	
कुल	52.4,152.1,192.4,276.3	
कुल्लये	243.1	कूल में
कुलि	179.3	कूल
*कुवलय	46.1	कमल
कुवेरी	227.2	
कुसम्ह	134.2	कुसुम
कुसल	329.1	कुशल
*कुसुम	65.1, 328.2	
कुसि	338.4	
*कुसुमित	28.2	
*कुहर	308.2	
कूं	305.2	का
कूरंभ	3.5	(नाम विशेष)
कूरंभे	209.3	(नाम विशेष)
*कूल	252.2	
कूह	331.1	क्रोध

के	61.3, 88.3, 116.2, 255.2, 301.2	
केम	10.4	कैसा
केरी	226.2	की
*केलि	23.1, 52.4, 170.3	
केस	332.4	केश
*केसरी	35.1	
केहइ	279.3	कैसा
केहरीन	174.2	केसरियों को
कै	2.2, 61.1, 101.2	या
कैव	345.1	या
को	90.3	कर्म परसर्ग
को	94.6	कौन
कोइ	40.1, 302.5	कोई
कोकनंदं	52.1	कोकनद
*कोकिलं	120.1	
कोकिले	119.1	
*कोट	255.2	
*कोटि	58.2, 61.2, 166.2, 321.1	
कोतुक	318.5	कोतुक
कोतिग	205.4	कौतुक
कोद	234.1	कोना, कोर, ओर
*कोप	288.1	
कोपियां	259.4	कुपित
कोपीन	61.2	कौपीन
*कोमल	170.3	
कोरि	69.2, 186.3, 198.2	
*कोल	249.1	
कोस	176.3, 233.4, 259.4, 270.5, 279.3, 302.6, 335.6	क्रोश
कोह	318.3	क्रोध
कौन	218.1	

क्यूं	154.4	क्यों
क्रितचंगे	262.2	चंग करने वाली
क्रितभंगे	26.2	भंग करने वाली
क्रियण	278.3	क्रिया
*क्षात्र	96.1	
*क्षिति	78.2	पृथ्वी

ख

खंच	251.1	खींचना
खंचि	288.2	खींचकर
खंचिय	337.3	खींचा
*खंड	98.3, 227.3, 302.4, 304.5	
खंडयउ	304.5	खंडित किया
खंडियउ	278.5	खंडित किया
खंधउ	320.4	स्कंध
खंधार	324.2	कंधार, स्कंधावार ?
खंभ	42.2	खंभा
खग्ग	256.4, 313.4	खड्ग
खग्गवर	333.1	खड्गवर
खग्गह	304.3	खड्ग का
खट	302.6	षष्ठ
खत्त	95.3	क्षिप्त, क्षेत्र ?
खत्ति	173.2	क्षेत्र
खन	190.3	खोदना
खपिग	315.6	खप गया
खमिर	318.2	
खरम्भर	304.3	खलबली
खरह	272.1	तेज
खह	318.2	खेह, छार
खाड्यो	256.4	खंडित किया
खिंचिय	199.2	खींचा
खिगि	4.2	क्षण
खित	*15.2, 278.6	क्षेत्र
खित्तहि	315.7	क्षेत्र में
खीन	53.4	क्षीण
खुंद	192.4	खूँद
खुत्त	133.4	क्षुब्ध
खुदंतं	160.3	खोदना
खुप्परिव	304.3	खप्पर
खुले	119.1, 326.2	
खुरखुंदे	299.3	खुर से खोदना
खुरति	4.2	खुर
+खुरसान	103.3	खुरासान
खुत	262.1, 313.1	क्षेत्र
खेत	318.2	
खेध्यो	101.2	खेदना, भगाना
खोलंत	62.1	खोलता है

ग

गंग	162.1, 173.2, 243.1	गंगा
गंगह	32.4	गंगा में, का
गंगधर	279.6, 311.6	गंगाधर
गंगधारं	51.4	गंगा की धारा
*गंगा	143.4, 224.4	
*गंगामुख	99.3	
गंगे	26.1	हे गंगा
गंज	39.2	नष्ट करना
गंजन	30.1	नष्ट करना
गंजहु	92.2	नष्ट करो
गंजि	277.1	नष्ट करके
गंठही	174.	गाँठ देना
गंठि	177.2, 187.2	ग्रंथि
*गंडस्थली	141.1	
गंडीर	224.3	
गंदे	27.3	
*गंध	117.1, 222.4	
गंध्रव	22.1, 27.1	गंधर्व

शब्द	संदर्भ	अर्थ
*गंभीर	22.4	
गंमो	323.4	ग्रस्त
गउ	299.6, 302.6, 377.5	गया
गगन्न	68.3	गगन
*गजं	141.1	गज
*गज	94.4, 157.2, 180.1, 182.1, 196.2, 298.1, 213.3	
*गजपति	92.2	
*गजराज	283.1	
गज्जि	332.1	गर्जना करके
गज़्जुर	275.3	गुर्जर
गड्ढे	155.1	
गणि	231.1	गिनकर
गणै	150.1	गिनता है
*गत	27.2, 267.1, 168.1, 286.3	गया
गत्त	271.3	गात्र
गत्ते	62.4	गात्र में
*गति	276.2, 306.1, 346.4,	
गन	27.1, 180.1	गण
गनि	337.4	गिनकर
गन्यो	322.6	गिनकर
गब्भ	52.4	गर्भ
गय	57.1, 81.1, 322.4, 240.1, 280.2, 309.3	गज
गयंदं	53.3	गजेन्द्र
गयंदा	16.1, 304.4, 311.1	
गयंदनि	222.4	
गयंदह	307.3	गजेन्द्र का
गयउ	303.1	गया
गये	190.4, 263.4, 360.1	
गयो	79.4, 83.1, 145.1	
गयदंत	325.2	गजदंत
गरु	85.3	गुरु
ग्रवरि	333.6	गौरी
गव्व	300.2	गर्व
गसंन	271.1	ग्रसते हैं
गह	110.2, 313.2	ग्रह
गहग्ग	39.1	गहगह
गहणो	280.1	ग्रहण
गहन	247.2, 318.1	ग्रहण
गहनी	20.2	ग्रहण करने वाली
गहब	309.3	ग्रह्+तव्यत्
गह्यो	79.2, 81.2, 330.3	गहा
गहरन	84.2	रण में ग़हा
गहहि	110.4, 336.3	गहता है
गहि	110.4, 135.6, 148.2, 333.3	ग्रहण करके
गहिग	332.4	गहा
गहिय	310.2	गहा
गहियो	238.4	गहा
गहुग्गह	199.1	गह गह
गहो	88.2	ग्रहण किया
गाइ	74.2	गाकर
गाजनै	102.3	गर्जना
+गाजी	59.4, 325.3	
गाजे	257.4	गरजे
गावही	68.1	गाते हैं
गाहंतो	277.1	अवगाहन करते हुए
गाह	157.2	गाथा
गिनि	340.1	गिन कर
गिनै	57.2	गिनता है
गिद्ध	333.3	गृद्ध
गिद्धी	264.4	गृद्धिनी
गिरंत	209.2	गिरता है
*गिरि	26.4, 94.5, 101.2, 110.4, 305.1, 334.2	

*गीत	135.1	
गुंजारया	141.3	गुंजार किया
*गुंजार	141.3	
*गुंड	102.1	पराग
गुंथिय	72.3	गूंथा, ग्रथित
गुज्जर	302.1, 317.1	गुर्जर
गुज्जरउ	303.1	गुर्जर
गुन	87.3, 90.1, 168.4, 181.2, 345.4	गुण
गुनि	92.3	गुन कर
गुनियन	86.1	गुणिजन
गुना	140.3	
*गुरु	11.1, 131.1, 194.1, 344.4	
*गुरुजन	168.1	
गुहिल्लय	3.3	गहलोत
गुहिलोतु	269.1	गहलोत
गून	52.3	
गेरव	275.3	गौरव
गेह	58.3, 664.4, 92.2, 173.3, 273.2	गृह
गेहिनी	273.2	गृहिणी
गैन	258.3	
गो	320.5	गया
गोल	234.1	
गोवल्लकुंड	101.4	गोपालकुंड
गोरि	275.4	गोरी
गोरी	277.1	गोरी
गौन	189.2	गौण
ग्यान	345.4	ज्ञान
ग्यारह	1.1	
ग्रह	332.2	
ग्रहनि	332.6	ग्रहण
ग्रहै	264.4	ग्रहण करता
ग्रिद्ध	261.4	गृद्ध
ग्रिद्धणी	261.4	ग्रिद्धनी
*ग्रह	2.1, 6.2, 137.2, 137.2, 186.2, 340.1	गृह

घ

घंट	227.1, 236.1, 315.6	घंटा
घंटनि	205.3	घंटे
*घंटा	317.2	
घंटी	31.3	
घटि	139.1	घट कर
घटिग	12.3	घट गया
घटित	322.4	घट गया
घट्ट	157.1	घट गया
घट्टिय	275.1	घटित
घनं	207.1, 282.1	
*घन	3.2, 126.1, 333.4	
*घनसार	129.1	
घनी	283.3	
घमंडि	133.3	घमंड कदके
घर	279.5, 302.2, 319.2, 329.1	
घरणि	279.5	घरनी
घरि	238.3, 279.2	घर में
घरी	209.4	घड़ी
घरु	277.6	घर
घरे	265.3, 277.6	घर में
घाउ	202.4	घाव
घाट	78.2, 279.3	
घिर	227.1	
घिरि	332.1	घिर कर
घुंटिका	133.2	घंटिका
घुटयौ	270.3	घुट कर
घुरं	205.3	नादानुकृति

घुले	262.2	
घूट	228.2	घूँट
घेरि	282.1	
घोरं	236.1	

च

चंक	318.3	
चंगा	223.1	स्वस्थ
*चंचल	32.3, 191.2	
*चंड	100.1	
चंती	89.4	
चंद	35.3, 106.1, 299.6, 269.3	
चंदणी	270.1	चांदनी
चंदनु	192.1	चंदन
चंदु	110.6, 126.1, 322.1	
चंदे	27.1	कवि चंद
चंदेलु	317.1	
चंपत	307.2	चांपता है
चंपति	78.4, 306.1	चांपता है
चंपही	177.2	चांपते हैं
चंपइ	315.2	चापता है
चंपि	48.4, 277.2	चाँपकर
चांपिउ	305.2	चाँपा
चंपिय	202.2	चाँपा
चंपिये	234.4	चाँपे
चंपी	336.1	चाँपी
चंपे	298.1	चाँपे
चउसट्ठि	313.5	चौंसठ
चक्काइं	267.1	चक्रवाक
चकि	121.1	चकित होकर
*चकित	85.3	
चक्कि	136.1	चौंककर
चक्की	267.1	चक्रवाकिनी

*चक्रवर्ति	136.4	
चख	27.3, 32.3, 110.4, 303.1	चक्षु
चखह	306.1	चक्षु का
चखी	249.2, 251.2, 252.1	देखी
चड्ढि	278.6	चढ़कर
चढंत	308.1	चढ़ता है
चढंति	163.1	चढ़ता है
चढयो	164.1, 307.5, 318.1	चढ़ा
चढिय	228.1, 229.1	चढ़ा
चढियउ	313.6	चढ़ा
चढिउ	13.4	चढ़ा
चढ़ी	64	
चढ़े	287.1	
चढ़ै	42.2	चढ़ता है
*चतुर	110.5	
चत्तरंग	107.1	चतुरंग
चण्डिय	147.2	चण्डी
चम्पि	159.2	चाँपकर
चमकांति	238.2	
चमकि	165.1	
चमके	207.1	
चरन्तं	28.3	चरते हुए
चरंति	243.2	
चरताल	28.3	
चरन	24.1	
चरन्न	174.4	
चरहि	4.2	
चरित्त	57.2	चरित
चरित्तनु	162.2	चरित्र
*चल	345.2	
चलउ	57.2	
चलंत	40.2	
चलंति	115.1	

चलहि	313.4	
चलि	125.1	
चली	113.1, 205.2	
चलु	88.2	
चले	189.1	
चलै	279.6	
चल्लै	17.3	चलता है
चल्या	153.2	चला
चल्यो	3.1, 14.2, 178.1	
चवना	140.3	
चहुं	110.5	
चहुंवान	42.1, 59.4, 104.2, 109.3,··· 110.5, 120.1, 270.4···	चौहान
चाइ	131.2, 298.1	चाव से
चाउ	13.4	चाव
चातग	191.4	चातक
*चामर	29.2	
चार	68.1, 270.3	
चारा	156.1	
चारि	90.1	
चारित्त	19.3	चरित
*चारु	19.3, 272.1	
चारे	259.3	चले
चालं	28.2	
चालउ	230.3	चला
चालक्य	101.2	चालुक्य
चालि	68.2	
चालिउ	1.2	
चालिनं	137.1	
चालु	88.2	
चालुक	277.2	चालुक्य
चालुक्क	331.1	चालुक्य
चावद्दिसि	322.1	चतुर्दिक्
चाहंति	63.2	देखते हैं
चाहनं	136.1	देखना
चाहिति	79.1	
चाहियं	172.1	
चाहुवान	3.3	चौहान
चाहू	249.2	
चाह्यो	86.1	
चिकाये	233.4	ललकारे
चिड्डिय	275.2	
चिडिग	198.2	चढ़े
चितु	184.2	चित्त
चित्त	9.1, 34.1, 36.1, 177.2	
चित्तखी	253.2	
चित्तनि	280.2	
चिंत	85.3, 131.2, 227.2	चिंता करना
चिंता	9.1	
चिहुरे	307.2	चिकुर
*चीर	66.1	
चुक्की	66.2	चुक गई
चुनहि	94.7	चुँगता है
चुब्बह	239.2	चूता है
चुवरेण	95.1	
चै	272.1	
चैत	1.1	
चोट	321.2	
चोप	61.3, 239.3	प्रेम
चोर	73.4	
च्यारि	299.6	चार

छ

छंडणे	244.1	छोड़ना
छंडनि	162.2	
चंडउ	302.3	

छडि	79.2	
छंडिय	185.2	
छंडियो	102.1	
छंदी	88.4	छंद
छंदे	27.1	
छगन	307.5	शिशु
छगनु	337.3	
छगी	327.2	छकी
छछोरी	54.3	छोरी, छोकड़ी
छट्ठिय	267.1	षष्ठी
छत्त	243.2	छत्र
छत्तपति	85.2	छत्रपति
छत्तिया	35.2	छाती
छत्तीस	104.1	
छनि	139.1	छनकर
छने	103.1	क्षणे
छब्बि	35.2	छबि
छर	304.2, 314.2	क्षर, क्षार
छह	110.1, 113.1	
छत्र	175.4, 208.4, 221.2, 284.1	
छत्रपतिय	313.5	
छत्रीस	65.3, 110.1	छत्तीस
छाँडि	145.5	छोड़कर
छिति	28.1	क्षिति
छित्त	58.4	छत्र
छिनि	169.3	लक्षण ?
छिपे	102.2	
छीर	173.3	क्षीर
छूटि	153.2	
छुट्टति	228.2	
छुट्टियं	155.3	
छुट्टे	112.3	
छुट्टै	51.3	
छेह	58.4	खेह, छेक, छेद
छैलु	62.3	
छोडि	173.4	
छोरि	178.2	छोड़कर

ज

+जंग	258.4	युद्ध
जंगली	270.3, 318.3	
जंगलवै	319.3	जंगलपयि
जंगुली	277.5	जंगली
जंघया	34.2	
जंघं	264.1	
जंघ	177.3	
जंजाले	20.2	
जंजरि	29.3	जंजीर
जंदाबली	325.1	
जंदे	27.3	
जंपइ	110.6	कहता है
जंपि	85.1	
जंपही	167.1	
जंपै	299.6	
जंबु	23.1	जंबुक
जंबुयदीप	25.4	जंबू दीप
जंभीर	22.4, 50.1	जंभीरी नीबू
ज	77.3, 87.2, 302.4	जो
जइ	141.4	यदि
जउ	90.2, 150.2	
जाकि	321.2	जककर
जक्कि	158.2	
जके	156.2	
जकै	62.1	
जखि	142.2	
जग्गं	47.1	
जग	27.1, 271.2	

शब्द	संदर्भ	अर्थ
जग्गति	277.1	
जग्गये	245.1	जागे
जग्गिजे	18.1	जागिए
जगि	48.1	जगत में
जग्गिय	190.2	जागा
जगी	327.2	जागि
जग्गी	222.3	जागी
जग्गे	327.3	जागे
जज्जुरी	33.2	जाज्वल्य
जटन	26.3	जटाएँ
जटाल	245.2	जनिल, जटावाला
जटित	238.1	
जतन	193.1	यत्र
जत्तउ	338.2	यत्र
*जन	203.1	
जनहित	30.1	
जनि	149.4	नहीं
जनु	204.2, 283.2	मानो
जप	315.6	
जब	108.2, 279.6, 334.1	
जम	27.2, 291.2	यम
जमजाल	266.1	यमजाल
जमाय	135.2	यमाय, यम के लिए
जम्पइ	302.6	
जन्म	119.2, 173.4	जन्म
जम्मु	276.5	जम्म
*जय	29.1, 313.5	
जयति	179.1	
जयनै	140.1	
जयपत्त	60.2	जय-प्रतिष्ठा
जम्मो	336.2	
जरनं	75.3	
जराउ	74.1, 75.3	जड़ाव
जरु	169.3	

शब्द	संदर्भ	अर्थ
जरे	77.1, 78.1	
*जल	26.4, 162.2, 276.4, 278.2	
*जलद	50.1	
जलन	129.1	
जलद्दरं	240.1	जलधर
जवजन	97.1	युवाजन
जवनहुँ	92.1	यवन भी
जवे	326.3	
जस	9.4, 27.1, 330.2	यश
जसु	25.4	यश
जहं	289.3	यत्र
जह	83.2, 142.1	जहाँ
जहि	61.2, 143.2	जहाँ
जहु	276.4	
जा	115.1	
जाइ	58.1, 72.3, 149.4	
जाइदौ	277.4	यादव
जाई	100.1, 103.1	
जांगरा	3.4	
जाणूं	239.2	जानूं
जातिग्गति	134.1	यति गति
जाथइ	25.5	जहाँ
जान	171.1, 173.2, 346.3	जाना
जानं	56.3	जांने
जानइ	2.2, 289.3, 302.5	जानता है
जानए	59.2, 174.1	
जावत	181.1	
जानयो	138.2	
जानि	47.1, 94.5, 104.4, 172.2	
जानिय	86.4	

जाने	158.1	
जानै	2.2, 261.4	
जानु	136.2, 156.4, 327.2	
जाम	7.1, 139.1, 194.2, 270.3	याम
जामतेज	95.2	याम तेज
जामिति	75.2, 121.2	यामिनी
*जालं	28.2	
जालोर	177.2	
जाल्ह	324.1	
जावलो	324.1	
जास़	224.4	जिसे
जासु	67.1, 58.3, 269.1	
जांह	44.1	जहाँ
जाह्नवी	22.4	
जि	21.2, 43.2,	जो
	68.1	जिनके
जिके	62.3	
जिग्गं	256.3	
जिते	265.4, 274.4, 333.1	जितने
जिन	286.2	नहीं
जिनके	207.4	
जिने	232.4, 324.2	
जिनै	99.1	जिन्होंने
जिन्यो	145.4	
जिन्ह	317.1	
जिम	110.2, 191.4, 225.2, 230.4	जैसे
जिय	346.2	जीव
जियण	277.5	जीवन
जियन	276.5	जीवन
जिवन	9.4	जीवन
जिह	82.2, 121.2, 122.2	जहाँ

जिस	295.2.	जैसे
जिसे	224.2, 294.4, 298.2	जैसे
जिसो	108.1, 295.4	जैसे
जिही	8.3, 85.5, 106.2, 110.2	जिस
जीति	98.2	जीतकर
जीरा	102.1	
जीव	302.2, 320.6, 322.4	
जीवन	187.2	
जीवंत	330.3	
जु	35.3, 34.1, 67.1, 73.3, 121.1	ज़ो
जुग	29.1	युग
जुगिति	215.6	योगिनी
जुज्झ	176.4, 305.1	जुझकर
जुज्झि	303.1	जूझकर
जुत	136.2	
जुतो	169.2	युक्त
जुत्तयते	309.6	
जुद्ध	101.3, 184.3, 66.2, 396.1	युद्ध
जुध	247.1	युद्ध
जुधि	183.1	जुद्ध में
जुध्ध	12.2	युद्ध
जुय	78.1	युगल
जुरंता	232.3	जुड़ते हैं
जुरि	319.2	जुड़कर
जुरे	53.3, 138.4, 259.2	जुड़े
जुव	77.1	युवा
जुवान	35.1	जबान
जुहार	292	
जुहि	42.1	जुही
जूथ	61.1, 298.2	यूथ
जूप	61.3, 173.1	यूप

जूर	327.4	
जूरे	290.3	जुड़े
जूह	315.2, 331.8	यूथ
जे	57.1, 61.1-3, 92.1, 154.1	जो
जेते	47.1	जितने
जेन	317.3, 317.4	जिनके द्वारा
जेहरी	33.2	
जै	190.4	जय
जैचंद	82.2	जयचंद
जैराम	140.4	जयराम
जो	26.1, 93.1, 119.1	
जोइ	88.1, 208.1	देखकर
जोए	251.2	देखं
जोग	135.2, 346.2	योग
जोगिनपुर	300.2	योगिनीपुर (दिल्ली)
जोगिनीपुर	179.1, 261.2, 281.2	
जोट	261.2	जोड़ा
जोड़ि	85.1	जोड़कर
जोति	48.1, 49.2, 132.4	ज्योति
जोध	80.2, 258.2	योद्धा
जोप	77.3	
जोद्धं	50.1	
जोवइ	121.2, 232.4	देखता है
ज्यं	5.2	ज्यों
ज्यूं	109.2, 202.1	ज्यों
ज्वालाहवी	20.3	

झ

झंकि	133.2, 193.3	झाँकना
झंपै	237.1	ढकना
झरंत	163.4	झरता है
झनन्नकति	315.5	झनझनाना
झरइ	309.4	झरता है
झरहिं	342.2	झरते हैं
झनं	133.2	ध्धनि
झलकंत	12.4	झलकता है
झटकंत	232.4	झटकता है
झखी	253.2	
झकोलति	32.4	झकोरती है
झारा	156.2	ज्वाल
झारंतो	269.4	झारना
झरि	258.2	झाड़े
झिप्पि	237.1	झिंपकर
झिलमिलिग	11.3	झिलमिलाया
झेले	154.3	
झुक्क्यो	330.5	झुका
झुल्लंति	157.2	झूलते हैं
झुकित	313.1	
झूंझत	274.3	
झूसे	315.1	

ट

टंक	251.1	
टखी	251.1	
टट	28.2	
टट्टुर	336.6	
टुट्टिय	25.3	टूटा
टामक	153.1	
टारे	104.2	टाले
टुटयो	307.2	
टूकंक	323.1	
टेरे	227.1	पुकारे

ठ

ठक्क	229.2	स्तब्ध
ठठुक्की	66.1	ठिठकी
ठिल्लइ	229.4	ठेलता है

ड

डंडियं	132.2	
डंबरयं	206.1	डाबर, मटमैला
डरप्पि	244.2	डर कर
डरि	236.4	डर कर
डरिग	333.6	डरे, डरा
डरे	259.1	
डसि	331.4	दंशित करके
डारे	254.2	डाल दिया
डाहाल	101.1	
डिठि-वंक	146.1	वक्र दृष्टि
डींभ	86.3	डिम्भ
डुल्लै	63.3	डोलता है
डोर	117.2	
डोलं	49.3	दोल

ढ

ढंढोरे	274.3	ढिंढोरा
ढंकिय	12.4	ढाँकना
ढग	180.2	
ढग्यो	48.3	
ढर	182.1, 294.1	
ढप्यो	327.4	
ढहनंकित	205.3	ढलता हुआ
ढहाइ	72.4	
ढार	182.1	ढाल
ढाल	263.3, 293.3	
ढालेति	235.4	
ढाह	253.2	
ढिल्ल	253.2	दिल्ली
ढिल्लहि	196.2	दिल्ली को
ढिल्लि	198.3, 336.1	दिल्ली
ढिल्लिय	42.1, 100.1, 186.4, 178.1	दिल्ली
ढिल्लियपति	313.6, 337.6	दिल्लीपति
ढिल्ले	198.3, 234.4	ढीले
ढील	50.2	
ढुरंता	232.2	ढुरता है, ढलता है
ढयो (ठयो)	145.2	

त

तंबूलस्य	179.2	ताम्बूल का
तंबोल	148.2	ताम्बूल
त	127.2	तो
+तखत	186.4, 198.4	तख्त
*तट	21.3, 34.1	
*तटाक	241.2	
तडित्तह	77.4	तड़ित का
तणी	284.1	की
ततंग	132.1	नादानुकृति
तनु	130.1	तत्व
तत्ते	87.2	
*ततो	273.1	ततः
तत्तथे	132.1	नादानुकृति
तत्तथेइ	132.1	नादानुकृति
तत्थ	332.2	तत्र
तदून	344.3	
*तन	29.3, 32.4, 86.1, 304.5, 340.1	
तनरंग	167.2	
तनी	190.4, 284.4	की
*तनु	74.3, 190.4, 272.3, 306.1, 332.3	
*तत्र	173.1	
तब	90.1, 108.2	
तबल्लं	223.3	तबला
तब्ब	169.3, 336.2	तब
*तम	271.1	

तमालह	22.3	
तमि	26.2	तिमिर
तमीर	129.1	
तमूल	146.1	ताम्बूल
तमोर	163.3	ताम्बूल
तमोरि	177.4	ताम्बूलवाहिनी
*तर	11.3	
तरनि	161.4	तरणि
*तरल	26.2	
तरं	264.2	
*तरंग	162.1	
तरंगे	26.2	
तरप्प	172.2	तड़प कर
तराजन	77.3, 206.4	तारा जन
तरिऊ	125.2	तारने वाला
तरुन	46.2, 333.4	तरुण
तरुनि	131.2	तरुणी
तरुने	141.4	
*तल	22.3	
तलप्प	190.3	तल्प
तलत्तलत्तु	138.1	ताल
तव	85.1, 85.4, 276.5, 304.2	तब
तबे	259.4	तभी
तवोरह	147.2	ताम्बूल का
तस	344.3	तैसा, वैसा
*तस्य	194.2	उसका
है	66.1, 326.4, 333.3	वहाँ
तहि	145.4, 332.2	वहाँ
ता	49.3, 60.4, 68.2, 191.2	वह
ताजी	160.4	ताजा
ताजे	257.1	ताजे
*ताटंक	49.3	

*तात	194.1	
तान	75.1	
तानी	47.3	
तानु	132.4	उसे
तानुक	75.1	
तापते	18.3	
तापसा	18.3	तापस
ताम	175.1, 305.2	तत्र
*तामसं	292.3	
*तार	11.6, 66.2, 73.2, 122.2, 130.2, 140.1	
*तारक	339.1	
तारत्त	50.3	
तारए	112.2	
तारया	134.1	
*तारा	156.4	
*ताल	22.3	
तालिना	137.1	ताली से
तासु	68.2, 173.4, 275.3	उसे
ति	31.1, 32.3, 170.3, 173.3, 207.4, 274.1	ते, वे
तिअ	337.1	स्त्री
तिके	61.4, 154.3, 323.2	तिनके
तिकै	62.2	तिनके
तिज	306.2	तीज
तिडिय	153.2	
तित्थराय	52.1	तीर्थराज
*तिथि	82.2, 292.2	
तिदरं	223.3	
तिदंड	110.3	त्रिदंड
तिंदु	116.1	
तिधर	333.2	
तिन	167.3, 341.1	तिन्हें
तिनके	315.1	
तिन्न	7.1, 269.5	तीन

तिनै	18.4, 154.4	तिन्हें
तिनि	61.1, 181.1	
तिप्प	134.4	
तिम	8.1, 311.6	तैसे, वैसे
तिय	124.2, 322.5	स्त्री
तिरप्प	134.4	
तिरत्थ	292.1	तीर्थ
तिरहुत्ति	100.2	तीरभुक्ति
तिल	299.5, 306.2	
तिलक	48.1	
तिल्लन	125.2	
तिलिमिल	332.3	
तिलतिल	299.3	
तिरत्त	204.1	
तिह	153.1, 276.6, 311.2	तहाँ
तिहाँ	52.2	तहाँ, वहाँ
तिहि	94.3, 167.4, 195.2, 311.4, 333.4, 340.2	
तिहद्दिया	269.5	तीनों हद
तीज	1.1	तृतीया
तीन	86.2, 101.3	
+तीर	264.2	
तीरवलं	95.3	
तोरे	19.3	
तुंग	20.2, 26.4, 116.2	
तुंज	77.3	
तुंड	242.2	
तु	35.2, 153.2, 289.4	
+तुखार	24.3, 155.4	देश विशेष का अश्व
*तुच्छ	141.2	छोटा
तुछ	70.2, 163.4, 248.3	छोटा
तुज्झ	145.4	तुझे, तुम्हें
तुट्टइ	304.1	टूटता है
तुटित्त	133.4	टूटना
तुट्टि	310.2, 333.2	टूटकर
तुट्टै	311.1	टूटता है।
तुट्टियं	156.4	
तुम	43.2, 184.2	
तुम्ह	14.1, 302.2	
तुम्हइ	14.1	तुम्हें
तुरक	275.5	तुर्क
तुरक्की	157.3	तुर्की
*तुरंग	16.3, 144.1, 287.1, 306.2	
तुरयो	199.5	तुरंग
तुरा	141.2	त्वरा
तुरिग	313.6	तुरंग
तुरिय	309.1	तुरंग
तुरिया	192.4	तुरंग
तुलंतु	77.3	तुलना
तुलसाइ	147.1	
तुष्ट	20.2	
तुसा	95.1	
ते	49.1, 89.1	
+तेग	186.2	तेग
तेज	49.3, 55.2, 127.1, 333.4	
तेजि	155.3, 175.1	
तेडिय	228.2	
तेय	68.3	
तेरह	318.6	
तेसे	224.3	तैसे
तैं	277.1, 2, .3, .4	तुमने
तैनु	60.1	
तोंवर	335.2, 336.6	तोमर
तो	93.2, 151.2	
तोरि	101.4, 171.4	तोड़कर

तोहि	123.1	तुम्हें
त्राहु	156.1	
त्रिगामज्ज	128.2	त्रिपथगामी
त्रिण	229.2	तीन
त्रिबल्ली	31.4, 52.1	त्रिथली
त्रिय	7.1, 21.1, 121.2, 122.2	
त्रियन	112.3	
त्रियाम	286.3	
त्रिविद्द	135.2	
त्रिस	301.2	
त्रीणि	147.2	
त्रीय	7.1	तीन
त्रैलोक्य	20.2	

थ

थंभ	54.1, 94.3	स्तम्भ
थक्क	39.3, 171.3	थक कर
थीक्को	158.1	
थट्ट	94.1	ठाट
थट्टी	181.1, 186.3,	ठाट, स्थित
थड्ढे	16.1	थके
थप्पियं	100.2	स्थापितं
थल	268.2, 270.4	स्थल
थलइ	292.2	स्थल पर
थवाइस	145.5	
थाज	169.1	थाल
थान	276.1	स्थान
थानए	174.2	स्थान पर
थानि	96.2	स्थान पर
थालि	171.3	थाली
थिक्कति	21.1	√स्था°
थिर	112.1, 145.5	स्थिर
थुंग	132.3	नादानुकृति
थेइ	132.3	नाद°
थै	132.3	नाद°

द

दंगे	26.4	
दंडं	98.4	
दंत	38.2, 196.2, 232.1, 274.3, 309.4	
दंता	232.4, 260.1	
दंतिय	182.2	दंती, हाथी
*दंती	231.1, 274.3, 315.4	
दंतीनु	260.1	हाथियों के
दंद	12.2	द्वन्द्व
दंसन	25.4, 45.1	दर्शन
दई	184.4	दी
दक्खिण	4.2	दक्षिण
दक्खिन	150.2	दक्षिण
दक्खिनं	134.4	
दच्छिन	208.3	दक्षिण
दच्छिन्न	223.3	दक्षिण
दच्छिनी	67.4	दक्षिणी
दच्छिनै	60.3	दक्षिण को
दपत	11.2	दीप्त
दप्पनं	53.1	दर्पण
दबरि	330.4	दबकर
दमके	206.4	
दंये	72.4	दिए
दर	83.1, 165.1	
दरदेव	143.1	
+दरबार	79.4, 85.2, 142.2	
दरसन	29.1	दर्शन
दरसाइ	20.4	दरसा कर, दिखा कर
दरसाए	192.2	
दरसे	207.3	

दरसी	50.2	
दरि	105.2	
दरिद्द	175.2	दरिद्र
+दरिया	103.2	
दरिस	56.4, 144.2	
*दल	108.1, 149.4, 207.1, 317.5, 118.4, 320.4. 322.6, 331.1	
*दलबल	301.1	
दिल्ली	235.4	दिल्ली
दलु	307.5	दल
दव्व	62.4	द्रव्य
दस	144.1, 270.5, 282.2, 320.2	
दसहि	279.1	
दह	79.3, 163.2, 313.2	दश
दहार	4.2	दहाड़
दहि	99.3	
दाच्छिनी	100.3	दाच्छिनी
*दाडिम्ब	88.1	
ददुरं	115.2	दर्दुर
*दान	10.1, 110.3, 170.4, 171.1, 234.1	
*दानव	322.4	
दानिव्व	62.2	
*दारु	177.1	
दारुन	149.2	दारुण
दालमी	38.2	
दावंत	280.2	
दासि	44.1, 63.1, 172.2, 173.2, 344.3	
दासिया	120.1	दासी
*दासी	72.4	
दाहिम्मो	269.2	दाहिम

दिखइह	11.4	देखता है
दिखत	84.1	देखता है
दिखायो	275.1	दिखलाया
दिखिय	321.2	देखा
दिक्खति	165.1	
दिक्खन्त	161.2	
दिक्खन	172.1	देखना
दिक्खि	145.2, 237.2	देखकर
दिक्खिय	32.1, 75.2, 112.1, 229.2	
दिक्खियहि	232.1	
दिक्खियो	292.4	
दिक्खियै	16.2, 160.4	
दिख्ख	59.5	
दिक्खइ	231.2	
दिख्खण	1.2	
दिख्खत	79.4	
दिख्खन	3.1, 91.4	
दिख्खयो	21.1	
दिख्खियं	58.1	
दिक्खियज	12.4	
दिख्खिये	62.2	
दिख्खिहि	73.3	
दिगंत	242.1	
दिच्छन	178.2	दक्षिण
दिजइ	279.1	दीजिए
दिट्ठ	97.1	दृष्टि
दिट्ठउ	321.4	दीठा, देखा
दिढ़	144.6	दृढ़
दिड्ढ	177.2	दृढ़
दिनं	203.3	
*दिन	82.2, 99.4, 315.2, 342.1	
दिनयर	45.1, 305.2	दिनकर

दिनयरु	315.2	दिनकर
दिने	76.2	
दिन्हो	90.2	दिया
दियं	228.2	दिया
दिय	119.1, 199.3	
दियो	145.4	
दिख्यो	269.3	देखा
दिख्ख्यो	193.3	
*दिव्य	50.2, 252.1	
दिल्लीभर	145.4	
दिव	204.4, 339.1, 346.2	
दिवसि	269.6	
दिव्व	22.2	दिव्य
दिवान	320.5	देवान
दिवी	22.2, 312.2	
दिसं	134.4	दिशा
दिसंग	134.1	दिशांग
दिस	8.1	
दिसहि	110.5	
दिसा	135.1, 223.2, 240.2	
दिसि	79.3, 85.3, 120.2, 124.2, 127.1, 153.1	
दीउ	334.1	दिया
दोजइ	154.4	दीजिए
दीढी	43.2	
दीन	278.3	
दीनइ	278.3	देने से
दीन्हों	311.2	दिया
दीप	129.1, 342.1	
दीसं	49.1, 53.1, 242.2	दिखाई पड़ा
दीसं	25.1, 157.2	दिखाई पड़ा
दीसत	271.1	दिखाई पड़ता है
दीसै	58.4, 261.3	
दु	78.3	से
दुअण	161.2	दो जन
दुइ	319.1	दो
दुज	73.4, 170.4	द्विज
दुजन	110.3, 145.2	दुर्जन
दुज्जन	112.2	दुर्जन
दुति	98.4	दुति
दुतिय	318.4	द्वितीय
दुत्त	291.2	द्वित्व
दुधार	82.2	दो धारवाली तलवार
दुधारे	154.3	
दुभाइ	39.2	
दुम्मान	248.2	
दुर	52.4	
दुरदेव	166.1	
दुराइ	36.1	छिपाकर
दुल्लभ	24.1	दुर्लभ
दुल्लह	46.2	दुर्लभ
दुल्लही	45.1	दुर्लभा
दुवार	57.2	द्वार
दुवाल	203.3	देवालय
दुसहु	149.3	दुस्सह
दुस्सह	302.2	
दुसेर	206.3	दो सेर वाला
दुहं	325.4	
दुह	203.2, 238.4	दुख
दुहत्थ	324.3	दो हाथों से
दुहुं	101.1	दोनों
दुहु	45.2, 204.1	दोनों
दूत	168.3	
दूपा	63.2	
दूरि	313.2	
दूव	177.1	दोनों
दे	61.2, 193.3, 369.5	देकर

देइ	80.1, 108.2	
देउ	165.3	
देख	306.1	
देखत	90.3, 130.4	
देखते	18.4	
देखि	48.3, 79.3, 173.1	
देखिन	73.4	
देखिय	384.4	
देंतु	174.4	देते हैं
देय	177.1	
देयानि	147.2	
देव	162.1, 205.4, 286.4, 308.1, 322.5, 331.2, 345.3	
देवरउ	320.5, 308.1	देवल
देवाल	18.2	देवालय
देवि	311.2	
देश	9.2, 13.1	
देस	68.1, 100.3, 223.2	
देहि	145.6, 192.2, 274.5	
दैत्य	11.1	
दोह	112.2	दो
दोख्र	54.2	दोष
दोह	58.2	दोनों
दोह	197.2	दोनों
द्वादसनि	337.4	
*द्विजराज	161.4	
द्विय	321.1	
द्रवु	72.4	द्रव्य
द्रवे	72.1	द्रवित हुए
द्रव्व	67.2, 144.2	द्रव्य
द्रम	137.3	द्रुम
द्रिग	71.2	दृग
द्रिगपालह	337.3	दिगपाल
द्रिस्टि	190.1, 271.2	दृष्टि
द्रुमं	263.3	
द्रुम्म	252.2	द्रुम

ध

धंकने	138.1	
धज्ज	332.1	धज
*धन	94.1, 312.1	
धनिध्धनी	132.3	धन्य धन्य
धनिय	330.6	धनिक
धन्नि	132.3	धन्य
*धनी	270.6	
*धनु	70.2, 343.2	
धनुक्क	118.1	धनुष
धनुख	56.2	धनुष्
धनुह	317.5	धनुष्
धने	138.1	
धमं	135.1	धर्म
*धर्म	13.4	
धर्मह	229.1	
*धर्माथेषु	188.1	
*धर	12.1, 98.3, 276.2, 304.1, 313.2, 317.2, 333.2, 336.1	धरा
धरम्मह	130.1	धर्म का
धरंगं	264.1	
धरंति	65.4, 135.1	धारण करते हैं
धरण	278.2	धरणी
*धरणि	276.2	
धरनह	310.1	धरणी पर
धरनहि	333.2	धरणी पर
धरनि	98.2, 299.3	
धरवी	250.2	
धराखित	160.3	धरा-क्षेत्र

धरिनि	131.2	
धरिय	131.2	धर लिया
धरे	23.3	
धरो	224.4, 275.6	
धरयो	134.4	धारण किया
धव	112.4, 346.4	
*धवल	333.6	
धवली	317.1	
धा	132.3	
धाइ	170.1, 309.4, 314.2	दौड़कर
धाई	227.1, 340.2	दौड़ी
*धातु	70.2, 175.3	
*धार	37.3, 133.3, 173.3, 304.1, 315.5	
धारनि	315.1	
धारि	333.2	
धावत्त	320.2	दौड़ता है
धावंतहि	315.2	
धावतै	157.4	
धावै	233.2	
धावर	317.4	धवल
*धीर	307.4, 318.4	
धीरत्तनु	182.1	धीरता
धुंधरिय	218.4	धुँधला
धुंसनं	200.1	
धुकंत	333.2	
धुंनं	282.2	ध्वनि
धुनि	128.1, 195.1, 312.1	ध्वनि
धुनी	22.2	ध्वनि
धुन्यो	311.6, 333.5	धुना
धुप्पदं	136.3	ध्रुपद
धुम्मिलि	318.4	धूमिल
धुरंगा	236.3	

धुरक्की	159.4	
धुरि	13.4	
*धुरी	157.4	
धुरे	294.3	
धुल्लिय	71.2	
धुव	97.2	ध्रुव
धुवंति	73.2	
धूधरियं	206.2	
*धूम	343.1	
धूव	68.1	ध्रव, ध्रुपद ?
*ध्यान	18.3	
*ध्रुव	4.1	

न

नं	135.1	
नंखिय	120.2	नष्ट करना, रोकना √नश्
नंग	31.4	नग्न
नंगा	61.2	
नंदा	103.4	
*न	73.2, 87.4, 289.3, 290.2, 3	
नखं	53.1, = नख	
नखंनख	79.1 = नखशिख, पूरा-पूरा	
नखी	191.4, 249.2, 292.1	√नश्
नखो	328.2	
नख्खहि	71.3	
*नग	48.1	
नग्ग	77.1	
*नग्न	78.1	
*नगर	44.2	
नच्चए	68.4	नाचते हैं
नचै	224.4	

नछत्तनु	255.1	नछत्राणि
नट्ट	136.1	नट
नट्टरी	134.2	नर्तकी
नट्टै	19.4	नष्ट होता है
नतम	29.4	
नथुंग	132.2	
नदं	96.1	
*नदी	44.1	
ननारे	258.3	
+नफेरी	226.1	नफीरी
*नभो	3.5	नभ
नमस्कारं	60.3	
नय	59.2, 229.2	
नयनं	105.1	
*नयन	85.3, 112.1, 227.3, 229.2	
नयन्न	112.1	नयन
नयर	32.1, 60.4, 70.1, 150.2, 182.1	नगर
नयरि	43.2, 90.4	नगर में
नयो	299.1	नमन किया
नरं	240.1	
नर	18.2, 59.2, 63.3, 89.4, 166.2, 300.5	
नरघरनि	44.2	नरगृहिण
नरसिंघ	4.1, 269.2	नृसिंह
नरिंद	69.2, 112.1, 122.2, 138.4, 149.4, 173.3, 246.1, 286.2, 307.4, 317.5, 318.3	नरेन्द्र
नरे	138.4	नराः
नरेस	9.1, 30.1	नरेश
नरेसुर	274.1	नरेश्वर
*नलिनी	273.1	

*नव	146.2, 272.2	
नवज्जलु	272.2	नयजल
नवतर	317.5	
*नवरस	87.2	
नवमी	322.1	
नवारंग	226.1	नया रंग
नहि	123.1, 149.2	
नहिं	330.3	
नहीं	327.3	
नही	299.5	
नन्ह	332.2	
नाखिया	325.2	नष्ट किया
नाग	118.1	
नागवर	259.2	
नागरी	88.3	
नागर	44.2	
नाटय	143.1	
नाथो	100.1	
नाना	325.2	
नाम	323.2	
नामिय	297.1	
नामे	156.2	झुके
नायिका	63.3	
नायो	86.2, 298.1, 302.1, 304.2	झुकाया
नारं	250.1	
नारंग	54.3	
नार	78.3	
नारद्द	223.4	नारद
नारयन	320.4	
नारि	67.3, 73.3	
नारि	251.2	
नांव	170.1	नाम
नासं	263.3	नाश

शब्द	संदर्भ	अर्थ
नास	106.1	
नासिका	39.1	
नासुराहं	98.2	
नास्ति	194.1	
नाह	173.3	नाथ
नाहि	227.2	
नाइ	85.2	नत्वा, नमन करके
नानु	315.1	
निंद	139.2	नींद
निंदग	122.1	
निंब	23.1	
नि	77.1	
निकट्टे	295.3	निकट
निकत्थ	113.1	
निकस्सि	286.2	निकलकर
निघट	318.6	
निघट्टिया	269.6	वध किया
निट्ठुरं	244.1	निष्ठुर
निडर	304.6, 337.2	
निड्ढरहि	293.3	(नाम विशेष)
नितंब	53.3, 126.2	
*नितंबिनि	130.2	
नित्त	110.6	नित्य
नित्ति	223.4	गृत्य में
नित्तु	130.2	नृत्य
निद्र	92.1, 93.2	निद्रा
निद्रा-दलं	141.2	
*निधि	310.2	
निनारा	157.1	
निनारे	264.1	
निवरंत	333.3	निबटना
निभान	10.3	
निम्मयी	45.2	निर्मित किया
निम्मलं	53.1	
निय	29.3, 45.1, 139.2	निज
निरखि	48.1, 94.4	निरीक्ष्य
निरक्खि	136.1, 172.1	
निरक्खियं	132.3	
निरक्खिय	131.2	
निरख्खहि	78.3	
निरत्त	136.2, 343.2	नृत्य, निरत
निराठ	305.1	
निरुप्पहि	345.2	निरूपित करता है
निबड्डि	208.1	निवृत्त
*निर्वात	49.2	बिना वायु का
निर्वान	317.5	निर्वाण
निसंक	189.1, 204.6, 309.6	निःशंक
निसंत	196.1	निशान्त
निस	143.1	निशि
निस-के	64.1	
निसा	8.1, 127.1, 203.3	निशा
निसाचरे	242.2	निशाचर
निसाहर	223.1	निशिहर
निसान	10.2, 223.1, 277.2, 297.1	वाद्य विशेष
निसानह	202.1	
निसि	81.1, 82.1, 267.1, 268.1, 270.3, 322.1, 346.3	
निसुरत्त	102.4	
निसे	206.3	
निसेधाइ	179.2	निषेध
नींद	270.3	
नीच	171.4	
नीवि	22.1	
नीरं	326.3	
*नीर	12.4, 13.2, 33.1,	

	273.1, 320.5	
*नीलं	56.1	
*नील	265.2	
नुरे	204.4	
*नूपुर	344.1	
नूपुरा	115.1	
नेनयं	138.3	
नेरी	226.3	
नेह	54.2, 272.2	स्नेह
नैन	49.2, 63.3, 172.1, 290.4, 325.2	नयन
नोपुर	133.2	नूपुर
+नौबति	81.1	नौबत
नौमि	292.2	नवमी
न्याइ	99.4	न्याय
न्रितावत	169.4	नचावत
न्रिति	69.1	नृत्य
न्रिति	69.1	नृत्य
न्रित्त	66.2, 67.1	नृत्त
न्रित्तनी	226.2	नर्तकी
निन्रप	11.1, 83.2, 196.1, 112.4, 117.1, 139.2, 148.1, 101.1, 310.1, 219.1	नृप
न्रिपति	11.5, 105.1, 124.2, 150.1, 255.1, 318.6, 332.5, 340.3	नृपति
न्रिपु	128.1	नृप
न्रिप्पु	182.2	नृप

प

पंकं	241, 263.1, 304.4	कीचड़
पंखिण	228.3	पक्षी (बहुत)
पंखी	159.1	पक्षी
पंग	246.1, 253.1, 254.1	जयचंद
पंगनि	339.1	
पंगह	334.1	
पंगरे	290.4	
पंगुपुत्रीय	179.1	संयोगिता
पंगुर	184.1	जयचंद
पंगुरा	274.4	
पंगुराइ	92.3, 169.1	
* पंगुरो	49.1, 173.3	
पंच	279.3, 315.7, 37.6	
पंचसर	318.6	
पंचास	108.2	पचास
पंजरि	29.2	
पंड	59.3	पांडव
पँडीर	209.1	पुंडीर
पंडुए	161.1	
पंडुरे	261.1	
पंडुरी	34.1	
पंति	138.2	पंक्ति
*पंथ	256.3	
पक्ख	177.1	पक्ष
पक्खर	228.1	घोड़े का झोल
पक्खरउ	149.4	
पक्खरे	156.1	
पक्खरइ	319.1	
पखर	153.1	
पख्खि	68.4	पक्षी
पख्खे	238.2	पक्षे
पखी	250.2	पक्षी
पग्ग	326.3	पंग
पच्छमी	158.1	पश्चिमी
*पट	70.2, 144.1	
पटोर	73.3	रेशम

पठावहि	168.3	भेजना
पट्टन	70.1	पत्तन, नगर
पट्टने	66.4	पत्तन में
पट्ट्ट	277.6	पट्ट
पट्टे	234.3	
पट्ठिअ	318.6	भेजा
पट्ठिए	248.3	भेजे
पता	140.4	
पति	193.4, 278.5, 281.2	
पतिग	142.1	प्राप्त, पहुंचे
पतो	273.1	
पत्त	33.1, 68.4, 94.1,	
	17.2	पत, प्रतिष्ठा
पत्ति	332.5	पति
पत्तिय	193.3	पति
पत्ते	293.1	
पत्तु	337.3	
पत्थं	294.1	
पत्थि	284.3	
*पथ	171.2	
पथिक	271.2	
पनिहार	43.3	
पनी	284.3	बनी
पपठो	279.1	
पमः	159.1	
पमुति	333.3	
पम्बर	283.3	
पयंपि	179.1	प्रजल्प्य
पयदल	254.2	पैदल
पयाणहि	287.2	प्रयाण
पयाल	232.1	पाताल
पयालह	22.2	पाताल का
पयालपुरं		पातालपुर
*पर	314.3	

परइ	112.3, 180.1	
परगे	369.3	
परच्चए	68.3	प्ररक्त
परणिं	279.5	
परणेवा	200.2	
परत	300.1, 303.2, 210.1,	
	311.3, 317.6,	
	331.1	पड़ते ही
परंउ	304.4	पड़ता है
परतंग	117.3	
परनाम	85.4	प्रमाण
परनि	5.2, 200.1, 317.6	
परप	228.2	
परमं	316.1	पराया
परयो	369.1, 317.1, 324.3	
परस	112.3, 190.1,	
	331.2	स्पर्श
परसंगे	26.3	प्रसंग
परस	320.2	पर (शत्रु) से
परवत्त	91.3	पर्वत
परहि	315.3	पड़ता है
पराकृति	344.3	प्राकृत
परि	282.1, 283.3, 313.5	
पारिग	268.1, 333.1,	
	318.6	पड़ गए
परिणि	274.6	
परिहार	316.1	
*परी	229.3, 286.3, 289.2,	
	307.4	
परे	258.4, 262.1, 264.1,	
	323.2	पड़े
पसर	128.2	प्रसार
पसरी	94.1	
पसंचनं	135.2	

*पश्चिम	124.2	
पल	7.1, 81.1, 322.5	
पलिछ	105.2	पलायन करना
पलिति	340.3	पलायन
पलौ	269.2	पलायित
पल्ल	242.1	
पल्लं	249.1	
पल्लये	242.1	
पल्लमि	307.3	
पल्लनि	337.3	
पल्लान्यो	309.1	
पवंग	283.3	
*पट्ट	12.3, 314.2	
पहट्ठा	517.1	प्रहृष्ट
पट्टन	71.1, 306.1, 307.3, 314.2	पत्तन
पट्टनु	309.1	पत्तन
पहर	317.6	प्रहर
पहारं	100.4	प्रहार
पहार	335.2	प्रहार
पहारे	204.4	प्रहार किया
पहि	136.1	
पहिचान्यो	149.1	
पहिलइ	269.6	पहले ही
पहिली	315.1	पहली
पहिल्ले	299.1	पहले
पहु	13.1, 307.1, 315.1, 330.3	प्रभु
पहुक्कहि	343.4	
पहुचे	279.5	
पहुच	72.1	
पहुरण	336.1	
*पत्र	273.1	
पांवार	3.4	परमार

पांवॉ	332ण2	परमार
पाइ	175ण2ए 279ण1	पा व से
पाई	102ण4	
पाट	235ण2	
पात	335ण1	
पाताल	198ण1	
पाकेारी	326ण1	
पान	33ण1ए 145ण6	
पानि	51ण3ए 171ण3ए 190ण1ए 264ण1ए 332ण4	पाणि
पानी	55ण4	
पानु	123ण1	
पान	25ण5	
पाये	278ण2	
पायक्क	17ण2	पायक
पायसं	246ण1	
पायो	83ण3ए 298ण2	
पार	263ण1	
पारंभतं	295ण4	
पारवी	253ण1	
पारफेकी	253ण1	
पारिथ्थयै	274ण5	पार्थृ
पारकेाी	270ण6	
पारस	281ण2ए 320ण4	
पारसी	253ण1	
पारत्थि	256ण3	
पारि	326ण4	
पारियै	324ण2	
पारी	61ण4	
पारे	255.1, 265.2	
पालखी	253.1	
पाल्हंभ	269.5	
*पावन	333.4	
*पावस	191.4, 239.2	
पावसे	56.2	

पावार	334.1	
पावास	317.4	
पावै	261.4	
पास	133.4, 185.1	
पासि	172.2, 176.2	
पिक्खउ	309.5	देखा
पिक्खियहि	44.1	देखा गया
पिक्खयो	149.2	देखा
पिक्खि	17.2, 279.4	देखकर
पिक्खिउ	307.2	देखा
पिचारे	265.1	ललकारे
पिछान्यो	309.2	पीछा किया
पिछोरिय	306.1	
*पिंड	108.2, 329.2, 332.2	
पिट्ठ	244.2	पीठ
पिना	140.3	
पींडी	54.3	
*पीत	133.4, 284.3, 286.3	
पुच्छ	47.3, 199.4	पूछ
पुच्छइ	107.2	पूछता है
पुच्छन	83.1, 87.2, 168.2	पूछना
पुच्छे	168.2	पूछा
पुज्जए	171.2	पूजा
पुज्ज	171.4	
पुट्ठि	164.1, 293.4	पुष्ट
पुट्ठिवै	297.1	
पुंडीर	303	
*पुण्य	18.1, 101.2	
पुत्त	147.2, 291.1	पुत्र
पुत्ति	169.1, 173.4	पुत्री
पुन	193.3	पुनः
पुनप्पि	171.4	
*पुनर्	31.2	
पुनर	141.1	
पुनंजरि	229.4	

पुनरजन्म	47.1	पुनर्जन्म
पुनि	152.2	पुनः
पुब्ब	13.1	पूर्व
पुब्बहि	14.2	पूर्व को
*पुर	120.2, 124.2, 126.2, 281.2	
पुरख	112.2	पुरुष
पुरखि	121.1	पुरुष
*पुरंदर	32.2	
पुरह	179.1	
पुरा	115.1, 141.1	
पुरिखन	120.3	पुरखे
पुष्फंजलि	131.1	
पुव	271.3	पूर्व
पुवावहि	78.2	
पुहवि	163.1	पृथ्वी
पुहुप	31.2	पुष्प
*पुत्रि	196.1	
*पुत्री	200.2	
पूछहि	169.2	
पूजंत	59.2	
*पूजा	31.2	
पूरन	76.2	पूर्ण
पूरि	285.2	
पेज	313.1	
पेत्त	197.1	
पोखनं	140.2	
पोति	171.6	
*प्रकार	76.2, 77.1	
प्रगट	310.1, 329.2	प्रकट
प्रगट्टं	292.3	प्रकट
प्रजंक	344.3	पर्यंक
*प्रजा	95.3	
प्रतक्ख	174.3	प्रत्यक्ष

प्रतख्ख	40.1	प्रत्यक्ष
प्रतच्छ	137.4	प्रतक्ष
*प्रतिपालं	28.3	
प्रतिबिंबित	307.2	
*प्रतिहार	5.3, 85.4	
*प्रतीत	170.2	
प्रथिराज	194.2	पृथ्वीराज
प्रनाम	86.2	प्रणाम
प्रनि	301.1	
*प्रभु	131.1	
प्रमादित	345.1	
*प्रमाणं	19.2, 323.1	
प्रमान	42.2	प्रमाण
प्रमानिम	86.3	
प्रवान	5.2	प्रमाण
*प्रवाह	89.3, 153.2	
प्रवाहे	51.2	
*प्रवासी	154.1	
*प्रवाल	94.1	
प्रवाहि	197.2	प्रवाह
प्रविन	197.1	प्रवीण
*प्रवीण	344.4	
प्रवीन	137.3	
प्रवेसह	163.4	प्रवेश
*प्रसन्न	85.5	
*प्रसार	244.2	
*प्रसंगा	61.1, 223.4	
प्रसंगु	170.2	
*प्रहार	15.1	
प्रहारे	154.2, 233.1	
*प्राकार	55.2	
*प्राण	197.1, 156.1, 251.2	
*प्रात	59.2, 81.1	
प्राति	142.1	प्रात

प्रान	141.4, 174.4	प्राण
प्रानि	234.4	
प्रिथिराज	292.2, 312.1	पृथ्वीराज
प्रिथी	346.2	पृथ्वी
*प्रिय	167.3, 195.2	
* प्रियजन	195.2	
*प्रौढ़	346.3	

फ

फनिन्द	166.1	फणीन्द्र
फन्दै	157.1	फन्दा
+फवज्जि	208.1	फौज़
फिर	129.1	
फिरि	121.1, 169.2, 189.2, 191.1, 336.5	
फिरिउ	332.2	वापस आया
फिरिग	178.2	
फिरिय	195.2	
फिरै	55.4	
फिरयो	299.3	
फुट्टे	304.1	
फुरंक्की	157.4	
फुरहि	313.3	
फुल्लधर	94.2	
फुल्लये	243.1	
फूल्यो	15.1	
फेरहीं	16.2	
फेरि	175.1, 105.1	
फेरी	226.1	

ब

बंकिम	148.1	
बंकुरे	112.1	बाँकुरे
*बंध	109.1, 230.1, 346.4	

बंधइ	186.2	बाँधता है
बंधई	236.3	
बंधउ	320.5	
बंधए	176.3	
बंधयो	245.2	
बंधि	101.1, 103.3	
बंधे	100.4	
बंधै	17.2	
बंध्यो	101.1, 269.5	
बन	283.2	
बंब	284.1	
बंबर	206.3	
बंभ	201, 136.2	ब्रह्मा
बइट्ठ	97.2	उपविष्ट
बइठो	307.1	
बक्क	33.2	यक्र
बजावहि	68.2	बजाते हैं
बज्ज	148.2	वज्र
बज्जपति	148.2	वज्रपति
बज्जे	223.3	बजे
बत्तीस	110.1	
बत्थै	258.1	
बनाई	50.4	
बर	147.1, 284.1	
बरनै	159.3	वर्णन करना
*बलं	10.2, 161.2, 17.6, 313.2	सेना
बलनि	165.1	बल (बहुत)
*बलि	110.5	बलि जाऊँ
*बहु	57.1, 74.1, 187.3, 144.2, 224.1, 228.1, 314.1, 338.2	
बहुत	3.2, 145.3, 193.2	
*बाजी	160.3	घोड़ा
बात	377.1	
बान	101.1, 250.2, 261.3	
बानै	17.2	बान चलाने वाले
बारह	336.3	
बारी	61.3	वाली
बारे	64.4	द्वारे
*बाल	191.1	
*बाला	95.2, 188.2	
बालु	241.2	
बाहं	250.2	बाहु
बाहर	313.6	
*बाहु	199.2, 228.2	
बिचारि	170.1	
बिट्ठयह	67.2	बैठते हैं
बिनु	112.3, 330.1	बिना
बिंबह	78.4	बिंब का
बिंबेन	316.2	बिंब से
बिसरी	206.2	विस्मृत
बीच	88.1	
बीय	38.2, 50.4	द्वितीय
बुज्झियइ	275.6	बूझता है
बुझ्यो	6.1	बूझा
बुंद	304.4	बूँद
बुधि	87.3	
बुलंति	133.2	बोलते हैं
बुल्लिय	151.1	बोला
बे	112.3	दो
बेलि	72.3, 94.1	वल्ली, लता
बैकुंठ	303.1	
बैन	64.1	वचन
बैरख	284.1	
बोझ	275.6	
बोलं	50.2	
बोल	274.5	
बोलते	252.2	

बोलु 274.1

बोहित्थ 313.6 बोहित, नाव

भ

भंग 46.1, 115.1 भग्न

भंगहि 274.1 भग्न करता है

भंज्यो 99.2 भग्न किया

भंजिअ 317.6 भग्न किया

भंडि 89.4 भ्रष्ट करके

भंति 115.2, 315.7 भ्रान्ति

भइं 336.4 हुई

भइ 50.1, 315.7, 299.5 हुई

भइत 8.2 हुई

भई 346.4 हुई

भउ 149.5, 317.6 हुआ

भक्खी 150.2, 328.2 भक्षण किया

भख 79.2 भक्ष्य

भखी 249.1 भक्षण किया

भखे 248.2

भख्यो 209.1, 325.4

भगंत 243.1 भागते हैं

भाग्यो 330.1 भागे

भग्ग 330.2 भग्न

भाग्गयो 245.2 भागे

भग्गे 324.4 भागे

भग्गै 18.4 भागते हैं

भजि 46.1 भागकर

भज्ज 5.2 भाग

भट 275.3, 281.1 भट्ट

*भट्ट 121.2, 144.2

भट्टि 14.2 भट्ट

भणणंकिय 285.1 नादानुकृति

भत्त 247.2 भ्राता

भद्दव 202.2 भाद्रपद

भनंति 138.2 भणन्ति

भमर 31.3 भ्रमर

भमै 261.4 भ्रमता है

*भय 29.1, 121.1, 153.1, 209.1, 288.3, 375.1

भयउ 167.4 हुआ

भयत 127.1 हुआ

भयी 323.1 हुई

भयो 306.2, 311.4, 266.2, 318.5 हुआ

भरं 240.1 भट

भर 125.1, 318.5, 322.2, 322.4 भट

भरतं 265.1 भरत

भरति 313.2 भरती है

भरतार 45.1 भर्त्ता

भरंति 33.1 भरते हैं

भरन 270.2, 330.5, 334.2 भराव

भरयं 203.2

भरयो 336.5 भर गया

भरहिं 10.2, 32.4 भरते हैं

भरि 169.1, 101.3, 199.1 भर कर

भरिउ 313.6

भरियं 316 भरित

भरी 34.1

भरे 26.1, 181.1, 290.4, 334.4

भला 149.6

भल्लि 103.1

भल्ली 235.1

भले 325.4

भवं 203.4 हुआ

*भव 21.4

भवंति	132.4, 133.3	भ्रमन्ति
भंवर	301.2	भ्रमर
भवह	318.5	
भाइ	66.3, 74.1, 67.2, 167.4	भ्राइ
भाई	144.1	
भाख	80.1, 87.2	भाषा
भाखन	80.1	भाषण से
भाखि	345.3	भाषा
भाजं	29.1	भानना
भागि	149.4, 302.5	भागकर
भाणं	266.3, 285.3	भानु
भाणु	287.2	भानु
भानं	267.1, 317.2, 261.3	भानु
भानु	268.1	
भाने	295.1	
*भार	79.3, 141.1, 244.2, 291.2, 316.1	
भारत्थ	59.3	भारत
भारत्थि	294.1	भारती
भारह	336.4	भार
भारे	264.2	भाले
भारो	324.1	भारी
*भाव	53.1	
भावर	285.3	भाँवर
भावरी	176.4	भाँवरी, फेरी
भाषा	88.4 *	
भिथ्थरं	244.2	भीतर
भिद्दिहै	6.2	भेदेगा
भिर	125.2	भिड़ा
भिरग	63.2	भिड़ गया
भिरनं	318.5, 315.7, 322.5	भिड़ना
भिरयो	327.3	भिड़ा

भिरे	324.4,299.4	भिड़े
भिल्ली	26.2	भिल्लिनी
भछ	274.4	
भीर	247.1, 289.3, 303.2, 307.4, 326.4	
भीने	190.4	
भुअंगह	276.2	भुजंग
भुइ	337.2	भूमि
भुज	208.3, 326.4	भुजा
भुजदान	332.3	
भुजपति	149.5	
भुयति	246.1	
भुम्मिहि	125.2	भूमि पर
भुल्ल	162.2	भूल
भुल्लयो	163.1	भूला
भुव	48.3, 148.1, 336.5	भुवन
भुवंग	42.2, 276.2	भुजंग
भुवहि	198.3	भुवन में, धूमि में
भुवाल	317.2	भूपाल
भुल्लि	14.2	भूलकर
भुल्ले	17.4	
भुल्लै	63.4	भूलता है
भूखन	133.3, 100.2, 272.3	भूषण
भूखै	90.2	भूखे को
भूदंड	17.1	भुजदंड
*भूप	62.2, 109.1, 121.7, 142.2	
*भूपाल	64.4	
*भूमि	137.4, 294.1	
भूलि	103.1	
*भेक	239.2	मेढक
भेख	306.2, 333.3	वेश
भेजु	138.2	

भेद	133.1, 134.1	
भेदनं	133.1	
भेदि	302	
भेरि	285.1	
भेस	301.2	भेस
भो	198.1, 328.1	हुआ
भोग	270.2 *	
भोगि	319.2	
भोज	243.2	
भोजु	327.3	
भोह	40.2	
भोहाउ	328.1	भौंह
भौन	189.1	भवन
भौह	112.1	
भौंहनि	288.2	
भ्रमिग	13.1	भ्रमित हुआ
भ्रिंग	31.1, 127.1	भृंग
भ्रित	27.3, 167.5	
भ्रित्य	18.2	भृत्य
भ्रिति	346.4	भृत्य

म

मंगलिक्क	176.1	मांगलिक
मंगई	10.4	मांगता
मंगन	25.5 (भीख) मांगने वाला 105.2	
मंगति	200.1	
*मंगल	96.3, 97.1, 270.2, 272.4, 278.2	
मंगली	278.1	मंगलमय
गिहइ	123.2	मांगेगा
मंगुली	277.6	मंगली
*मंच	322.2	
*मंजु	344.2	

मंजन	21.2, 30.1	मज्जन
मंजरि	29.3	मंजरी
*मंजीर	55.1	
मंझ	71.1, 318.4	मध्य
मंडउं	303.4	मंडित करूँ
*मंडन	45.1, 151.1, 339.1	
मंडनु	272.3	
*मंडपे	244.1	
मंडपै	58.3	
*मंडली	137.1, 323.3	
मंडि	94.3, 131.1, 272.3	
मंडियइ	272.2	
मंत	232.1, 242.1	मंत्र
मंती	89.3	मंत्री
मंदियवर	272.1	
*मंदिर	330.5	
मंदु	11.4, 12.1, 55.2, 345.1	मंद
मंदे	27.2	
मंधउ	320.3	
मयंक	176.2	
मयंदं	53.4	
मंस	263.2	
म	43.1	
मइंद	112.2	
मकरादि	203.2	
मग्ग	14.1, 25.3, 274.2	
मग्गन	112.4	
मच्छति	313.3	
मज्झ	52.4, 334.2	
मज्झहि	77.2, 183.1	
मज्झि	77.4, 206.4, 271.1, 173.2	
मज्झे	225.2	

मानो	320.4		मीचु	379.2
मानहि	311.5		मीन	34.1, 63.2, 162.1, 164.1
मारंती	269.3		मीननु	163.2
मारि	274.4		+मीर	193.3, 261.1, 268.2, 290.1
मारुव	320.3	मारुत, मारू देश	मीलिना	95.2
मारे	259.4		मुअ	320.6
*माल	17.1		मुकट	149.3
मालसी	175.3		मुकति	28.1
माल्हंत	323.3		*मुकुट	109.1
मालिनं	137.2		मुक्कउँ	152.1
माले	317.1		मुक्कहि	115.2
*मास	110.1, 138.4		मुक्कही	116.1
माहिप	284.2		मुक्कि	186.2
माहिरि	208.2		मुक्किय	292.3
माहिसह	278.4		मुक्के	163.2
मिटयौ	280.1		मुकै	185.4
मित्ति	207.2		मुक्ख	177.3
मितु	343.2		मुक्खनं	138.4
मिद	241.1		*मुक्यो	300.2
मिमिलिसु	344.2		मुख	27.1, 129.2, 139.2, 191.3, 270.4
मिरगी	66.1		मुखहँ	105.2
मिलत	183.2		मुखी	250.1
मिलनु	302.2		मुगनकलहि	94.6
मिल्लहि	80.1		मुच्छ	270.4
मिल्लान	145.1		मुच्छरिया	207.4
मिलि	25.2, 81.1, 272.3, 288.2		मुच्छति	317.3
मिलिउ	330.1		मुच्छार	180.2
मिलिग	11.3		मुंड	302.4
मिलिय	203.2		मुंडे	232.1
मिलिय	318.2		मुतिय	31.3
मिल्ली	235.2		मुत्ति	371.1, 39.2, 47.2,
मिले	258.1			
मिल्ले	290.1			
मिसि	343.4			

	118.2, 137.3, 163.2, 171.3, 238.1	
मुत्तियं	58.4, 144.1	
मुद	272.4	
मुदरत	55.4	
मुदित	8.1, 117.1	
मुद्ध	137.1	मुग्धा
मुंज	271.4	मुग्धा
मुनारे	255.2	
*मुनि	125.2	
मुरयो	299.5	
मुराली	264.4	
मुरि	299.2	
मुह	208.2	
मुंद	184.51	मूँद
मूँद	192.3	
*मूल	94.2, 180.3	
में	23.2	
*मेघ	257.4	
मेछ	249.1	म्लेच्छ
* मेध	238.2	
*मेनका	66.2	
मेर	125.2	मेल
मेलि	274.1	
मेह	105.2, 234.4	मेघ, बरसात
मै	275.4	
मैमंतो	275.3	मदमत्त
मो	119.2, 275.5, 302.3	मेरा
मोउख	343.1	
*मोचने	49.1	
मोज	176.1	मौज, लहर
मोर	71.3, 177.4	मयूर
मोति	70.1	मोती

मोरित	71.3	मुड़ा
मोरियं	256.1, 286.1	मोड़ा
मोरी	327.1	मोड़ो
मोरे	274.4	मोड़
मोल	37.2	मूल्य
मोह	51.2, 143.1, 175.4	
मोहि	169.4, 187.2, 275.1	मुझे
मोहन्न	54.1	मोहन
मोहिन्नि	47.2	मोहिनी
मोहिनि	146.2	मोहिनी
*मोहिनी	188.2	
मोह्यिं	224.2	मोहितं
मोहिल्ल	320.3	
मोहए	36.2	मोहित हुए
म्रित	329.1	मृत
म्रिग	11.2	मृग
म्रिदंग	67.3, 138.1, 223.3	मृदंग
म्रिदु	55.2	मृदु

य

य	141.3	यो
*यज्ञार्थे	188.1	यज्ञ के लिए
*यतो	273.1	जहाँ
यत्त	293.3	यत्र
यह	57.2	
*यामिनी	7.1	
युव	345.1	
युवति	271.3	युवतियाँ
यूं	32.1, 185.4	यों
यूथ	345.1*	
येह	63.4	यह
*यो	137.4, 330.2	
*योग	340.1	
*योगिना	147.1	

योगिनीपुरे	246.2	दिल्ली
*योजन	7.2	

र

*रंग	31.4, 164.1, 171.2, 176.1, 232.2, 258.4, 310.2, 320.1	
रंगा	224.1	
रंगि	173.1	
रंगिनी	241.2	
रंगी	262.1	
रंगीय	54.3	
रंचउ	93.1	रंचक, कुछ
रंजहु	92.3	रंजन करो
रंजरि	29.4	
रंत	54.2, 134.3, 140.3, 171.2, 265.1	रम्भा
रंभया	34.2	रम्भा
रंभसु	25.2	रमस, वेग
रक्खण	230.1	रक्षण, रखना
रक्खहु	123.2	रखो
रक्खहि	274.2	रखते हैं
रक्खूं	123.1	
रक्खै	276.1, .2	
रक्ख्यो	53.4, 277.4, 340.2	
रखत	124.1, 276.6	
रखन्ति	204.1	
रखी	191.3	
*रघुवंश-कुमारह	83.2	
रचि	304.5	रचकर
रच्चीन	55.4	अनुरक्त
रच्यो	208.3	रचा
रजपूत	3.6, 149.6	राजपूत
रठि	335.1	
रठोर	305.1	राठौर
*रत	322.5	लीन
रतन	60.1	रत्न
रतने	15.1	रत्न
*रति	139.2, 346.3	
रत्त	56.1, 89.2, 262.1, 293.4, 318.5, 322.5 (अनु) रक्त	
रत्तउ	90.3, 338.4	अनुरक्त हुआ
रत्तए	38.1	
रत्तिया	35.2	
रत्ती	59.1	
रत्त	332.4	
रत्ते	87.3	रथ
रत्थि	319.2	रथ
*रथ	80.2, 309.6	
*रद	316.2	
रनंकि	166.2	नादानुकृति
रन	107.2,	रण
रनह	320.1	रण में
रयणी	267.1	रजनी
रयणि	270.1	रजनी
रयन	320.1	रत्न
ररे	331.2	रटे
रव	167.3, 333.3	ध्वनि
रहइ	32.2, 106.2, 120.2	रहता है
रहणो	280.2	रहना
रबि	332.6	
रवि-मंडल	6.2	
रविवार	1.1	
रहनि	46.1	
रहवो	270.4	
रहहि	43.1, 82.2	

रहहिं	45.2	
रहि	46.1, 79.2	
रहिउ	320.6	
रहित्त	119.1	रहित
रही	89.4	
रहु	309.4	रहो
रहे	180.2, 276.1, 321.2	
रहै	74.4, 145.5, 274.5, 276.5	
रह्यो	94.2, 330.4	
*रस	80.2, 89.2, 112.3, 129.1	
रा	257.3, 277.5	राज, राजा
राइ	67.2, 98.2, 161.1, 184.1, 274.6, 277.4	राजा
राइन	125.1	राजन
राउ	13.3, 170.2, 270.3, 325.1	राजा
राएसु	281.2	राजा के लिए
*राका	49.4	
*राग	39.1, 65.3, 159.3, 224.3	
*राज	145.1, 146.6, 256.1, 345.4	
राजन	999.1, 338.3	
राजनु	192.2	
राजपुत्ति	168.2	राजपुत्री
राजयो	136.3	विराजित हुआ
*राजस	292.3	
राठोर	103.3, 120.2, 209.3, 336.1	
राडि	269.6	रारि, कलह
*रात्र्यंगता	140.4	गते रात्रौ
राना	326.1	राणा
रानि	145.4	रान
राने	367.2	
*राम	112.3	
राय	141.4, 248.4	
रारि	323.1	कलह
रारी	270.2	कलह
राव	103.4, 276.6	राजा
रावत	320.1	राजपुत्र
रास	139.1, 320.1	
रासा	246.1	
रासि	44.1, 63.1, 175.3	राशि
राहं	249.2	राजि
राहं	332.1	राहु
*राहु	110.2, 183.1	
रिउ	334.2	रिपु
रिखि	94.4	ऋषि
रिणथंभु	277.4	रणस्तम्भ
रित	54.2	ऋतु
रिपु	53.4, 105.1	
रिद्धि	175.2	ऋद्धि
रिम	28.3	रित (ऋतु)
रिसि	120.1	रोष से
रोसं	261.2	रोष
*रुंड	302.4, 309.6	
रुंधयो	311.6	रुद्ध
रुक्कियो	307.8	रुका
रुक्यों	307.5	
रुत	278.4	ऋतु
रुदय	272.2	हृदय
रुद्र	293.2	
*रुधिर	313.2	
रुनंति	175.4	
रुने	262.1	रंगे
रुरंति	37.1	रुलंति, हिलना

रुलंति	95.4	हिलना
रुवंत	185.2	रोते हुए
रुप	18.4, 48.3, 173.1, 294.3, 332.1	
रुव	16.9, 44.1, 48.2	रूप
रे	82.1	
रेख	134.3	
रेखयो	133.4	
रेण	284.2	रजनी
रेणु	3.5	
रेनु	180.1	रेणु
रेसम्म	235.1	रेशम
रोम	167.2, 256.2, 182.1	
रोरे	103.1	रोले
रोस	103.2, 256.2, 316.2	
रोह	137.1, 270.6	
रोहि	55.1	रोध°
रोहिनी	48.2	रोहिनी
रोहिया	257.2	रुद्ध किया

ल

लंगरी	61.1	लंगरी राव
लंगी	262.1	
लंतु	174.4	लेते हैं
लंघिया	310.4	लाँघा
लक्ख	82.2, 138.3, 274.6, 299.2	लाख
लक्खन	333.1	लक्ष्मण बघेल
लक्खहि	292.4	लखता है
लक्खिनह	334.2	लक्ष्मण बघेल
लक्खियं	132.4	लखा, देखा
लक्ख्यौ	149.1	
लखिउ	183.2	
लख्खी	249.1, 251.2	
लख्खे	238.1	
लखै	62.1	
लग	276.5	तक
लगि	57.2, 108.2, 302.3	तक
लगे	263.4	
लगै	277.6	
लग्गं	256.2, 256.4	लग्न
लग्गए	39.2, 171.1, 279.2	
लग्गयं	177.3	लगा
लग्गयो		लगा
लग्गहि	73.4	लगता है
लग्गि	33.2	
लग्गियइ	274.2	लगता है
लग्गी	48.1, 48.2, 131.1	
लग्गे	63.1, 66.3, 224.2, 236.2, 247.2, 258.1, 327.4	
लग्गै	18.3, 64.2	
लग्ग्यो	48.4, 330.2, 333.3	
*लघु	247.2	
लच्छि	163.2	लक्ष्मी
लच्छिन	109.1	लक्षण
लच्छी	160.1	लक्ष्मी
लज्ज	119.1	लज्जा
लजये	240.2	लजाता है
*लज्जा	46.1	
लज्जि	58.4	
लज्जी	154.1	
लटापट	141.4	
लता	42.1	
लद्धी	223.2	ली
लपटाई	74.4	
लब्भं	52.3, 255.1, 329.1	लब्ध
लयो	309.3	लियो
लरि	88.1	

लरै	160.1	लड़ता है
लर्‍यो	209.2, 299.2	
*ललनानि	340.1	
लवन्न	117.1	लोने, सलोने
लहंति	37.2	√लभ्
लह	163.3	
लहन्तु	163.2	
लहल्लक	75.1	लकालक, चमकदार
लहि	189.2	
लहे	119.2	
लाख	23.2	
लाखु	67.1	
लागत	340.2	लगता है
लागंति	261.2	
लाज	121.2, 122.2, 152.1	
लाजनु	192.2	
लाजे	257.2	
लाट	41.1	
लारा	155.1	
लाल	28.2, 77.1	
लावहि	192.1	लगती हैं
लाहोर	157.3	
लिअउ	330.3	लिया
लिख्यित	289.2	लिखत
लिय	144.2, 170.1, 284.4 318.2, 330.2	लिया
लियं	203.1, 208.1, 285.2, 288.1	
लिये	3.6	
लियो	311.3	
लिलाट	41.1	ललाट
लीजइ	278.4	लीजिए
लीज	318.2	
लीन	34.2	
लीन्हसि	151.2	लिया
*लीला	31.1	
लुद्ध	271.4	लुब्द्ध
लुब्भवइ	67.4	लुब्ध होता है
ले	2.1, 47.2, 74.2, 196.2, 223.4, 271.4	
लेउ	169.4	
लेखयो	133.3	लिखा
लेहि	9.3, 72.4, 307.1	लेते हैं
लो	88.1, 337.4	
लोह	346.4	
*लोक	337.2, 342.1	
*लोचने	40.1	
लोज	34.2	लोल
*लोभ	76.3, 278.3	
लोयन	311.6	लोचन
लोरी	54.4	
*लोल	49.4	चंचल
लोलंति	263.3	हिलते हैं
लोह	153.1, 251.1, 287.2, 295.3, 327.2	लौह, अस्त्र-शस्त्र

व

वं कुरि	112.2	बाँकुरे
वंके	234.1	बाँके
वंचहि	73.1	बेचते हैं
वंछहि	10.3	वांछा करते हैं
वंदते	31.2	वंदन करना
+वंदा	103.3	बंदा
वंदिअ	168.1	वंदित
*वंदे	27.2	
वंध	85.3, 102.4, 181.1	बन्ध
वंस	96.1, 104.1, 263.2,	

	302.5	वंश
वह	109.2, 314.2	पति
वखानओ	69.1	बखाना
वग	63.2	वक
वग्ग	155.1, 256.1	
वघेल	333.1	
*वचन	181.2	
वच्छ	161.2	वत्स
वच्छनिय	199.4	वचन, वांछा
वजाज	73.1	बजाज
वजे	263.2	बजे
वज्जइ	157.3	बजता है
वज्जंति	155.2	वजते हैं
वज्जए	176.4, 240.2	बजते हैं
वज्जने	164.2	बाद्य
वज्जवै	108.2	
वटी	22.3	वाटिका
वट्ट	181.2, 292.4	वर्त्म, बाट
वड	303.1	बड़ा
वडगुज्जर	337.1	बड़ा गुर्जर
वडितन्नौ	279.5	बड़प्पन
वड्ढी	227.2	बढ़ी
वड्ढे	16.4, 98.1	बढ़े
वढं	265.1	बढ़ा
वत्तरहि	9.2	वार्ता
वत्तिमा	137.2	वर्तिमा (वर्तिका)
वत्थ	125.2	बात
वत्थ	324.4	वस्तु (अस्त्रविशेष)
वत्थइ	279.4	अस्त्र विशेष
*वदनं	247.2	
वद्दर	283.2	वादल
वद्दल	202.2, 207.3, 239.2	बादल
वद्दे	55.2	वाद्य

वधं	224.1	बजं (?), बजे
*वधू	671.2, 276.3	
वद्धए	38.1	वत्तए, वार्ता करते हैं
*वन	80.1, 276.1, 300.2	
वनु	127.1	वन
वनराई	235.4	वनराजि
वपंति	117.2	
*वपु	27.3	
वय	309.5	पति
वयण	128.1	वचन
वरं	224.3	
वरंख़ति	322.2	
*वर	9.3, 13.3, 93.1, 164.2, 167.1, 191.2, 269.1, 308.2, 322.3, 345.3	
वरजं	29.2	बरजा, मना किया
वर्णते	66.3	
वरणनु	315.1	
वरदायि	91.3	वरदायी
वरद्दिया	110.6, 299.6, 302.6	बलद्दिय, वरदायी
*वरदिहह	145.1	वरदाई को
वर्धति	203.4	बढ़ती है
वर्न	119.2	वर्ण
वरन	109.2,, 312.2, 3320.5	वर्ण
वरनन	46.2	वर्णन
वरनह	57.1	वर्ण वाले
वरस	110.1	वर्ष
वरसत	27.2	
वरसिंघ	304.5	वर (नर) सिंह
वरि	169.4, 178.1	वरण करना
वरिय	184.1, 299.2	वरण किया

वरूं	83.3, 85.2	वरण करूँ
वल्लए	176.2	
*वल्लभा	188.2	
वलि	330.3, 340.2	
*वल्ली	235.3	
वह	309.2, 309.6	
वहणो	280.2	वहन
वहि	110.3, 190.4	उस
वहै	261.3	वही
*वाइ	131.1	वात
वाइतु	112.1	
वाउ	202.2	वात, वापु
वाघ	324.3	बाग, वल्गा
वाजने	257.3	
वाजव	143.1	
वाजिन्न	65.4	वाद्य
वाजून	234.2	वाद्य
वाजूनि	234.2	बगे
*वाण	233.3	
*वाद	345.1	
वाना	325.1	वाण
वानि	137.3, 325.1, 340.2	वाणी
वानी	47.2, 55.3	वाणी
वानो	317.3	
*वाम	209.1	
वाय	16.4	वात, वायु
*वायु	345.2	
*वार	59.3, 27.2, 278.2	
*वारह	27.2	
*वारि	139.1, 190.4	
वारी	324.3	
वारु	149.3	वार
*वारे	258.4	वाले
वाल	10.4, 184.1	बाला
वालिता	68.2,	वाद्य विशेष
वालिगा	136.4	वाद्य विशेष
*वास	124.2, 175.3	
वासु	120.3	
वासंत	644	
*वासर	73.2, 75.4	
वाहं	251.1	प्रवाह
वाहत्त	320.2	वहना
*वाहनं	136.2	
वाहे	324.3	
वि	278.1	अपि
विअ	183.2, 294.2	द्वि
विकारे	154.4	विकाल
विक्किस	88.3	
विक्खहर	315.6	विषधर
बिखरे	307.1	
विगावाने	295.1	
विच	284.1	बीच
*विचार	43.1, 60.4, 100.3	
विचारु	169.3	
विधि	22.4	
*विचित्र	26.2	
विचे	49.2	बीच में
विजपाल	134.4, 291.1	विजयपाल
विजर	120.3	
विज्जु	145.5	विद्युत
विटियं	255.2	विखेरना
विंट्टिय	122.2	
विंटयो	268.2, 270.4	
विडरिय	290.2	विखर गई
विडरयउ	333.6	विखर गया
विठे	294.3	
विग्णु	75.2, 287.2	विना

वित्तये	171.3	वित्त
विदिसि	153.1	विदिशि
विदेसी	160.1	विदेशी
*विद्यमान	88.4	
*विद्या	337.4	विद्ध
विधिय	304.4	वृद्धि
विधत्त	205.1	वृद्धि
*विधान	10.4	
विधान	10.3	
*विधि	96.1, 105.3, 179.2, 146.1	
विधिवाल	28.3	
*विधु	13.3, 267.2, 314.2	
विन	94.2	
विंझ	337.5	विन्ध्य
विन्द	128.1	वृन्द
*विंदु	333.5	
विन	191.3	
विनुद्ध	163.1	
विनान	39.1	
*विनश्यंति	194.3	
*विपरीत	346.2	
विप्फुरे	246.2	विस्फुरित हुए
*विप्र	31.2, 147.1	
*विभा	91.2	
*विभूति	147.1	
*विभ्रम	311.5	
*विमानं	236.2	
विमाप	24.4	वृद्धि
विम्भारखी	251.1	विस्मित
विय	50.4	द्वि
*वियोग	241.1	
वियोगिनी	241.2	
विर	314.2	वीर ?
विरि	331.2	विटि ?
विरंचि	81.2	
विरदावली	317.4	विरुदावली
विरहिनी	272.2	विरहिणी
विराज	60.1, 127.1	
विराजहि	313.3, 345.4	
*विराम	132.2	
विरुद्ध	130.2	
विलग्गी	227.4	विलग्ना
विलसि	346.1	विलास करके
*विलास	346.1	
विलग्गे	26.3	विलग्ने
विलसंदे	27.3	विलास करते हैं
*विवर्जित	194.1	
विवहर	197.1	
विविहारे	197.1	व्यवहार
विसताल	224.1	वैन
विसाजयो	136.4	
विसारि	139.2	विस्मृत करके
विसाल	28.1, 77.2	विशाल
विसेस	136.3	विशेष
*विहंग	115.1	
विहना	88.4	विधना, विधि
विहरित	26.4	
विहरे	104.2	
विहि	45.2	विधि
विहु	59.3	
विंहु	336.5	
वीज	238.2	
वीन	65.4, 68.2	
*वीर	68.4, 205.1, 249.3, 291 294.3, 11	
वीरह	205.2	
वीह	276.1	

वुध 97.3
वुधु 20.4 मुधु (?) मुग्धा
*वेगं 292.3 वेग
वेगि 232.4 वेग से
वेयन 88.3
वेठे 1155.3
*वेद 337.1 चार
बेश 133.4, 224.1, 261.1, 263.4 वेश
वेस्या 62.3 वेश्या
वै 44.1 धे
वैन 138.3, 172.1, 191.1 वचन
वैरख्ख 335.2
वैरि 290.3
वैसे 262.2
वोति 169.2 बात
*व्याकरण 89.2
ब्रत 169.4 व्रत
व्रंद 303.2 वृंद

श

*शस्त्र 95.3
*श्याम 57.4, 116.2, 265.2
*शुक 11.1, 97.1
शुरु 97.1
*शोभितं 188.1
*शृंग 317.6

स

संउत्त 109.2 संयुक्त
संक 94.4 शंका
संकर 311.6 शंकर
संकरि 29.4
संकरह 310.2 शंकर
संकि 172.2, 336.6 शंकित होकर
संकुली 241.1
संख ध्वनि 96.2 शंखध्वनी
*संग 68.3, 144.2
*संगति 21.4
संगा 236.4
संगि 173.1
*संगीत 64.2
संग्रहे 110.2
*संग्राम 154.3
*संघ 250.2
संघरऊ 307.4 संहार किया
संघरि 329.2 संहार करके
संघासन 91.2 सिंहासन
संच 100.1 सत्य
सचउ 92.1 संचित
संचरिग 7.2, 313.5 संचार किया
संचरिय 128.1 संचरित
संचही 174.3 संचार करते हैं
संजोग 193.1, 261.2 संयोग
संजोगि 198.1, 319.1, 338.3, 346.2 संयोगिता
संजोर 148.2
संझ 71.2, 321.1 संध्या
संठी 262.2
संठयो 309.6
*संत 163.4
संत एक 59.1
संथिअ 149.3
*संदेह 57.2, 58.1, 235.2
संदूखि 234.3
संधन 85.3
*संधि 177.3, 332.3
संधे 258.3, 299.4
संधै 17.1
संपत्त 292.1 सम्प्राप्त

संपत्तउ	89.1, 338.1	सम्प्राप्त
संपत्ते	87.1	सम्प्राप्तं
संपर पतिग	142.1	सम्प्राप्तिक
*संपन्न	7.2, 58.2	
संप्परिग	313.2	सपर गए
संप्परे	292.1	सपरे
*संप्राप्तितं	141.4	
संभरधनि	107.1	पृथ्वीराज
संभरे	16.2, 259.1	स्मरण किया
संभरि	15.2, 152.1, 270.6	शाकंभरि
संभारि	62.1	सँभाल कर
संमुह	152.2	सम्मुख
संमुही	116.2	सम्मुखे
संमुहो	2.1, 143.2	सम्मुखे
*संवेग	19.3	
*संसार	18.4, 259.1	
स	141.3, 299.4, 207.2	वह
सइ	1.1, 292.	सै, सौ
सउ	149, 6, 728.6	सौ
सउमइं	262.6	
*सकल	85.3, 97.1	
सक्करपय	90.2	शर्करा-पय
सक्कि	54.1	
सकोल	34.2	
सक्खी	328.1	सखी
सखं	249.1	
सख	323.4	
*सखी	176.4, 191.2	
सग्गी	227.3	सगी
सगुन	4.1	शकुन
*सघन	228.2, 303.2, 231.1	
*सज्जन	30.1	
सज्जए	115.4	सजे

साजि	17.1	सजकर
सज्जिगे	99.1	सज गए
*सजीव	169.4	
सजुत्त	109.1	संयुक्त
सजूपं	294.4	
सज्जे	161.1, 233.3	सज्जित हुए
सज्झि	226.4	सज कर
सत	2.1, 96.2, 151.9	शत
सत्त	198.1, 803.1, 229.1, 296.6, 322.3, 337.6	सप्त
सत्तये	243.2	शत
सत्ति	139.1	शक्ति
सत्तिहु	139.1	शक्ति भी
सत्थ	125.1, 151.1, 325.4	साथ
सत्थह	121.2	साथ
सत्थि	122.1	साथ में
सत्थिहुअ	189.1	साथी होकर
सत्थै	278.5	साथ
सथ्थहि	196.2	साथ
सत्रु	281.1	शत्रु
सदा	83.3	सदा
सदाहं	292.1	सदा
सद्द	177.1, 222.3, 240.2, 311.5, 333.5	शब्द
सब्दे	55.1, 294.4	शब्दे
*सधन	94.1, 153.2	धन सहित
सधर	309.5	
सनम्मुख	278.6	सम्मुख
सनाह	207.1	सन्नाह, कवच
सनाहं	98.1	
सनि	97.1	शनि
सपत	167.4	
सपन	127.2, 144.1	स्वप्न
सपत्तिय	321.1	सम्प्राप्त

सपहु	198.2	सौंपो
सपुतउ	90.4	सम्प्राप्त
सब	109.1, 110.5, 276.4, 334.1	
सबद	5.1, 105.1	शब्द
सबद्द	119.1	शब्द
सब्द	31.3	शब्द
सव्बासु	333.4	सभी
सब्बु	332.5	सब
सभे	250.1	सभी
*समं	258.3	साथ
*सम	167.2, 245.1, 395.2	से
समग्गये	245.1	समग्रे
समप्पन	144.2, 145.1	समर्पण
समझाउ	106.2	समझाकर
समज्झ	52.1	समझ कर
*समस्त	67.4, 95.3	
समतेध	161.4	
समत्ते	87.4	समस्त
समेत	208.4	सहित
समप्पति	170.4	समर्पित करती है
समप्पूं	123.3	समर्पित करूँ
समप्पे	265.5	समर्पित किया
*समर	139.2, 305.1, 307.4, 333.4	
समरन्थ	151.1	समर्थ
समरी	311.2	समर में
समसेर	206.3	शमशेर
समानं	236.1	समान
*समान	95.2, 116.1	
*समादाय	179.2	लेकर
*समाधि	245.1	
समानु	123.1	समान
समाए	193.1	
समाह	206.3	
*सम्मान	19.2	
समि	290.1	
*समीपं	53.2, 56.3	
समीप	272.3	
*समीर	72.2	
समीवं	53.2	समीप
समुज्झ	14.1	समझ
समुझावहि	192.2	समझते हैं
समुद्द	203.1, 230.2, 243.1, 283.4	समुद्र
समुह	6.1, 231.1	सम्मुख
समुहउ	14.1	सम्मुख
*समूह	229.2	
सम्मूह	233.2	समूह
समूहे	281.1	
समै	95.4	समय
समोह	143.2	समूह
सय	286.4	शत
सयन	8.3	शयन
सयन्न	116.2	संकेत
सयल	141.2, 294.4, 998.2, 339.1	शैल
सच्चो	278.4	
सज्यो	6.1	सजे
सत्थिअनु	152.1	साथी (बहु°)
सत्य	127.2	
सरं	63.1	शर
*सर	222.3, 289.1, 319.1	शर
सरह	341.2	
सरग्गि	132.3	स्वर्ग
सरण	275.5	शरण
सरणागत	275.5	शरणागत
सरणाइनि	285.2	

सरंद	295.3	
सरंत	163.3	
सरद	96.1, 129.2	शरद
सरद्द	41.1, 284.4	शरद
सरद्दहि	76.4	शरद में
सरन	24.4	शरण
सरत्रि	46.1	शरण में
सरव	179.2	सर्व
सरसइ	46.2, 85.5, 86.4, 92.1	सरस्वती
सराल	197.1	
शरीर	42.3	शरीर
*सरोजं	264.2	
*सरोज	176.1, 43.3, 301.2	
सलख	332.6	
सलख्ख	337.5	
सलिता	203.1	सरिता
सव	147.1, 268.2	सब
सव्व	274.1, 300.1, 102.2, 150.1, 180.2, 199.3, 742.2	सर्व
*सर्व	109.1	
सवद्ध	69.1	
सवनि	169.3	
+सवार	174.3	
सवारे	64.3, 66.4	सबेरे
सवि	315.2, 43.2	सव
सविच्चित	289.1	सविचित्र
सर्वरि	12.3	शर्वरी
सर्वरिय	10.3	शर्वरी
*सर्वत्र	188.2	
सवे	99.3	सब
सव्वे	155.4, 290.2	सब
ससि	77.2, 139.2, 318.4	शशि

*सह	121.1, 140.4, 148.2, 163.1, 189.2, 399.1	
सहच्च	34.1	सहज
+सहनाइ	225.1	शहनाई
सहंस	322.4	सहस्र
*सहस	125.1, 142.2, 268.1	सहस्र
सहस्स	268.2	सहस्र
सहसालं	28.1	
*सहस्र	96.2	
सहाइ	184.3	सहाय
*सहित	110.1	
सहिता	140.4	
सहुं	45.2, 70.2, 181.2, 189.1, 129.1, 308.1	
सध्वाइ	205.1	
सा	29.4, 257.2, 169.1, 65.1, 67.3, 190.2, 141.3, 194.3	
साई	50.3	स्वामी
साउ	68.4	
साखा	141.1	शाखा
सांखुला	326.4	
साचरे	242.2	संचरे
साज	2.1, 29.2, 186.3, 81.1	
साजी	59.3	
साजु	74.3	
साखर	275.4	
साठि	254.1	साठ
सात	142.2, 144.1	
साथ	30.2	
साथि	8.2	
*सादरं	115.2, 147.2	

शब्द	संदर्भ	अर्थ
सादरनं	25.1	सादर
सादूर	327.1	शार्दूल
सादूल	294	शार्दूल
सानुक्क	292.4	
+साबुत्त	276.5	साबित
साभो	60.1	सभा
सागरनं	23.2	सागर को
सामंत	3.2, 318.6, 308.6, 257.1, 274.1, 229.1	
सामि	56.3	स्वामी
सामित्त	293.4	स्वामित्व
सामुखी	252.2	सम्मुख
साम्हो	4.1, 42.2	समुख
*सार	67.3, 346.6, 301.2, 73.1, 283.3, 316.1, 278.1	शस्त्र
*सारस	5.1, 271.4	
सारथ्थियै	274.6	सारथी
सारंग	49.2, 325.3, 269.4, 236.1	धनुष
सारंगु	326.2	धनुष
सारा	155.2	वाद्य-विशेष
सारि	62.1	सारिका
सारे	66.3, 259.1	सभी
सारु	332.5	
सारो	324.2	
+साल	10.3, 22.3	वर्ष
+सालक	344.3	वर्ष
सावं	250.2	सब
सावज्ज	226.3	श्वापद
सावन्त	126.1, 149.6, 322.2, 173.1, 196.1	सामन्त
सावंतहि	315.2	सामन्तों को
सांस	95.1, 135.1, 103.1, 238.3	श्वास
सासिका	39.1	शासिका
+साह	17.1, 325.3	शाह
साहं	292.2	शाह
+साहब	102.3	
साहभं	181.2	साहब
साहंतो	275.4	
+साहि	88.3, 275.4	शाही
साहिय	284.2	
साहिव्व	275.4	साहब
साहियं	172.2	साधितं
साहियै	155.1	साधिए
साही	1023	शाही
साहे	99.4	
सि	80.1, 145.5, 252.2, 319.1	
सिक्खयो	134.4	सिखाया
सिख	191.2	सीख
*सिता	51.3, 141.3	
*सिद्धि	83.3	
सिंघ	94.3, 226.3	सिंह
सियरा	23.3	शीतला
सियाम	75.1	श्याम
सिर	26.3, 86.2, 98.4, 120.4, 182.1, 301.2, 304.1, 307.5, 311.1, 311.6, 320.6	
सिरं	264.3	
सिरि	131.1, 180.1, 280.4, 322.1, 336.6	सिर पर
सिवाली	264.3	शैवाल
सिसिर	80.1	शिशिर
सिंगार	337.5	शृंगार

सुद्धिमई	332.4	
सुपंग	99.1, 80.2	
सुपीतं	56.1	
सुब्यवई	67.3	
सुभ	25.3	शुभ
सुभट	122.1, 196.2	
सुभट्ट	2.1	
सुभट्टं	265.3	
सुभई	32.1, 39.2	स्वभाव
सुभार	335.1	
सुभो	411.5	
सुभ्रीय	140.3	शुभ्र
सुम्भ	272.3	शुभ
सुम्यो	330.3	
सुमंगा	214.3	
सुमंडियं	132.1	सुमंडितं
*सुमन	146.2	
सुमनी	209.4	
सुमालय	72.1	
सुमनु	121.2	
सुमेल	335.1	
सुरंग	23.3, 78.1, 199.4, 265.3, 283.2	
*सुर	12.1, 25.1, 89.4, 122.2, 131.2, 345.3	
सुरचीन्ह	344.4	सुरत्ति
सुरत्त	105.1	
सुरत्तउ	338.3	सुरति
*सुरति	5.1	
*सुरपति	56.2	इन्द्र
सुरभंग	167.1	स्वरभंग
सुरलोक	9.1, 63.4, 198.1	
सुरूपा	63.1	
*सुराज	195	
सुरिसान	112.3	
सुलज्ज	176.4	
सुलच्छिनिय	199.3	सुलक्षण
सुक्ख	127.2	
सुवन	106.2	पुत्र
सुवये	225.1	
*सुवास	124.1	
सुवासिनं	140.2	
सुवित्तु	130.1	
सुह	338.4	सुख
सुहर	57.1, 322.5	सुघर
सुहरु	81.2	सुघर
सुहल्लय	3.4	शोभल
सुहाइ	192.4	शोभित होता है
सूँ	149.6	से
सू	61.3	से
सूरवां	269.4	शूरमा
सून	243.1	शून्य
सूर	9.2, 10.1, 10.2, 97.1, 98.1, 126.1, 149.6, 155.4, 257.1, 315.1, 317.3, 318.1, 322.6	
सेखर्फ	134.3	
सेजु	74.4	सेज
सेतं	265.2	श्वेत
सेद	167.4	स्वेद
सेन	100.4, 85.8, 290.1, 292.1, 103.4	सेना
सेव	308.2	सेवा
सेवंतिय	73.3	सेवा करना
सेस्स	68.1, 235.2, 336.4	शेष
+सेहरउ	320.6	सेहरा
सै	277.4	सो

सों	195.1	से
सो	3.6, 83.4, 295.4	सौ
सोई	294.1	वही
सोचि	199.4	सोचकर
सोड़सा	19.1	षोडशी
सोनंकी	269.4	सोलंकी
सोंनि	175.4	सोना
सोब	119.1	
सोभ	34.1, 35.1, 69.1, 76.1, 115.1, 171.1	शोभा
सोभा	31.1, 65.1	शोभा
सोभे	264.4	शोभित
*सोम	193.2	
सोर	115.2, 236.1	
सोवन्न	54.1, 58.3	सुवर्ण
सोलह	322.6, 323.2	
सोह	78.2, 61.4	शोभित
सोहए	36.2, 39.2	सोहता है
सोहही	40.2	सोहते हैं
सोहं	51.1, 58.1	शोभित
सोहंत	38.2	शोभंत
सौ	279.3	
स्सु	134.1	सु
स्रवण	89.4	श्रवण
स्रवन	42.1, 49.3, 318.2	श्रवण
स्रुव	29.2	श्रुत
स्रोन	55.3, 59.1, 263.1	श्रवण
स्रोनित	304.3	श्रोणित
स्यामि	154.3	श्याम
+स्याह	133.4, 175.4	
*सवर्ग	13.4, 17.4	
*स्वाति	51.3	
स्वामि	307.2, 320.6, 274.5, 302.2, 265.4	
*स्वामिना	253.2	
सामिहि	303.2	स्वामी से
*स्वेद	167.1	

ह

हरिसिंघ	299.1, 337.1	
हरिह	32.3	
हरो	140.3	
हलं	25.4	
हलि	239.2	हला
हल्लए	176.1, 236.3, 242.1	हिलता है
हल्लति	283.4	हिलती है
हल्ले	259.2	हिले
हसंत	165.2	हँसते हैं
हसि	6.1, 149.6	हँसकर
हसे	317.4	हँसे
*हस्त	170.3	
*हस्तेषु	147.1	
हस्थ	183.2	
हस्यो	333.6	हँसे
*हाटक	70.2	सुवर्ण
हाथे	65.4	
*हार	31.3, 302.4, 315.5	
हारि	259.3	
हाल	263.3	
*हालाहलं	95.3	हलाहल
*हास	95.4	
हि	190.3	
हिता	21.2	
हिंदुवाण	277.1	हिंदुजन
हिंदुवान	110.4	हिंदुजन
हिंदू	275.5	
*हिम	28.3	
हिमाउत	284.3	हिमवत

हिय	72.2	हृदय
हिल्ले	237.3	
हिल्ले	234.3	
हिलोर	170.2	हिल्लोल
ही	34.1, 36.1, 40.2, 31.1	
*हीन	11.5, 62.4, 320.2	
*हीना	91.1, .2	
हीने	62.4, 248.2	
हीर	78.3	हीरक
हीरा	105.2	
हीसं	248.1	
हुअ	302.4	हुआ
हुइ	153.1, 275.6, 302.2	
हुंकारो	311.2	हुंकार किया
हुंति	83.4, 181.1	से
हुव	167.1, 314.1	हुआ
हुवो	4.1	
हूँ	91.3	मैं
हूवं	296.1	हुआ
हेजम	83.2, 84.1, 85.1	
हेत	84.1	हेतु
हेम	19.1, 76.1, 91.2, 99.3, 256.3, 276.4, 109.1	स्वर्ण
है	32.2, 94.5, 109.1	
हों	85.3	
होइ	60.2, 64.4, 275.2, 307.2	होता है
होई	71.4, 277.6	होता है
होरी	327.2	होली
हंकयो	175.1	हांका
हंक्क	310.1	हाँका

हंकिया	323.4	केहा
हंके	234.2	हाँक लगाई
*हंस	263.4, 309.2, 313.4	
हंसु	79.2	
हंसि	330.2	
हंसो	323.3	
हकारे	104.1, 233.3, 258.1	ललकारे
हक्क	322.1	हाँक दो
हक्कारिउ	124.1	हाँक लगाई
*हज्जारखी	254.1	हजार
*हट्ट	70.1	हटा
हट्टति	71.1	
हती	247.2	मारी
हत्थ	37.1, 110.5, 145.6, 148.1, 171.4, 257.2, 294.2, 324.4	हाथ
हथ्थहि	303.1, 336.3	हाथ से
हत्थही	171.1	
हत्थि	155.2	हाथी
हत्थिय	144.1	हाथी
हत्थी	266.1	हाथी
हत्थे	227.4	हाथ से
हत्थे	316.1	हाथ से
हत्थै	226.4 277.4	हाथ से
हथ	107.2	हत
हनंत	204.3	हनता है
*हनि	268.2	मारकर
हने	307.3	मारे
*हय	57.1, 81.1, 349.4, 199.3, 239.1, 240.1, 268.1, 299.5, 280.2, 307.2, 308.1, 316.1	
हयग्गय	79.3	हय गज

*हयदल	254.2	
*हयवर	313.3	
हरंत	36.2	
*हर	26.1,83.3,302.4,330.1	
हरखवंत	183.1	हर्षित
हरन	120.1	हरण
हर-नयन	337.2	
हरम्य	341.1	हर्म्य
*हरि	30.1, 140.3, 256.3, 284.3, 298.1, 336.3	
हरिअ	167.2	हृत
हरिख	300.1	हर्ष
हरिग	12.1	हर गया, हर लिया

परिशिष्ट-3

पृथ्वीराज रासो का आलोचनात्मक परिचय

रासो काव्य की परम्परा

पृथ्वीराज रासो[1] के पीछे रासो-काव्यों की विशाल परंपरा है। इधर की खोजों में अपभ्रंश, गुजराती, डिंगल तथा पिंगल भाषाओं के अनेक रास और रासो काव्यों का पता चला है। इनमें से कुछ तो पुस्तकाकार प्रकाशित हो चुके हैं और शेष का विस्तृत परिचय शोधपत्रिकाओं ने कराया है। इस नवीन सामग्री के अध्ययन से 'रासो' शब्द के अर्थ सम्बन्धी उन सभी अनुमानों का समाधान मिल जाता है जिन्हें यथेष्ट सामग्री के अभाव में पूर्ववर्ती पंडितों ने समय-समय पर प्रस्तुत किया था।[2] जैसा कि डॉ. दशरथ शर्मा ने ठोस प्रमाणों और युक्तियों के द्वारा दिखलाया है, 'रासो' मूलतः गान-युक्त नृत्य-विशेष से क्रमशः विकसित होते उपरूपक और फिर उपरूपक से वीर रस के पद्यात्मक प्रबन्धों में परिणत हो गया।[3]

गीत-नृत्य के लिए रास का प्रयोग श्रीमद्‌भागवत में तो हुआ ही है, आज भी उत्तर भारत में राधा-कृष्ण की गानमय लीलाओं का अभिनय करने वाली रास-मंडलियाँ प्रचलित हैं। भागवत ने महारास में नृत्य के साथ गीत के संयोग का स्पष्ट उल्लेख किया है–

पादन्यासैर्भुजविधुतिभिः सस्मितैर्भ्रूविलासै–
भर्ज्यन्मध्यैश्चलकुचपटैः कुण्डलैर्गण्डलोलैः

1. प्राचीन प्रतियों में प्रायः 'प्रिथीराज रासउ' नाम मिलता है।
2. फ्रांसीसी विद्वान् गार्सां द तासी ने 'राजसूय', पं. रामचन्द्र शुक्ल ने 'रसायण' (हि. सा. इ.) और म. म. हरप्रसाद शास्त्री के अनुसार (प्रिलिमिनरी रिपोर्ट ऑन द ऑपरेशन इन सर्च ऑव बार्डिक क्रानिकिल्स, पृ. 25-26) पं. विंध्येश्वरी प्रसाद पाठक ने 'राज यज्ञ' तथा डॉ. काशीप्रसाद जयसवाल ने 'रहस्य' शब्द से 'रासो' को व्युत्पन्न बताया है। 'कविराज श्यामलदास' जी भी 'रहस्य' के ही पक्ष में थे; इसकी साखी है उनकी पुस्तिका 'पृथ्वीराज रहस्य की नवीनता'।
3. रासो के अर्थ का क्रमिक विकास : साहित्य सन्देश, जुलाई, 1951 ई.।

स्विद्यन्मुख्यः कबररशनाग्रन्थयः कृष्णवध्वो
गायन्त्यस्त तडित इव ता मेघचक्रे विरेजुः।। 10 । 33 । 8

और उसमें ध्रुपद के अनेक रागों का प्रयोग था। इसकी पुष्टि आगे आने वाले छंदों में 'तदेव ध्रुवमुन्निन्ये' आदि से हो जाती है। 12वीं सदी विक्रमीय के जैन ग्रंथ[1] 'लगुडरास' और 'तालारास' के प्रचलन की सूचना देते हैं–

लउडरासु जहिं पुरिस वि दिंतिउ वारियइ। छं. 19 चर्चरी
तालारासु विदिंति न रयणिहिं
दिवसि वि लाउडरासु सहुँ पुरसिहिं।। छं. 36 , उपदेश रसायन रास

इनसे पता चलता है कि ये गीतनृत्य शृंगार रसपरक थे। इनमें अभिनेय गुण देखकर ही संभवतः तत्कालीन आचार्यों ने इन्हें 'पाठ्य नाटक' से भिन्न 'गेयनाट्य' की श्रेणी में सम्मिलित कर लिया था। हेमचन्द्र ने अपने काव्यानुशासन (8/4) में तथा वाग्भट ने भी अपने इसी नाम वाले ग्रंथ के पहले ही अध्याय में डोम्बिका भाण, प्रस्थान शिंगक, भाणिका प्रेरण, रामाक्रीड, हल्लीसक; श्रीगदित गोष्ठी राग काव्य आदि के साथ 'रासक' नामक गेयनाट्य का उल्लेख किया है। बहुत संभव है कि इन गेयनाट्यों का गीत-भाग क्रमशः स्वतंत्र श्रव्य अथवा पाठ्य काव्य हो गया हो और फिर इनके चरितनायकों के अनुरूप इनमें युद्ध-वर्णन का भी समावेश हुआ हो।[2]

पं. नरोत्तमदास स्वामी के अनुसार 'रास' और 'रासो' का यह अंतर अंत तक बना रहा। वे 'रास' काव्यों को मूलतः प्रेम-काव्य मानते हैं तथा 'रासो' काव्यों को वीर-काव्य। 'रास' के उदाहरण के लिए 'संनेस रास' तथा 'बीसलदेव रास' का नाम लिया जा सकता है तो 'रासो' के लिए 'पृथ्वीराज रासो' या 'करहिया कौ रायसौ'। परंतु इसके अपवादस्वरूप 'भरतेश्वर बाहुबलि रास' का नाम लिया जा सकता है जो 'रास' होते हुए भी वीर काव्य है अथवा 'उपदेश रसायन रास' जो मुख्यतः नीति काव्य है। वस्तुतः यह विभाजन केवल सुविधा के लिए स्वीकृत प्रतीत होता है। 'रास' शब्द से मूलतः संबद्ध होते हुए भी पीछे रास और रासो नाम से विविध विषय, भाव तथा रस वाले काव्य लिखे गए जिन्हें जैन कवियों ने और रूप दिया तो चारण तथा भाटों ने और। इन 'रास' तथा 'रासो' ग्रंथों के अध्ययन का महत्त्व कवेल 'रासे' शब्द की व्युत्पत्ति अथवा इतिहास जानने में ही सहायक नहीं है, बल्कि 'पृथ्वीराज रासो' की अनेक कथानक-रूढ़ियों, काव्य-रूढ़ियों, रूप-विन्यास आदि सम्बन्धी विशेषताओं के विश्लेषण में भी उपादेय हो सकता है।

राजस्थान में रासो या रास काव्यों की परंपरा, डिंगल और पिंगल दोनों में मध्य-युग के आरंभ से लेकर आधुनिक युग तक प्रचलित रही और इस दौरान ही 'पृथ्वीराज रासो' में प्रक्षेप होता रहा है। अपभ्रंश के 'संनेस रास' और 'उपदेश रसायन रास' को छोड़कर परवर्ती काल के प्रायः सभी डिंगल-पिंगल रास और रासो

1. अपभ्रंश-काव्यत्रयी : गा. ओ. सी., संख्या 37, संपादक श्री लालचन्द्र गांधी, 1927
2. काव्य रूप 'रासक' की विस्तृत चर्चा के लिए देखिए 'हिन्दी साहित्य का आदिकाल', पृ. 59-61

ग्रंथ चरित-काव्य हैं और ऐतिहासिकता के साथ अनैतिहासिकता का सम्मिश्रण थोड़ा-बहुत सब में है। ईसा की 12वीं से 15वीं शताब्दी के बीच लिखे हुए रास ग्रंथों में भरतेश्वर बाहुबलि रास, जम्बुस्वामि रास, रेवतंगिरि रास कछूली रास, गोतम रास, दशाणभद्र रास, वस्तुपाल-तेजपाल रास, समर-सिंघ रास, के नाम विशेष उल्लेखनीय हैं। इनमें भाषा तथा काव्य की दृष्टि से 'भरतेश्वर बाहुबलि रास' बहुत महत्त्वपूर्ण है। पं. मोतीलाल मेनारिया, श्री अगरचन्द नाहटा, श्री नरोत्तमदास स्वामी तथा डॉ. दशरथ शर्मा के विवरणों से राजस्थानी के जिन रासो काव्यों का पता चला है उनमें से अधिकांश 17वीं शताब्दी तथा उसके बाद के हैं। जैसे माधौदास चारण-कृत 'राम रासो' जिनमें राम-कथा का वर्णन है सं. 1610 से 1690 के बीच रचा हुआ, बताया जाता है, डूंगर सी कृत, छत्रसाल रासौ मेनारिया जी के अनुसार सं. 1710 के आस-पास का काव्य है; गिरिधर चारण-कृत संगत सिंघ रासौ भी इसी के आस-पास का कहा जाता है। जैन साधु दौलत विजय (गृहस्थाश्रम का नाम दलपति) कृत 'खुम्माण रासो' की भी जो दो प्रतियाँ प्राप्त हैं उनमें से एक का लिपिकाल सं. 1733 है और दूसरी का सं. 1756 ।

पिंगल यानी पुरानी ब्रजभाषा के प्राप्त रासो काव्यों के विजैपाल रासो (रचनाकाल : मिश्रबंधु के अनुसार सं. 1355, नाहटा जी के अनुसार 18वीं-19वीं शताब्दी और मेनारिया जी के अनुसार सं. 1900, जान कवि-कृत कायम रासो (सं. 1691), कुम्भकरण कृत रतन रासो (सं. 1732), दयाल कृत राणा रासो (सं. 1675), जोधराज कृत हम्मीर रासो, गुलाब कवि कृत करहिया कौ रायसौ (सं. 19वीं सदी) के नाम उल्लेखनीय हैं। इन चरित काव्यों से भिन्न पिंगल में ही जल्ह कवि कृत बुद्धि रासौ है, (मेनारिया जी के अनुसार रचनाकाल सं. 1625)[1] जो मुख्यतः प्रेमाख्यानक काव्य है। प्राकृतपैंगलम् के हम्मीर छंद को यदि किसी 'हम्मीर रासो' के ही हैं तो उसे भी इसी परंपरा के अंतर्गत समझना चाहिए। 'रासो' नाम से मिलने वाले ये काव्य प्रायः बहुत छोटे-छोटे हैं, केवल कुछ एक की छंद संख्या एक हजार के आस-पास है। अन्यथा अधिकांश सौ के आस-पास या उससे भी कम छंदों में समाप्त हो जाते हैं। काव्य-सौष्ठव की दृष्टि से इनमें से कोई ग्रंथ पृथ्वीराज रासो से तुलनीय नहीं हो सकता। इनका महत्त्व केवल पृथ्वीराज रासो के परिदृश्य को स्पष्ट करने में है।

पृथ्वीराज रासो की प्रतियाँ तथा रूपान्तर

अब तक पृथ्वीराज रासो की जितनी हस्तलिखित प्रतियाँ प्राप्त हुई हैं, वे प्रायः

1. राजस्थान में हिन्दी के हस्तलिखित ग्रन्थों की खोज (प्रथम भाग), पृ. 76-77
2. विशेष विवरण के लिए देखिए श्री अगरचन्द नाहटा लिखित 'पृथ्वीराज रासो और उसकी हस्तलिखित प्रतियाँ', निबन्ध : 'राजस्थानी सं. 1 तथा नरोत्तमदास स्वामी' लिखित 'पृथ्वीराज रासो' शीर्षक निबन्ध, राजस्थान भारती भाग 1, अंक 1, 1946

चार प्रकार की हैं। विद्वानों ने आकार के अनुसार उनका वर्गीकरण बृहद्, मध्यम, लघु और लघुतम चार प्रकार के रूपान्तरों में किया है। हस्तलिखित प्रतियों के विवरणों से पता चला है कि लघुतम रूपान्तर की दो, लघु रूपान्तर की पाँच, मध्यम रूपान्तर की ग्यारह तथा बृहद् रूपान्तर की तैंतीस प्रतियाँ उपलब्ध हैं। श्री नानूराम भट्ट और मुनि कान्तिसागर की प्रतियाँ किसी ने देखी नहीं हैं, इसलिए कहना कठिन है कि ये किस रूपान्तर की हैं। वैसे तो ये प्रतियाँ उत्तर भारत के अनेक संग्रहालयों में बिखरी पड़ी हैं, परन्तु मोटे तौर से यह कहा जा सकता है कि बृहद् रूपान्तर की प्रतियाँ प्रधानतः उदयपुर में मिली हैं, मध्यम रूपान्तर की मुख्यतः जैन भांडारों में, लघु रूपान्तर की बीकानेर तथा शेखावटी (जयपुर) में और लघुतम की एक प्रति गुजरात के धारणोज गाँव से प्राप्त हुई है, किन्तु दूसरी का विस्तृत विवरण अभी प्राप्त नहीं है[1]। इससे इन विभिन्न रूपान्तरों की परंपरा पर प्रकाश पड़ता है। किस रूपान्तर में कितना प्रक्षेप हुआ, उस प्रक्षेप के कारण क्या हैं और इस तरह प्रामाणिक अंश और रूपान्तर का पता लगाने में लिपि-पद्धति की ये स्थानगत परंपराएँ बड़ी सहायक हो सकती हैं।

इन हस्तलिखित प्रतियों को चार रूपान्तरों में विभाजित करने का ठोस आधार है। इन्हें रूपान्तर इसलिए कहा जाता है कि सभी प्रतियों के तुलनात्मक अध्ययन से कुछ ऐसे सामान्य प्रसंग मिलते हैं जो सब में लिपिबद्ध हैं और इस तरह एक क्रम दिखायी पड़ता है। लघुतम रूपान्तर के प्रायः सभी छंद तथा कथा-प्रसंग थोड़े से हेर-फेर के साथ लघु रूपान्तर में मिल जाते हैं और इसी तरह लघु से मध्यम में तथा मध्यम से बृहद् में। मोटे हिसाब से विस्तार में बृहद् रूपान्तर मध्यम का तिगुना है तथा मध्यम रूपान्तर लघु का तिगुना और लघु लघुतम का तिगुना प्रतीत होता है। बीकानेर के विद्वानों का अनुमान है कि मूल रासो लघुतम रूपान्तर है और उसी में क्रमशः प्रक्षेप होता गया है, किन्तु उदयपुर के राव मोहन सिंह आदि बृहद् रूपान्तर को ही मूल रासो मानते हैं और शेष रूपान्तर को उसका संक्षेप समझते हैं।

काशी नगरी प्रचारिणी सभा से पृथ्वीराज रासो का जो मुद्रित संस्करण निकला है वह बृहद् रूपान्तर की ही प्रतियों पर आधारित है और बंगाल की रॉयल एशियाटिक सोसाइटी से उसका जितना अंश प्रकाशित हुआ है वह भी बृहद् रूपान्तर के ही अनुकूल है। ना. प्र. सभा ने अपनी आधारभूत प्रति का लिपिकाल सं. 1340 या 1642 बताया है। परंतु आगे चलकर पता चला है कि उसे भ्रम से 1640 या 42 पढ़ लिया गया था। नाहटाजी के अनुसार उसे सं. 1740 होना चाहिए। लेकिन मेनारिया जी प्रति को 1878 की बतलाते हैं। मेरे देखने में वे संख्याएँ 1767 प्रतीत होती हैं। सभा द्वारा मुद्रित प्रति में कुल 68 प्रस्ताव है, परिशिष्ट रूप में छपा हुआ

1. यह प्रति मुनि जिन विजय जी के पास है तथा आरंभ में खंडित है। लेखक ने उसे नाहटा जी के संग्रहालय में देखा है।

69वाँ समय 'महोबा समय' बृहद् रूपान्तर की किसी प्राचीन प्रति में नहीं मिलता। बहुत संभव है, यह कोई स्वतंत्र ग्रंथ रहा हो। उदयपुर में इस बृहद् रूपान्तर की प्रामाणिक प्रति महाराणा अमर सिंह (द्वितीय) वाली वर्तमान है जिसका लिपिकाल माघ कृष्ण 6 सोमवार सं. 1760 वि. है।

रासो के लघुतम रूपान्तर की जो पूर्ण प्रति प्राप्त हुई है उसका लिपिकाल आषाढ़ शुक्ल पंचमी सं. 1667 वि. है। इसकी पुष्पिका में दिन का उल्लेख नहीं है। यह प्रति यदि प्रामाणिक है तो निश्चय ही पृथ्वीराज रासो की प्राप्त प्रतियों में सबसे प्राचीन है। बीकानेर से श्री नरोत्तमदास स्वामी इसका संपादन करके शीघ्र ही प्रकाशित करवाने जा रहे हैं।[1]

पृथ्वीराज रासो की प्रामाणिकता

जब से बंगाल की रॉयल एशियाटिक सोसाइटी ने पृथ्वीराज रासो का प्रकाशन (सन् 1883 ई.) आरंभ किया, इसके थोड़े दिन बाद से ही उसकी प्रामाणिकता को लेकर विवाद आरंभ हो गया। डॉ. बूलर ने इस विवाद को आरंभ किया और उनकी मुख्य आपत्ति यही थी कि यह ग्रंथ अनैतिहासिक है। डॉ. बूलर इतिहास के विद्वान् थे और उनके लिए किसी काव्य-ग्रंथ की ऐतिहासिक उपयोगिता ही सबसे बड़ी थी। पृथ्वीराज रासो उनकी यह आवश्यकता पूरी करता न दिखा, इसलिए उन्होंने उस अनावश्यक ग्रंथ का प्रकाशन बंद करवा दिया। काशी नागरी प्रचारिणी सभा ने उसको पूर्ण रूप से प्रकाशित कर विचार करने के लिए सामग्री प्रस्तुत कर दी। कुछ तो इसके संपादकों ने इसकी ऐतिहासिकता का पल्ला पकड़ा और कुछ उस युग में ऐतिहासिक दृष्टि से ही साहित्य की सामग्री के अध्ययन का जोर था, पृथ्वीराज रासो की ऐतिहासिक चीर-फाड़ चल पड़ी। अनेक दशकों तक यही चर्चा रही। उसे अप्रामाणिक ही नहीं, जाली तक कहा गया। इधर दस-बारह वर्षों से जब पृथ्वीराज रासो के अन्य रूपान्तर प्राप्त हुए हैं तो रासो की प्रामाणिकता-सम्बन्धी वाद-विवाद ने नया मोड़ लिया है। जब तक उसका एक रूप प्राप्त था, केवल उसी की घटनाओं की ऐतिहासिक सचाई परखी जाती थी, लेकिन इन नये रूपों अथवा रूपान्तरों ने यह सवाल उठा दिया है कि पृथ्वीराज रासो का कौन-सा रूप प्रामाणिक है।

अस्तु, पृथ्वीराज रासो की प्रामाणिकता की समस्या में प्रवेश करने से पूर्व यह स्पष्ट कर लेना चाहिए कि प्रामाणिकता के नाम पर हम चाहते क्या हैं ?

मोटे रूप में प्रामाणिकता के अंतर्गत निम्नलिखित प्रश्न उठते हैं–

1. पृथ्वीराज रासो का मूल रूप क्या है ?
2. मूल पृथ्वीराज रासो का रचनाकाल क्या है ?

3. क्या इसके मूल अंश का रचयिता चंद बरदायी है ?

4. क्या वह चंद बरदायी इतिहास-प्रसिद्ध पृथ्वीराज चौहान का समकालीन है ?

पृथ्वीराज रासो का मूल रूप

चारो रूपान्तरों की प्राप्त प्रतियों के तुलनात्मक अध्ययन से जो प्रसंग सामान्य रूप से मिलते हैं वे इस प्रकार हैं–

1. आदि पर्व	2. दिल्ली किल्ली कथा
3. अनंगपाल दिल्ली दान	4. पंग यज्ञ विध्वंस
5. संयोगिता नेम आचरण	6. कैमास वध
7. षट्रितु वर्णन	8. कनवज्ज कथा
9. बड़ी लड़ाई	10. बान-बेध

इस सामान्य कथा-प्रसंगों के वर्णन-विस्तार को लेकर सभी रूपान्तरों में काफी अंतर हैं। बड़े रूपान्तरों में यही प्रसंग विस्तृत ढंग से अनेक छंदों में वर्णित हैं जब कि छोटे रूपान्तरों में अपेक्षाकृत वे अल्पविस्तृत हैं। इस दृष्टि से लघुतम रूपान्तर में स्वभावतः ही ये प्रसंग सर्वाधिक संक्षिप्त हैं। कथा प्रसंगों की दृष्टि से लघु और लघुतम रूपान्तर में बड़ी समानता है। इन दोनों रूपान्तरों में प्रायः वर्णन-विस्तार सम्बन्धी अन्तर है। भाषा में भी विशेष असमानता नहीं है।

दूसरी और मध्यम और बृहद् रूपान्तरों ने जो विराट रूप ग्रहण कर लिया है वह अनेक नये इतिवृत्तों, कथाओं तथा प्रसंगों की सृष्टि का फल है। बृहद् रूपान्तर के लगभग 54 तथा मध्यम रूपान्तर के 19 खंडों की कथाएँ छोटे रूपान्तरों से अधिक हैं और ध्यान देने की बात यह है कि इनकी पुष्टि इतिहास से नहीं होती। इन प्रसंगों की वृद्धि भी मनोरंजक ढंग से हुई है। कहीं होली और दीवाली की कथा छेड़ दी गई है, तो कहीं विवाहों की संख्या बढ़ा दी गई है। जहाँ छोटे रूपान्तरों में पृथ्वीराज दो विवाह करता है, बृहद् तक जाते-जाते पूरे तेरह ब्याह कर डालता है। इसी तरह युद्धों की संख्या भी बढ़ायी गई है। छोटे रूपान्तरों तक राजा केवल 5 युद्ध करता है तो मध्यम रूपांतर तक 43 और बृहद् तक 55 युद्धों का गौरव प्राप्त करता है। शहाबुद्दीन गोरी को पकड़ने तथा हराने को लेकर भी प्रसंगों की उद्‌भावना हुई है। बारी-बारी से हर सामंत को शहाबुद्दीन गोरी को पकड़ने का अवसर दिया जाता है। ऐसे कल्पनाशील तथा प्रसंग-रचना-पटु जाति की मौखिक परंपरा में प्रवाहित काव्य के मूलरूप का पता लगाना कितना कठिन कार्य है, इसे सहज ही समझा जा सकता है।

ऊपर सभी रूपान्तरों में समान रूप से पाये जाने वाले जिन प्रसंगों की सूची दी गई है वह भी कहाँ तक मूल पृथ्वीराज रासो है, नहीं कहा जा सकता। यदि

इतिहास-समर्थित घटनाओं के ही आधार पर 'मूल पृथ्वीराज रासो' का निर्णय करें तो एक कैमासवध को छोड़कर और कोई घटना मूल पृथ्वीराज रासो की नहीं हो सकती। यह 'कैमासवध' भी केवल 'पृथ्वीराज-विजय' में पृथ्वीराज के मंत्री कदंबवास के उल्लेख तथा 'पुरातन-प्रबंध संग्रह' में प्राप्त कैमासवध-सम्बन्धी छप्पयों से ही समर्थित है।

इसलिए लघुतम रूपान्तर को 'मूल पृथ्वीराज रासो' तो नहीं, लेकिन हस्तलिखित प्रतियों में प्राचीनतम रूप अवश्य कहा जा सकता है। इसकी पुष्टि पुष्पिका में दिये हुए लिपिकाल से तो होती ही है, भाषाशास्त्रीय दृष्टि से भी होती है। बड़े रूपान्तरों के प्रक्षिप्त कथा-प्रसंगों की भाषा निश्चय ही परवर्ती है और इस तरह लघुतम रूपान्तर के पद-प्रयोग अपेक्षाकृत प्राचीन ब्रजभाषा के प्रतीत होते हैं।

कुछ विद्वानों ने 'पुरातन प्रबंध संग्रह' के पृथ्वीराज सम्बन्धी अपभ्रंश छप्पयों के आधार पर अनुमान किया है कि मूल पृथ्वीराज रासो अपभ्रंश काव्य था[1]। इस मत के विरुद्ध यह भी तो कहा जा सकता है कि पुरातन प्रबंध-संग्रह में मूल पृथ्वीराज रासो के छंदों का अपभ्रंश रूपान्तर सुरक्षित है। ठोस प्रमाणों के अभाव में इस मत को मानने में अनेक बाधाएँ हैं।

इस प्रकार यदि पृथ्वीराज रासो का रचयिता चंद पृथ्वीराज का समकालीन था तो प्राप्त प्रतियों में से कोई भी उसकी कृति नहीं है।

पृथ्वीराज रासो का रचनाकाल

ग्रन्थ में रचनाकाल का उल्लेख न होने से उसके रचयिता के जीवन-काल के आधार पर ही उसका रचनाकाल निश्चित किया जा सकता है। अधिक से अधिक मौखिक परंपरा से आये हुए पृथ्वीराज रासो के लिपिकाल अथवा संग्रहकाल का ही निश्चय संभव है। सर्वप्रथम, 'पृथ्वीराज रासो' का उल्लेख सं. 1707 में दलपति मिश्र रचित 'जसवंत उद्योत' में मिलता है। सं. 1635 में चौहान वंशी बूँदीनरेश सुरजन तथा उसके पुत्र भोज के आश्रित कवि चन्द्रशेखर रचित 'सुरजन चरित' नामक संस्कृत काव्य में जहाँ पृथ्वीराज के लिए पूरा सर्ग दिया गया है और पृथ्वीराज के साथ चंद का भी उल्लेख है, परन्तु चंद को रासोकार नहीं कहा गया है। उससे स्पष्ट है कि सं. 1635 तक स्वयं पृथ्वीराज के वंशजों को भी पृथ्वीराज रासो का पता न था। श्री मोहनलाल विष्णु पंड्या ने गंगा भाट-रचित जिस 'चन्द छन्द बरनन की महिमा' ग्रन्थ की प्रति का पता दिया है और उसके अनुसार सिद्ध करना चाहा है कि सं. 1627 तक 'पृथ्वीराज रासों' का उल्लेख मिलता है, वह 'खोज रिपोर्ट'

1. इस मत की विस्तृत जानकारी के लिए देखिए 'राजस्थान भारती', भाग 1. अंक 1 में डा. दशरथ शर्मा और मीनाराम रंगा का निबंध 'द ऑरिजिनल रासो; ऐन अपभ्रंश वर्क'।

के ही अनुसार फुलस्केप कागज पर लिखी हुई बिलकुल आधुनिक रचना है। इस प्रकार अकबर के शासनकाल से पहले पृथ्वीराज रासो के अस्तित्व का पता नहीं चलता। जैसा कि श्री नरोत्तमदास स्वामी का अनुमान है, अकबर की अधीनता स्वीकार करते समय मेवाड़ के राजघराने ने अपना गौरव बढ़ाने के लिए पृथ्वीराज चौहान से अपना सम्बन्ध स्थापित किया और इसके लिए पृथ्वीराज की पृथा नामक बहिन की कल्पना की। अंत में उन्होंने इन सबको काव्य रूप देकर परंपरागत 'पृथ्वीराज रासो' में मिलाकर सम्पूर्ण काव्य को लिपिबद्ध रूप में संग्रह करवाया। रासो-संग्रह का यह क्रम अनेक पीढ़ियों तक चला जिसकी चरम परिणति अमर सिंह द्वितीय के राज्य काल (सं. 1755-67 वि.) में हुई।

पृथ्वीराज रासो का रचयिता चन्द

सुदृढ़ अनुश्रुति के बावजूद अकबर के शासन काल से प्राचीन कोई ठोस प्रमाण नहीं मिलता जिसमें पृथ्वीराज रासो के रचयिता के रूप में चंद कवि का उल्लेख हो। पुरातन प्रबंध संग्रह (लिपिकाल सं. 1528) के पृथ्वीराज प्रबंध से अवश्य ही चन्द बलद्दियकृत पृथ्वीराज सम्बन्धी दो छंदों का पता चलता है[1], किन्तु इनके आधार पर यह कहना कठिन है कि ये किसी प्रबन्ध काव्य के अंश हैं। इन प्रबन्धों के रचनाकाल का भी ठीक-ठीक पता नहीं है, परन्तु सं. 1290 से 1528 के बीच में कभी न कभी इनकी रचना हुई होगी। फिर भी इनसे इतना तो निश्चित है कि चन्द बलद्दिय नामक एक कवि अवश्य था जिसने पृथ्वीराज के विषय में कुछ काव्य-रचना की थी। यह प्रबन्ध काव्य था या नहीं और वह प्रबन्ध काव्य भी 'रासो' नाम से अभिहित किया गया था या नहीं, इसके लिए कोई ठोस प्रमाण भले न हो, परन्तु चन्द और उसकी पृथ्वीराज-विषयक काव्य-रचना असन्दिग्ध है।

विद्वानों ने चन्द के वास्तविक नाम को लेकर भी काफी ऊहापोह प्रकट किया है। कुछ लोगों ने उसके चंद्रक और पृथ्वीभट्ट नामों की भी कल्पना की है। किन्तु जिन्होंने चन्द बलद्दिय नाम को स्वीकार कर लिया है उन्होंने भी बलद्दिय को शुद्ध करके 'बरदायी' कर दिया है जिसका अर्थ उनके अुनसार, 'वर देने वाला' अथवा 'जिसे दुर्गा ने वर दिया हो' होता है। वस्तुतः वह 'बलीवर्द' का ही तद्भव रूप है जो 'नर वृषभ' की तरह आदरार्थ विरुद की तरह जोड़ा जाता है। इसकी पुष्टि उस प्रसंग से भी होती है जिसमें जयचन्द चन्द के 'बलद्द' विरुद पर व्यंग करते

---

1. णं जाणउं चंद बलद्दिउ किं नविं छुद हह फलह।। 1
   जंपइ चंद बलिद्दु मज्झु परमक्खर सुज्झइ।। 2

(पु. प्र. संग्रह, पृ. 86)

हुए पूछता है–'क्यों दूबरो बरद्द ?'

चन्द और पृथ्वीराज

पृथ्वीराज रासो के बृहद् और मध्यम रूपान्तरों के अनुसार चन्द पृथ्वीराज के जन्म-मरण का अनन्य साथी था।[1] दोनों का जन्म एक ही दिन हुआ था और मरण भी एक दिन। गजनी में एक दूसरे को कटार मारकर मर जाने का उल्लेख रासो के सभी रूपान्तर एक स्वर से करते हैं। इतिहास से इन घटनाओं की पुष्टि नहीं होती। दो व्यक्तियों की जन्मकुंडलियों का इस तरह मिलना कोई आश्चर्य की बात नहीं है। परन्तु पृथ्वीराज और चन्द का सम्बन्ध भी ऐसा ही था, इसकी पुष्टि रासो के अतिरिक्त किसी अन्य प्रमाण से नहीं होती। इस हिसाब-किताब का यही मतलब है कि पृथ्वीराज से चन्द का बहुत घनिष्ठ सम्बन्ध था और राजा उसे प्रायः महत्त्वपूर्ण अवसरों पर साथ रखता था।

इन सब बातों से यही निष्कर्ष निकलता है कि पृथ्वीराज के दरबारी कवि के रूप में चन्द बलिद्दअ का होना असंभव नहीं है और उसकी पृथ्वीराज-विषयक काव्य रचना के उदाहरण प्राप्त हैं। परन्तु पृथ्वीराज-विषयक रासो नाम से प्राप्त परवर्ती रूपान्तरों में कितना अंश चन्द कृत है अथवा चन्द से उसका क्या सम्बन्ध है इसका निर्णय करना इस समय असंभव है। संभावना यही है कि चन्द की पृथ्वीराज विषयक कविताएँ उसके वंशजों तथा लोक-कंठों की मौखिक परम्परा द्वारा क्रमशः स्फीत होती गईं। जहाँ तक ऐतिहासिक सामग्री के आधार पर पृथ्वीराज रासो की प्रामाणिकता परखने का प्रश्न है, उसके विषय में इतना ही कहना पर्याप्त होगा कि केवल अनैतिहासिक घटनाओं के समावेश से ही पृथ्वीराज रासो चन्द की कृति होने के गौरव से वंचित नहीं हो सकता। 'पृथ्वीराज रासो' की प्रामाणिकता पर विचार करते समय यह न भूलना चाहिए कि वह काव्य ग्रंथ है, इतिहास नहीं। यदि जायसी के 'पद्मावत' की अनैतिहासिक घटनाओं को लेकर इतना शोरगुल नहीं हुआ तो कोई आवश्यक नहीं कि पृथ्वीराज रासो पर ऐसा कोप किया जाय। पृथ्वीराज रासो में कितना अंश अनैतिहासिक है इसकी चर्चा यहाँ प्रासंगिक नहीं है। इतिहास में रुचि रखनेवाले लोग ओझा जी, मु. देवीप्रसाद तथा डॉ. दशरथ शर्मा के शोधपूर्ण प्रयत्नों से अच्छी तरह परिचित होंगे।

---

1. इक थान मरन जनमह सु इक, चलहि कित्त ससि लग्गि रवि।

(ना. प्र. सभा संस्करण, 760वाँ पद्य)

इक्क दीह उतपन्न, इक्क दीहै समाय क्रम।

(वही, 92वाँ पद्य)

पृथ्वीराज रासो का काव्य-सौष्ठव

कथा प्रवाह–पृथ्वीराज रासो रासक शैली में लिखा हुआ एक चरित काव्य है जिसका चरितनायक पृथ्वीराज चौहान है। इसके बृहद् रूप में अनेक अनुषंगिक कथा-प्रसंगों के बावजूद आधिकारिक कथा पृथ्वीराज से ही किसी-न-किसी प्रकार सम्बद्ध है। आरम्भ में मंगलाचरण, पूर्ववर्ती कवियों के प्रति कृतज्ञता-ज्ञापन, आत्म-विनम्रता, दुर्जन-निन्दा, सज्जन-प्रशंसा तथा ग्रन्थ-रचना का उद्देश्य निवेदन करने के बाद कवि ने पृथ्वीराज के जन्म और शिशु-क्रीड़ा के साथ मुख्य कथा का बीजारोपण किया है। संक्षेप में चरितनायक के विद्याभ्यास की चर्चा करते हुए कवि उसे राजकीय कर्म-क्षेत्र में प्रवेश कराता है। यहाँ एक दिन उसके सामंतों में प्रमुख कन्ह गुर्जरेश भीमदेव चालुक्य के एक भाई का वध कर देता है जो भीमदेव से असन्तुष्ट रहने के कारण पृथ्वीराज के ही दरबार में रहने लगा था। उस दुर्घटना का कारण केवल यही था कि कन्ह के सम्मुख उसने अपनी मूँछों पर हाथं रख दिया था और कन्ह के लिए यह असह्य था। ज्यादती तो कन्ह की थी ही लेकिन इसकी क्षतिपूर्ति क्या हो सकती थी ! पृथ्वीराज ने कन्ह से आँखों पर पट्टी बाँधे रखने का अनुरोध किया। लेकिन भीमदेव चालुक्य को तो इतने से शान्ति मिल नहीं सकती थी। उसने पृथ्वीराज से वैर ठान लिया। इस वैर का विस्फोट आगे चलकर सलष की पुत्री इंछिनी के विवाह के अवसर पर हुआ। भीमदेव इंछिनी की बड़ी बहिन मन्दोदरी से शादी कर चुका था, फिर भी उसने द्वितीय पत्नी के रूप में इंछिनी की माँग की। यह सम्बन्ध इंछिनी के पिता और भाई को पसन्द न था। उन्होंने पृथ्वीराज के पास विवाह का प्रस्ताव भेजा। पृथ्वीराज उस निवेदन को स्वीकार कर सदल-बल चढ़ आया। उधर भीमदेव की भी सेना आ रही थी। जमकर लड़ाई हुई। पृथ्वीराज विजयी हुआ। विधिवत् पृथ्वीराज और इंछिनी का विवाह-कार्य सम्पन्न हुआ।

कुछ दिनों बाद पृथ्वीराज एक नट तथा हंस से शशिव्रता का गुणश्रवण कर उस पर अनुरक्त हो गया। उधर शशिव्रता की शादी पृथ्वीराज के प्रतिद्वंद्वी कान्यकुब्जेश्वर जयचंद गाहड़वाल के भतीजे से होने वाली थी, परन्तु उसके अल्पायु होने की भविष्यवाणी सुनकर शशिव्रता का मन उधर से उचट गया। इसी बीच हंस ने शशिव्रता से पृथ्वीराज का बखान किया। इधर भी अनुराग अंकुरित हुआ। फलतः पृथ्वीराज सदल-बल चढ़ आया और शिवपूजन को जाती हुई शशिव्रता का हरण कर जयचंद की सेना को हराता हुआ अपने राज्य में वापस लौट आया।

दिन मृगयादि में सुख से बीत ही रहे थे कि पृथ्वीराज को अपने मंत्री कैमास (कदम्बवास) की दासी-अनुरक्ति का पता चला। यह बात यशस्वी राजा को इतनी अपमानजनक लगी कि उसने एक रात छिपकर मंत्री पर प्रहार किया और इस तरह उसे मार डाला। पीछे कविचन्द ने तनिक से अपराध पर इतना कड़ा दण्ड देने तथा ऐसे योग्य मंत्री को खो देने के लिए राजा को बुरी तरह धिक्कारा।

युद्धों और विवाह से तो पृथ्वीराज की तृप्ति थी नहीं। थोड़े दिनों बाद उसे जयचन्द की पुत्री संयोगिता के नेम-आचरण की सूचना मिली। क्षत्रिय राजा के लिए यह असम्भव था कि संयोगिता का व्रत निष्फल जाने दे। फलतः उसने अनेक सामन्तों, शुभचिन्तकों तथा ज्योतिषियों के मना करने पर भी कन्नौज जाने का निश्चय किया। लेकिन नगर छोड़ने के पूर्व इस बार रनिवास से अनुमति लेना आवश्यक प्रतीत हुआ। राजा सर्वप्रथम बड़ी रानी इंछिनी के मन्दिर में गया। बसन्त ऋतु थी। ऐसे समय रानी भला कब छोड़ने वाली थी। सारी ऋतु राजा वहीं बन्दी रहे। वहाँ से मुक्त होने पर दूसरी रानियों के यहाँ भी जाना कर्तव्य था। शेष पाँचों रानियों ने भी क्रमशः ग्रीष्म, पावस, शरद्, हेमंत और शिशिर ऋतु में राजा को अपने-अपने यहाँ रोक रखा। अंत में जब फिर बसन्त आया तो राजा ने चन्द कवि की शरण ली और मुक्ति का उपाय पूछा कि कौन-सी ऋतु है जिसमें स्त्री को पति नहीं रुचता। चतुर कवि ने 'ऋतु' शब्द पर दूर की उड़ान ली और राजा मुक्त हुए। फलतः चंद को साथ लेकर ससैन्य राजा कन्नौज की ओर चल पड़े। वहाँ जयचन्द के दरबार में पृथ्वीराज ने छद्म रूप में चंद का सेवक बनकर प्रवेश किया किन्तु अंत में वे पहचान लिए गये। जयचन्द ने इस पर पहरा डलवा दिया, किन्तु एक दिन पृथ्वीराज ने गंगा के किनारे स्थित संयोगिता से भेंट कर उसे घोड़े पर चढ़ा दिल्ली की राह ली। राह में अवरोध हुआ किन्तु संयोगिता को साथ लिए शत्रु-सैन्य को काटता हुआ पृथ्वीराज निकल गया। इस युद्ध में पृथ्वीराज के कन्ह आदि अनेक महान सामंत योद्धा काम आए। थोड़े दिनों तक रुष्ट रहने के बाद जयचन्द ने विवश होकर पृथ्वीराज के पास कन्या के विधिवत् ब्याह के लिए पुरोहित भेजा, साथ ही पर्याप्त दहेज भी।

पट्टरानी के रूप में संयोगिता के आने पर बड़ी रानी इंछिनी के मान को धक्का लगा। इधर पृथ्वीराज भी नयी रानी को ही अपना सारा समय देने लगे। सौतियाडाह स्वाभाविक था। इंछिनी ने अपने पाले हुए शुक के द्वारा राजा तक अपनी विरह-दशा की सूचना पहुँचायी। सहृदय पति पिघला। दोनों रानियों में समझौता हुआ। यह चरितनायक के सुखोपभोग की पराकाष्ठा है। यहीं से उसके दुःखद दिनों का आरम्भ होता है।

राजा इधर रतिरंग में लीन था, उधर शहाबुद्दीन गोरी के हमले की खबर आई। प्रजा घबड़ा उठी। नगर सेठ तथा गुरुराम के द्वारा राजा तक सूचना पहुँचाई गई। सहसा वे नींद से जागे। संयोगिता के विरह-निवेदन के बावजूद उन्होंने गोरी का सामना करने के लिए प्रस्थान किया। युद्ध में राजा गोरी के हाथों पकड़े गए। इधर यह समाचार पाते ही रानियों सहित संयोगिता सती हो गई। उधर पृथ्वीराज गजनी ले जाया गया और वहाँ उसकी आँखें फोड़कर उसे कैदखाने में डाल दिया और कैद में पड़े-पड़े वह अपने विगत वैभव तथा पूर्वकृत कुकर्मों पर पश्चात्ताप

करता रहा। कुछ दिनों के बाद एक दिन कवि चंद उससे मिलने आया और उसने संकेत से गोरी को शब्दवेधी बाण द्वारा मारने की सलाह दी। दूसरी ओर चंद ने अपनी कवित्व प्रतिभा से गोरी को प्रभावित करके पृथ्वीराज के शब्दवेधी लक्ष्य के प्रदर्शन की व्यवस्था करायी। योजनानुसार पृथ्वीराज द्वारा गोरी का बध हुआ और अन्त में चन्द तथा पृथ्वीराज कटार से एक दूसरे को मार मरे।

संक्षेप में पृथ्वीराज रासो की यही मुख्य कथा है। इसके अतिरिक्त जो आनुषंगिक कथा अथवा कथाएँ हैं उनमें अधिकांश विवाह-वर्णन, युद्ध-वर्णन तथा अनेकानेक सामंतों द्वारा गोरी के पकड़े जाने का विस्तार है। बीच-बीच में कुछ अतिमानवीय उपाख्यानों तथा होली-दीवाली-सम्बन्धी किंवदंतियों का भी समावेश हो गया है।

रासो की यह कथा प्रधानतः शुक और शुकी के संवाद द्वारा कहलाई गई है। भारतीय साहित्य के लिए यह कोई सर्वथा नया प्रयोग नहीं है। एक प्रकार से यह कथोपकथन की पौराणिक शैली है।[1]

संपूर्ण कथा चंद कृत नहीं है, यह तो इतने से ही स्पष्ट है कि बाणवेध प्रसंग लिखने के लिए कवि के पास समय कहाँ था ? इसके अतिरिक्त गजनी-प्रसंग के आरम्भ में ही रासो स्पष्ट कर देता है कि 'पुस्तक जल्हन हत्थ दै चलि गज्जन नृप काज !' इस पर अनुमान लगाया गया है कि चंद कृत रासो संयोगिता विवाह के बाद ही समाप्त हो जाता है। जो हो, वर्तमान रासो अपने पूर्वार्द्ध और उत्तरार्द्ध दोनों रूपों में हमारे सामने हैं और इसीलिए अपने संपूर्ण रूप में विचारणीय भी।

कथा के मार्मिक प्रसंग तथा कवि की विशेषता : मध्ययुग के अन्य चरित काव्यों की भाँति रासो में भी कथा-बंध के उतार-चढ़ाव तथा चमत्कारपूर्ण मोड़-सम्बन्धी कोई विशेषता दृष्टिगोचर नहीं होती, क्योंकि उस युग के प्रायः सभी चरितनायक आधुनिक उपन्यासों की भाँति व्यक्ति विशिष्ट चरित्र न होकर इनके विपरीत वे 'टाइप' मात्र हैं। इसलिए घटनाओं की नवीनता के अभाव में प्राचीन चरित काव्यों के कथा-बंध का सौन्दर्य केवल दो बातों में देखा जाता है—या तो उसमें मार्मिक प्रसंगों की सृष्टि की गई हो अथवा कम-से-कम कवि ने कथा-प्रवाह में उसकी संभावना को पहचाना गया हो। ऐसे प्रसंगों के वर्णन में ही कवि-दृष्टि तथा कवित्व-शक्ति का पता चलता है।

सर्वप्रथम रासोकार ने माँ की कोख में पृथ्वीराज के गर्भाधान का प्रभाव परखा है और उसे इन शब्दों में काव्यात्मक रूप दिया है :

> कितिक दिवस अन्तरह रहिय आधान रानि उर।
> दिन दिन कला बढ़ंत मेघ ज्यों बढ़त भद्द धुर।
> चन्द्रकला सित पष्ष जेम बाढ़ंत दिनं दिन।

---

1. विशेष विस्तार के लिए देखिए 'हिन्दी साहित्य का आदिकाल', 1952, पृ. 75-76

मुगधा जीवन चढ़त मिलत भरतार षिनं षिन।
उद्दित अधान सुभ गातनह , जेम जलधि पुन्निम बढ़हि।
हुलसंत हीय जे प्रीय त्रिय जिम सु जोति जनिता चढ़हि।।

गर्भस्थ शिशु की निरन्तर बढ़ती हुई कला तथा माँ के रूप पर पड़ने वाले उसके अन्तःप्रभाव का चित्रण यहाँ देखने योग्य है।

पर्यवेक्षण का दूसरा स्थल है शिशु-क्रीड़ा। बाल-लीला के सिद्ध कवि सूर के आगे तो सभी कवि फीके हैं फिर चंद की कहाँ गिनती ! फिर भी कुछ चित्र द्रष्टव्य हैं–

नह तलप इक्क थह षिन रहत, हुलसि-हुलसि उठि-उठि गिरत।

शय्या छोड़कर जमीन पर लोटने की बाल-प्रकृति तथा इस उल्लास में बार-बार उठने का असफल प्रयत्न करना अत्यन्त स्वाभाविक है और सम्भवतः सूर के यहाँ भी इसका चित्रण नहीं हुआ है। माँ या बाप की अँगुली पकड़कर चलने का वर्णन तो सूर ने भी किया है किन्तु उस पर उपमा की अनूठी उड़ान चंद के यहाँ देखी जा सकती है–

अंगुरिन लग्गि रगि चलत लाल। सर मद्धि उठत गज हंस बाल।।

और आगे बालकों के बीच–

मिलि बाल जाल कवि रही केलि। बढ़ि रही दूंद जनु बीज बेलि।।

युवक पृथ्वीराज के जीवन के मधुर प्रसंगों में विवाहों का स्थान अन्यतम है। अनेक विवाह-वृत्तान्तों के बीच कवि का मन तीन विवाहों में विशेष रमा है। ये हैं इंछिनी, शशिव्रता तथा संयोगिता-विवाह। इन विवाहों के वर्णन में कवि की सबसे बड़ी विशेषता है पुनरावृत्ति को बचा जाना। प्रायः एक प्रकार की घटनाओं के वर्णन में पुनरावृत्तियों की आशंका बनी रहती है किन्तु ऐसे ही स्थलों पर विशिष्ट कवि की पहचान होती है। हर्ष की बात है कि चंद ने इन प्रसंगों में अपनी विशिष्टता प्रमाणित कर दी है। तीनों विवाह तीन प्रकार से होते हैं। इंछिनी-विवाह, हिंदू-विवाह प्रणाली का पूरा प्रतिनिधित्व करता है जिसमें ब्राह्मण द्वारा लग्न भेजने से लेकर बारात का सजना, अगवानी, तोरण-कलश-द्वारचार विधान, जनवासा, मण्डप-निर्माण, कन्यादान, गठबन्धन, भाँवरी गणेश-नवग्रह, कुलदेवता पूजन, गारी, शाखोच्चार, ज्योनार, दान-दहेज, विदाई आदि का सुन्दर वर्णन है। शशिव्रता-विवाह में ये बातें नहीं दुहरायी जातीं। इसमें कवि काव्यों में वर्णित पूर्वानुराग की प्रसंगोद्भावना करके हंस और गंधर्व द्वारा दोनों पक्षों को पहले से ही परस्पर अनुरक्त बनाता है। पश्चात् पृथ्वीराज शशिव्रता का हरण करता है। संयोगिता-विवाह में ये दोनों बातें नहीं होतीं। यहाँ पूर्वानुराग केवल एक ओर से आरंभ होता है। वस्तुतः संयोगिता पृथ्वीराज का स्वयंवर करती है और समय पाते ही पृथ्वीराज उसके पास जाकर सखियों के बीच विवाह कर लेता है। हरण तो यहाँ भी होता है, पर विषम परिस्थिति

के कारण वरण का रूप यहाँ कुछ भिन्न है।

अब इनमें से एक-एक विवाह का सौन्दर्य अंकन देखें–

नारी की वयःसंधि शोभा कवियों के लिए सदैव आकर्षण की वस्तु रही है। इसके लिए नाना उपमाओं का जमघट लगाया गया है। रासो में इंछिनी और शशिव्रता की वयःसंधि का वर्णन तुलनीय है।

इंछिनी–

बाले तन्वय मुग्ध मध्यत इमं स्वपनाय वै संधयं।
मुग्धे मध्यम स्यांम वामति इमं मध्यान्ह छाया पगं।।
बालप्पन तन मध्य जीवन इमं सरसी अवग्गी जलं।
अंगं मद्धि सुनीर जे मल ससी सुम्भै सुसैसव इमं।।

शशिव्रता–

राका अरु सूरज्ज बिच, उदै अस्त दुँहुँ बेर।
बर शशिवृत्ता सोभई, मनौ शृंगार सुमेर।।

वस्तुतः शशिव्रता का रूप और शील इंछिनी से कहीं अधिक आकर्षक था। इसीलिए कवि ने शशिव्रता के रूप-वर्णन में अधिक ध्यान दिया है। ऊपर के उदात्त वर्णन से संतुष्ट न होकर चंद ने शशिव्रता के यौगनागम को बसंत से उपमित किया–

पत्त पुरातन झरिग पत्त अंकुरिय उट्ठ तुछ।
ज्यौं सैसव उत्तरिय चढ़िय बैसब किसोर कुछ।।
शीतल मन्द सुगंध आइ रितिराग अचानं।
रोमराइ संग कुच नितंब तुच्छं सरसानं।।
बढढै न सीत कटि छीन ह्वै लज्ज मांन ढंकति फिरै।
ढंकै न पत्त ढंकै कहै, बन बसंत मंत जु करै।।

प्रायः कवियों ने युवती नायिका के रूप को विभिन्न स्थितियों, तथा वातावरणों की मनोरम पटभूमि में रखकर नया-नया चित्र उतारा है। सद्यःस्नाता का चित्र भी इन्हीं में से एक है। रासो में सद्यःस्नाता इंछिनी की यह उपमा रूढ़ियों से अलग नयी सूझ प्रकट करती है–

करि मंजन अंगाछि तन, धूप वासि बहु रंग।
मनो देह जनु नेह फुलि, हेम भोज जन गंग।।

इसी प्रकार सौन्दर्यद्रष्टा कवि ने प्रिय के सम्मुख जाने से पूर्व डरती हुई नववधू इंछिनी से बाह्य रूप-वर्णन से सूक्ष्म मनोवैज्ञानिक रेखाओं को उभारकर चित्र में नयी ओप ला दी है–

हलहलै लता कछु मंद वाय। नव बधू केलि भय कंप पाय।
उपमां उर कव्वि कहीय तांम। जुब्बन तरंग अंगि-अंगि कांम।।

नारी सौन्दर्य की चरम परिणति है उसकी सौभाग्य-तिलकित दशा। सौभाग्यवती

इंछिनी के नख-शिख का परिपाटी-विहित लम्बा वर्णन करने के बाद अंत में कवि उसकी मंगल मूर्ति का परिचय देता है–

जरकस घुघर घमंड जानु रवि क्रिन्न कदलि ग्राह
कुसंभ लरे नीसार, रंग छवि छंडि हंड हर
पीत कञ्चुकी संचि षंडि कस अंग उपट्टिय
कंक्रन कर वर बरत गंध हरदीय उपट्टिय
आलोल नैन गति बचन बहु, सषिन सोभ मंडिय मनह।
फुल्ली सु सांझ कवि चंद कहि, मनहु बीजु थरकी घनह।।

शशिव्रता-विवाह में पूर्वराग के लिए रूप-गुण वर्णन को विस्तार देने के बाद कवि ने जिस प्रियदर्शन प्रसंग पर ध्यान केन्द्रित किया है, वह है शशिव्रता और पृथ्वीराज का प्रथम साक्षात्कार। इंछिनी-विवाह में इस प्रसंग की सृष्टि उतनी मनोरम नहीं हो सकती थी, क्योंकि वहाँ पूर्वराग का अस्तित्व ही नदारद था। बहुत दिनों से जिसका गुण-श्रवण करते-करते मानस-प्रतिमा निर्मित होती रहती है उसके प्रथम साक्षात्कार के समय की मानसिक स्थिति कितनी रूमानी हो सकती है इसे चंद के शब्दों में देखिए–

यों करंत दुत्तिय बियौ, कथा श्रवन सुनि मंत।
जाकौ ते पतिवृत्त लिय, सो आयौ अलि कंत।।
श्रवन नयन को मेल कैं, भय चंचल चल चित्त।
श्रोतानं दिष्टान अरु, मिलि पुच्छैं दोई मित्त।।

कर्न प्रयंत कटाछ सुरंग विराजही।
कछु पुच्छन को जाहि पै पुच्छत लाजही।।
नैन सैन में बात जु स्त्रवनन सों कहै।
काम किधों प्रथिराज मेदि करि ना लहै।।

प्रायः दीर्घ दृगों के लिए कवियों ने 'कानन चारी नयन मृग नागर नरनु सिकार' जैसा चमत्कार दिखाया है। परन्तु 'कान तक खिंचे नयनों' को देखकर कल्पना की उड़ान उनके मधुर वार्तालाप में नहीं, बल्कि 'कछु पुच्छन को जाहि पै पुच्छन लाजही' में है, क्योंकि श्रवण-नयन की बातचीत वास्तविक नहीं है। इस उत्प्रेक्षा का सौन्दर्य इसकी प्रसंगोद्भावना में है। बात यह है कि अब तक श्रवणों ने ही प्रिय का रूप-गुण सुन रखा था, नयनों को तो आज पहले-पहल देखने का अवसर मिला है। इसलिए नयनों का श्रवणों के पास पूछने के लिए जाना स्वाभाविक ही है कि क्या जिनके विषय में सुन रखा था वे यही हैं ? कहीं ऐसा तो नहीं है कि जो मैं देख रहा हूँ वह सुने हुए रूप-गुण से कहीं अधिक है ? ये तमाम बातें तथा इससे भी अधिक 'पुच्छत लाजहीं' द्वारा संकेतित हैं। तुलसीदास ने तो

इतना ही कहा कि 'गिरा अनयन नयन बिनु बानी', लेकिन चंद ने इस तथ्यपरक कथन में अपनी सूझ से मधुर विशेषता ला दी।

इस प्रथम दर्शन से भी अधिक मार्मिक है प्रथम स्पर्श। सहसा पृथ्वीराज जन-समूह के बीच शशिव्रता को हाथ से पकड़कर अपनी ओर खींचता है और तुरन्त चन्द की फड़कती उपमा निकलती है 'मानो कि लता कंचल लहरि मत्तबीर गजराज गहि'! पूरी पदावली जैसे स्नेह-उमंगित बाहु की तरह लहरा उठी है।

इस पर लज्जाशीला शशिव्रता की भावशबलता देखने योग्य है–

गहत बाल पिय पानि सु गुरुजन संभरे।
लोचन मोचि सुरंग सु असुं बहे ढरे।।
अपमंगल जिय जानि सु नैनन मुष बही।
मनो षंजन मुष मुत्ति मरक्कत नंषही।।

इसके बाद कवि की उत्प्रेक्षा-शक्ति फिर मुखर हो उठती है–

'कोमलता कल्हरी प्रेम मारुत झकझोरी।'

इसके बाद ही भीषण युद्ध की पटभूमि आती है और उसी के बीच पृथ्वीराज तथा शशिव्रता की प्रथम मधुयामिनी व्यतीत होती है–

कुमुद उघरि मूंदिय सु बंधि सत पत्र प्रकारय।
चकिय चक्क विच्छुरहि, चक्कि ससिवृत्त निहारय।।
जुवती जन चढ़ि काम, जाँहि कोतर तर पंषी।
अवृत्त वृत्त सुंदरिय, काम बढ्ढिय बर अंषी।।
नव नित्त हंस हंसिह मिलै, विमल चंद उग्यौ सु नभ।
सामंत सूर त्रप रष्षि कै, करहि बीर विश्राम सभ।।

संयोगिता-विवाह की विशेषता उसकी मार्मिक प्राकृतिक पृष्ठभूमि में है। वैसे तो शशिव्रता विवाह के आरम्भ में भी थोड़ा-सा उद्दीपक ऋतु-वर्णन है, किन्तु संयोगिता-विवाह से पूर्व के षट् ऋतु-वर्णन की सी स्वाभाविक प्रासंगिकता तथा अनुभूति की तीव्रता उसमें कहाँ ? इससे पूर्व किसी नई विवाह-यात्रा के लिए प्रस्थान करते समय पृथ्वीराज अपनी रानियों से अनुमति लेने नहीं जाता। किन्तु इस बार बहुत बड़े शत्रु का सामना है। पता नहीं लौटना संभव हो सकेगा या नहीं ! फलतः पृथ्वीराज अनुमति के लिए सर्वप्रथम बड़ी रानी इंछिनी के पास जाता है। संयोग ऐसा कि वह ऋतुराज का शासनकाल था। आखिर पटरानी का मिलना कवि ऋतुराज में न कराये तो कब कराये ! रानी के मुख से यह निकलना स्वाभाविक था–

मवरि अंब फुल्लिग कदंब रयनी दिघ दीसं।
भवर भाव भुल्लै भ्रमंत मकरंदव सीसं।।
बहत बात प्रज्जलति मौर अति विरह अगिन किय।
कुहकुहंत कल कंठ पत्र राषस रति अग्निय।।

पयलग्गि प्रान पति बीनवों, नाह नेह मुझ चित धरहु।
दिन दिन अवद्धि जुव्वन घटय, कंत वसंत गम करहु।।

राजा उस ऋतु में वहीं रुक जाता है। ग्रीष्म ऋतु के आरम्भ होते ही दूसरी रानी के मन्दिर में जाता है और वहाँ भी ग्रीष्म का भीष्म रूप दिखलाकर रानी रोकती है–

दीरघ दिन निस हीन छीन जलधर वैसंनर।
चक्रवाक चित मुदित उदित रवि थकित पंथ नर।।
चलत पवन पावक समान परसत सु ताप मन।
सुकत सरोवर मचत कीच तलफंत मीन तन।।
दीसंत दिगंबर सम सुरत, तरु लतान गय पत्त झरि।
अक्कुलं दीह संपति, विपति कंत गमन ग्रीषम न करि।।

इसी तरह ग्रीष्म भी बीत जाता है और पावस ऋतु में तीसरी रानी इन्द्रावती नाना प्रकार से राजा को रोकती है। एक ओर तो 'जल बद्दल बरषंत प्रेम पल्हरै निरंतर' और दूसरी ओर 'सजल सरोवर पिष्षि हियौ तत छिन घन फट्टै'। इसलिए वह निवेदन करती है–

घुमड़ि घोर घन गरजि करत आडंबर अंबर।
पूरत जलधर धसतधार पथ थकित दिगंबर।।
झंझकित द्रिग शिशु मृग समान दमकत दामिन द्रिस।
बिहरत चात्रग चुवत पीय दुषंत समं निसि।।
ग्रीषंम विरह द्रुम लता तन, परिरंभन क्रत सेन हरि।
सज्जंत काम निसि पंचसर, पावस पिय न प्रवास करि।।

शरत् का आकर्षण पावस से कम नहीं है। यदि पावस इंद्रावती के यहाँ बीता तो शरत् को हंसावती के यहाँ बीतना चाहिए था–

द्रप्पन सम आकास स्रवत जल अमृत हिमकर।
उज्जल जल सलिता सु सिद्धि सुंदर सरोज सर।।
प्रफुलित ललित लतानि करत गुंजारन भंमर।
उदति सित्त निसि नूर अंग अति उमंगि अंग बर।।
तलफत प्रान निसि भवन तन, देषत दुति रिति मुष जरद।
नन करहू गवन, नन भवन तजि, कंत दुसह दारुन सरद।।

हंसावती का अंतिम तीर है 'सरद दरद करि मति चलौ !' राजा इतना कठोर थोड़े हो सकता है ! इसके बाद हेमंत का कठिन शीत यों ही रोकने के लिए काफी था, फिर उसके साथ रानी का मृदुल निवेदन भी नत्थी हो तो क्या कहना–

न चलि कंत सुभचित्त धनी बहु वित्त प्रगासी।
गहगहि ऐसी प्रेम सौज आनंद उहासी।।

दीरघ निसि दिस तुच्छ सीत संतावै अंगा।
अधर दसन धरहरै प्रात परजरै अनंगा।।
जा ऐनि रैनि हर हर जपत, चक्क सद्द चक्की कियौ।
हिमवंत कंत सुग्रह ग्रहित, हहकरंत फुट्टैं हियौ।।

इसी तरह रुकते-रुकाते वर्ष की अंतिम ऋतु शिशिर आ धमकती है, तब जैसे पाँच ऋतुएँ गईं वैसे छठी भी जाय तो क्या हर्ज है ! लेकिन शिशिर का अपना आग्रह भी है–

आगम फाग अवंत कंत सुनि मित्त सनेही।
सीत अंत तप तुच्छ होइ आनंद सब ग्रेही।।
नर नारी दिन रैनि मैन-मदमाते डुल्लैं।
सकुच न हिय छिन एक बचन मनमाने बुल्लैं।।
सुनौ कंते सुभ चित्त करि, रयनि गवन किम कीजियइ।
कहि नारि पीय बिन कामिनी, रिति ससिहर किम जीजियइ।।

ध्यान देने की बात है कि शिशिर की प्राकृतिक शोभा में विशेषता न होने के कारण कवि ने उधर से दृष्टि हटाकर मानवीय क्रियाओं का प्रलोभन दिखाया है।

स्पष्ट है कि रानियों के आग्रह और ऋतुओं के उद्दीपन के अतिरिक्त राजा का अपना प्रणय-लुब्ध मन भी था जो उसने साल-भर के लिए कनवज्ज-गमन का कार्यक्रम रद्द कर दिया। किन्तु दूसरा ऋतु-चक्र आरंभ होते ही राजा की परेशानी के साथ पाठक की उत्सुकता भी लगी हुई है कि देखें कवि इसी तरह कथा-प्रसंग को ऋतु-वर्णन के आवर्त में ही घुमाते-घुमाते डुबा देता है अथवा राजा के साथ ही कथा-प्रवाह की मुक्ति के लिए कोई युक्तिसंगत प्रसंग की उद्भावना करता है। यहीं कवि-प्रतिभा की परीक्षा है। इतने सुन्दर ऋतु-वर्णन का समापन भी मधुर ढंग से ही होना चाहिए अन्यथा अब तक की सारी कारीगरी गुड़-गोबर हो सकती है। ऐसे महत्त्वपूर्ण प्रसंग पर चंद स्वयं उपस्थित होता है। ज्यों ही दूसरा बसंत आता है कि पृथ्वीराज चंद के पास परामर्श के लिए जाते हैं। लेकिन वे ठहरे राजाधिराज। सीधे-सीधे मुक्ति का उपाय पूछने से हेठी हो सकती थी। इसीलिए वे कवि को भी तोलते हुए से पूछते हैं–

षट रिति बारह मास गय, फिरिआयौ रु बसंत।
सो रिति चंद बताउ मुहि,तिया न भावै कंत।।

और चंद जैसे पहले ही से इस सवाल के लिए तैयार बैठा हो, वह तुरंत 'ऋतु' शब्द पर श्लेष करता है–

रोष भरै उर कामिनी, होइ मलिन सिर अंग।
उहि रिति त्रिया न भावई, सुनि चुहान चतुरंग।।

इस प्रकार यह मधुर प्रसंग समाप्त होता है। निस्सन्देह कनवज्ज समय का षट्-ऋतु वर्णन रासो के दो-तीन मार्मिक तथा सुन्दर प्रसंगों में से एक तो है ही, हिन्दी काव्य-परंपरा के षट्-ऋतु वर्णनों में भी ऊँचा स्थान रखता है। ऊपर से देखने पर इसमें परिपाटी-विहित बातें पर्याप्त मिलेंगी और उद्दीपन के ही रूप में प्राकृतिक सुषमा का प्रयोग दिखेगा, किन्तु यह उस ह्रासयुग के दृष्टिकोण की सीमा है। रासो के षट्-ऋतु वर्णन की विशेषता इस बात में है कि वह आरोपित न होकर मानवीय क्रियाकलाप का अभिन्न अंग बनकर आया है और इस प्रकार कथाप्रवाह को गति देता है। उसकी क्रियाशीलता में ही शोभा है।

इसके बाद भी कवि चंद ने वर्णन-कौशल दिखाने का अवसर निकाल लिया है। उस युग की सबसे समृद्ध नगरी कान्यकुब्ज की शोभा का वर्णन न करना कवि की अरसिकता ही होती। इसलिए रसिक कवि ने कान्यकुब्ज के प्रथम दर्शन-जनित प्रभाव में नाम परिगणन ही नहीं, बल्कि दृश्य-चयन और उपमा-उत्प्रेक्षा मंडन का खूब परिचय दिया है। गंगा के तीर पर बसे हुए विशाल भवनवाले नगर के नागरिकों के क्रियाकलापों को भी कवि ने सजीव शब्दों में चित्रित किया है।

आगे कान्यकुब्जेश्वर के दरबार में चन्द के उपस्थित होने का प्रसंग आता है। राजाओं के यहाँ मानसिक थकान मिटाने अथवा मनोरंजन के निमित्त कुछ नोक-झोंक अक्सर होती ही रहती थी और उसमें रसिक राजा भी भाग लिया करते थे। कवियों के साथ राजा के कलात्मक विनोद की अनेक कहानियाँ आज तक प्रचलित हैं। चंद दरबार की एक झलक देने के लिए आत्मघटित-सा प्रसंग छेड़ देता है। राजा जयचन्द्र चंद बलिद्द के नाम अथवा 'बलिद्द' विरुद को ही लेकर मज़ाक करते हैं–

मुह दरिद्र अरु तुच्छ तन चरन, जंगल राव सु हद्द।
बन उजार पसु तन चरन, क्यों दूबरो बरद्द।।

इस पर चंद कब चूकने वाला है। धाराप्रवाह पाँच छप्पयों में वह खरी स्पष्टोक्ति द्वारा राजा को निरुत्तर कर देता है। एक बानगी देखिए–

हंस न्याय दुब्बरौ मुत्ति लम्भै न चुनंतह।
सिंघ न्याय दुब्बरौ करी चंपे न कंठ कह।।
प्रग्ग न्याय दुब्बरौ नाद बंधियै सु बंधन।
छैल छक्क दुब्बरौ त्रिया दुब्बरी मीत मन।।
आसाढ़ गाढ़ बंधन धुरा, एकहि गहि हहरद्दिया।
जंगर जुरारि उज्जर षर न, यौ दुब्बरौ बरद्दिया।।

इसके बाद संयोगिता और पृथ्वीराज के साक्षात्कार, गंधर्व विवाह तथा संयोगिता-हरण प्रकरण में कवि की सरस्वती पूर्णरूप से मुखरित हुई है। शशिव्रता

की तरह संयोगिता का साक्षात्कार मंदिर में नहीं बल्कि गंगा के किनारे होता है जब पृथ्वीराज अनमने भाव से मछलियों को मोती चुगा रहा था। देखा पहले संयोगिता ने और थोड़ा सन्देह हुआ। उसने तुरन्त चित्रशाला में रखे हुए चित्र से मिलान किया और फिर लौट आई। पृथ्वीराज की भी आँखें उठीं। सहसा उसने उस रूप में जानु, कटि, कुच, कुचकोर, मुख, नासिका, दृग, भौंह, वेणी आदि न देखकर आश्चर्यचकित क्या देखा कि–

कुंजर उप्पर सिंघ सिंघ उप्पर दो पव्वय।
पव्वय उप्पर भृंग भृंग उप्पर ससि सुभ्भय।।
ससि उप्पर इक कीर कीर उप्पर मृग दिट्ठौ।
मृग उप्पर कोवंड संघ कन्द्रप्प वयट्ठौ।।
अहि मयूर महि उप्परह हीर सरन हेमन जर्‌यो।
सुर भुवन छंडि कविचंद कहि तिहि धोषै राजन पर्‌यो।।

शिकारी राजा आखिर यह सब न देखता तो क्या देखता !

प्रथम दर्शन में ही दोनों सुध-बुध खो बैठते हैं। समझ में नहीं आता कि बात क्या करें। संयोगिता सोचती है–

जो जंपौ तौ चित्त हर अनजंपै विहरंत।
अहि उट्ठे छच्छुन्दरी हियै विलग्गी वंति।।

दूसरा प्रसंग वह है जब पृथ्वीराज संयोगिता को घोड़े पर चढ़ाने का आग्रह करता है और वह लजा उठती है। आगे चलकर घोर संग्राम में लड़ते हुए अश्वारोही दम्पति की शोभा मन को रोमांचित कर देती है। दाम्पत्य प्रणय का प्रस्फुटन कर्मक्षेत्र में ही होता है, जहाँ युगल हृदय एक-दूसरे को सहयोग देते हुए परस्पर श्रमसिक्त मुख देखते चलते हैं। होता यह है कि कोई योद्धा पृथ्वीराज के गले में कमान डालकर खींच लेना चाहता है कि–

गुन कट्टिय रमनिय सुवर, दसनह पंग कुंआरि।
असि बर झर प्रथिराज हनि, सूर हत्थ तरवारि।।

इसके बाद–

देख संयोगिय पिय सुबल, श्रम जल बूँद बदन्न।
रतिपति अहित पवित्र मुष जालि प्रजालि भरन्न।।

इन सुखमय प्रसंगों के बाद रासो में दुःखमय स्थल आते हैं। इतने सुख और विलास के बाद करुण प्रसंगों का आगमन उनको और भी मार्मिक बना देता है। पृथ्वीराज गोरी से लोहा लेने के लिए प्रस्थान करता है। यों तो गोरी से पहले भी उसकी कई बार मुठभेड़ हो चुकी है, परन्तु इस बार ऐसा प्रतीत हुआ जैसे अब फिर मिलना न होगा। अभी किसी रानी के सामने पृथ्वीराज के दीर्घ वियोग का अवसर आया ही न था। यह वियोग वर्णन का पहला अवसर है और यहाँ

रासोकार की सहृदयता देखने योग्य है–

वही रत्ति पावस्य वही मघवान धनुष्षं।
वही चपल चमकत्त वही बगपंत निरष्षं।।
वही घटा घन घोर वही पप्पीह मोर सुर।
वही जमीं असमान, वही रवि ससि निसि वासुर।।
वेई आवास जुग्गनि पुरह, वेई सहचरि मंडलिय।
संजोगि पयंपति कंत बिन, मुहि न कछू लागत रलिय।।

भावों के आवेग में सभी अलंकार बह जाते हैं और भाषा ही भावों का साक्षात् रूप धारण कर लेती है। इन पंक्तियों को देखकर सहसा विश्वास नहीं होता कि इनका रचयिता पूर्व प्रसंगों में उपमा-उत्प्रेक्षा आदि की राशि उड़ेलने वाला कविचन्द ही है। इसी प्रकार पृथ्वीराज के बन्दी बनाये जाने का समाचार मिलने पर सहगामिनी संयोगिता का आर्त्त क्रन्दन तथा वैधव्य का रूप हृदयविदारक है।

उधर गजनी के कैदखाने में पड़े हुए अन्धे महाराज पृथ्वीराज का पश्चात्ताप और भी करुण है। राजा अपने इस पतन के कारणों का मन-ही-मन विश्लेषण करता है और पाता है कि यह सब उसके कुकृत्यों और अत्याचारों का परिणाम है। उसकी आँखों के सामने एक-एक कर सभी अत्याचार साकार हो उठते हैं। फिर उसे अपने अतीत वैभव तथा सुखोपभोग का स्मरण हो आता है। अभाव की पटभूमि में वे सुखमय दिन बड़े मोहक प्रतीत होते हैं, फिर उस मोहक पटभूमि के विरोध में कैद की दारुण दशा और भी मार्मिक हो उठी है। रासोकार ने महाराज के इस मानसिक द्वन्द्व का अत्यन्त सफल अंकन किया है–

राजा सोचता है–

सहौ फूल की फूलनी नाहिं नाथं। तुरत्तं तराऔ जु मालीन हाथं।।
नहीं सर सामंत परिवार देसं। नहीं गज्ज बाजं भडारं दिलेसं।।
नहीं पंगजा प्रान ते अत्ति प्यारी। नहीं गोष महिला इतं चित्रसारी।।
नहीं मृगनयनी चरन्नं तलासै। नहीं कूक कोका सबद्दं उलासै।।
नहीं पातुरं चातुरं नृत्यकारी। नहीं ताल संगीत आलापचारी।।

और अंत में–

नहीं चोम मौजं करूं लष्ष दानं। नहीं भट्ट चंदं विरद्दं बषानं।।

उस समय तो नहीं, लेकिन कुछ दिनों बाद चंद अवश्य उसके पास आ पहुँचता है और फिर एक बार विरुदावली सुनाता है। लेकिन इस बार की विरुदावली कुछ और है। वह अंधे तथा हताश योद्धा के हृदय में नयी आशा का संचार करती है; वह मुक्ति का संदेश देती है; वह कार्य-विशेष के लिए तैयार करती है। लेकिन वह प्रसंग कितना मार्मिक है, जब अंधा नरेश अपने प्रिय सहचर चंद का स्वर सुनता है। पहले वह पहचान नहीं पाता। फिर थोड़ी देर बाद स्वर के सहारे पहचान

लेता है। उल्लास होता है, लेकिन फिर न जाने कितने भाव मन में उठते हैं। शायद यह कि आज इस विरुद के उपलक्ष्य में पहले की तरह पुरस्कार देने के लिए मेरे पास कुछ नहीं है; शायद यह कि आज यह विरुद व्यंग की तरह चुभता है; शायद यह कि अपना यह विपन्न रूप चंद को दिखाने के लिए मैं क्यों जीवित हूँ; शायद यह कि डूबते को तिनके का सहारा मिला और बहुत दिनों के बाद परेदश में स्वजन का स्वर सुनने का सौभाग्य प्राप्त हुआ है। पृथ्वीराज कुछ नहीं बोलता केवल–

नेह नीर रुकि कंठ कवि, नैन झलझ्झल पानि।
बिन बोलत बोल्यो नृपति, चंद चिंति बर बानि।।

ऐसे शोकपर्यवसायी महाकाव्य का अंत भी भारतीय कवि ने सुखांत से उद्‌भासित कर दिया, क्योंकि धरणी का म्लेच्छ से उद्धार होना राजशोक से अधिक आनंदप्रद है।

मरन चंद बरदाइ, राज पुनि सुनिग साहि हनि।
पुहपंजलि असमान, सीस छोड़ी सुदेव तनि।।
मेछ अवद्धित धरनि, धरनि , सब तीय सोह सिग।
तिनहि तिनहि संजोति, जोति जोतिह संपातिग।।
रासो अलंभ नव रस सरस, चंद छंद किय अमिय सम।
शृंगार बीर करुना विभछ, भय अद्‌भुत हसंत सम।।

ऐसे चरित-काव्य के विषय में इस अन्तिम उल्लाला की गर्वोक्ति उचित ही है। युद्ध प्रसंगों को उदाहृत करना उतना आवश्यक नहीं, क्योंकि वीर काव्य के रूप में इसकी ख्याति है ही।

ऐसे काव्य में, यदि यदा-कदा ऐतिहासिक तथ्यों का उल्लंघन हो गया हो तो उससे कुछ नहीं बिगड़ता; क्योंकि इसमें तथ्यों से भी बड़े मानवीय सत्यों की अवहेलना नहीं की गई; बल्कि सच तो यह है कि कवि ने मानवीय सत्य की रक्षा के लिए ही सुविधानुसार ऐतिहासिक तथ्यों से इधर-उधर हटकर अपनी कल्पना-शक्ति का जौहर दिखाया है।

अभिव्यक्ति-कौशल : ऐसी भाव-प्रगल्भता कुशल कवि से ही संभव है। रासो के शिल्प-सौन्दर्य पर विचार करते हुए सबसे पहले जिस बात की ओर ध्यान जाता है, वह यह है कि इसके कवि को काव्य की पूर्व परंपरा का अद्‌भुत ज्ञान था और साथ ही भावावेग के अभिनव उत्थान में पूर्ववर्ती काव्य-परंपरा को ढालने की क्षमता भी थी। ह्रास-युग की उस कृति में इससे अधिक शिल्प-सौन्दर्य की शक्ति संभव भी न थी। उस युग के अन्य कुशल कवियों की भाँति रासोकार ने भी पूर्व कवियों की कही हुई उक्तियों में अपनी सूझ के अनुसार थोड़ी-बहुत विशेषता झलकाने में प्रायः जौहर दिखाया है और यही उस युग का

सबसे बड़ा बहुप्रशंसित काव्य कौशल था। शशिव्रता की 'नयन-श्रवण वर्ता' में चंद की यह प्रवृत्ति देखी जा सकती है। इसी प्रकार नख-शिख वर्णन में भी काव्य-रूढ़ियों का पुनर्मार्जन लक्षित होता है। इस प्रवृत्ति से जायसी, सूर और तुलसी जैसे रससिद्ध कवि भी मुक्त न थे। प्रायः उन कवियों की विशेषता मानवीय मनोभावों की सहज परख में लक्षित हुई है और ऐसे प्रसंगों में रासोकार भी ऊँचे उठ जाता है।

रासो के कवि की अभिव्यक्ति-क्षमता सबसे अधिक भाषा पर अधिकार के रूप में देखी जा सकती है। कवि जैसे चाहता है शब्दों का प्रवाह मोड़ देता है; हर शब्द जैसे उसके इशारे पर नाचता चलता है और भावावेग में धारा-प्रवाह शब्दों को देखकर ऐसा प्रतीत होता है जैसे इस कवि को शब्द की कमी खटकती ही नहीं। निश्चय ही, चंद बिहारी की भाँति एक-एक शब्द बहुत तराश-खरादकर, बहुत सोच-विचार के साथ प्रयोग करने वाले जड़ाऊ या शिल्पियों में से न थे। वे मस्तमौला की तरह शब्दों का बेलाग प्रयोग करते थे। इसलिए जो विद्वान् 'नपा-तुलापन', 'अत्यन्त व्यवस्था' आदि के अनुसार कवि की भाषा-शक्ति परखते हैं वे चंद को पसंद नहीं कर सकते; वे तो बिहारी पर ही बलिहारी होते हैं। किन्तु जिन्हें भावानुकूल भाषा के मंद्र और तीव्र सौन्दर्य की चाट है वे चंद के पास बार-बार मँडराएँगे।

छंद भाषा की गति तथा भंगिमा है। इसलिए चंद जैसे भाषा पर अचूक अधिकार रखनेवाले कवि की छंद-भंगी स्वाभाविक है। वस्तुतः हिन्दी में चंद को छंदों का राजा कहा जा सकता है। भाव-भंगिमा के साथ-साथ दनादन भाषा नये-नये छंदों की गति धारण करती चलती है और विशेषता यह है कि इस बल खाती हुई नदी में बहते हुए चित्त को कोई मोड़ नहीं खटकता। छंद परिवर्तन के प्रवाह में सहज आत्मविस्मृति का ऐसा सुख अन्यत्र कहीं नहीं मिलता। रासो एक ही साथ संस्कृत, प्राकृत तथा अपभ्रंश की प्राचीन छन्द परंपरा के पुनरुज्जीवन तथा हिन्दी के नूतन छंद-संगीत के सूत्रपात की संधि बेला है। इस तमाम छंद-संघटन में भी रासो का अपना हिन्दी काव्योचित संगीत सर्वोपरि है। इसीलिए तो 'सरोज' के रचयिता श्री शिवसिंह सेंगर ने चंद को छप्पयों का राजा कहा है। विभिन्न यतियों के छप्पय की जो सुकर भंगिमा चंद ने दिखलायी है, वह दुर्लभ है।

इस प्रकार चंद ने अनूठे अभिव्यक्ति-कौशल का परिचय दिया।

रासो और युग की वास्तविकता : चाहे पृथ्वीराज रासो की रचना आठ-दस वर्षों में एक कवि द्वारा हुई हो चाहे शताब्दियों में अनेक कवियों द्वारा, उसमें प्रतिबिम्बित वास्तविकता में कोई महत्त्वपूर्ण स्तर-भेद लक्षित नहीं होता। जिस प्रकार कबीर, जायसी, सूर, तुलसीदास आदि की रचनाओं में चौदहवीं से सोलहवीं शताब्दी का सांस्कृतिक पुनर्जागरण प्रतिबिम्बित हुआ है और सामान्य जन समूह की

आशाओं-आकांक्षाओं का उभार लक्षित होता है, उस तरह पृथ्वीराज रासो में नहीं मिलता। वस्तुतः वह पृथ्वीराज तथा उससे सम्बद्ध राजाओं और सामंतों के प्रणय तथा युद्ध-विषयक सम्बन्धों के माध्यम से उस युग के ह्रासोन्मुख उपरले समुदाय की वास्तविकता प्रकट करता है। निस्सन्देह चंद अपने चरित नायक पृथ्वीराज का सखा था और पृथ्वीराज के प्रति उसका पक्षपात भी स्वाभाविक था। इस सहानुभूति के बावजूद उसके अनजाने पृथ्वीराज तथा उसके समाज की कमजोरियाँ उभर गई हैं। संभवतः इस सहानुभूति के कारण रासो में युग की सचाई अपने नग्न रूप में व्यक्त हो सकी है।

जब गोरी के हमले की खबर पृथ्वीराज की प्रजा में पहुँचती है तो वह अपने को अरक्षित तथा असहाय अनुभव करती हुई अंत में रनिवास-लुब्ध राजा की शरण में जाने की मंत्रणा करती है। उस समय चंद की इन पंक्तियों 'रतिवंतौ राजन' का संकेत ध्यान देने योग्य है–

मिलिय सकल एकान्त महाजन। किम बुज्झैं रतिवंतौ राजन।

मृगया-रत और केलि-विलासी राजा के जीवन का उद्घाटन करने के साथ ही परम्परा-घातक राजपूती शान की ओर भी कन्ह के चषबंधन कथानक में संकेत किया गया है। चंद ने इस सचाई का यथातथ्य अंकन ही नहीं किया है, बल्कि पृथ्वीराज के पराभव तथा कैद वाले पश्चात्ताप के द्वारा अनजाने ही उस ह्रासयुगीन भावना के घातक परिणाम की ओर भी ध्यान दिलाया है।

इस प्रकार पृथ्वीराज रासो संत-भक्ति काव्य की भाँति सामान्य जन-जागरण की उत्थानशील भावना का प्रतिबिम्ब न होते हुए भी ह्रासोन्मुखी सामन्ती शक्तियों के अंतर्विरोध का चित्रण करने वाला महाकाव्य है। निश्चय ही इसकी वीर भावना में न तो महाभारत-सा उदात्त शौर्य और पराक्रम है और न इसकी शृंगार भावना में कालिदास की सी मुग्ध तन्मय भावाकुलता। ह्रासयुग का प्रभाव रासो की वीरता और शृंगार दोनों भावनाओं पर पड़ा है।

इसलिए रासो की महिमा वीरता और शृंगार के उदात्त तथा उज्ज्वल चित्रण में उतनी नहीं जितनी अपने युग की वास्तविक वीरता तथा प्रेम-भावना को प्रतिबिम्बित करने में है। कहना न होगा कि इस कार्य में चंद ने जितने व्यापक क्षेत्र को समेटा है वह संत-भक्ति काव्य को छोड़कर अन्यत्र कहीं नहीं मिलता। रासो मानव-जीवन की विविध परिस्थितियों और भावदशाओं का महासागर है। यही वह विशेषता है जिससे ह्रासयुग के सभी काव्यों में रासो को सर्वोपरि स्थान दिया गया है। निश्चय ही यह उस युग की सांस्कृतिक परिस्थितियों तथा पूर्व-परंपराओं का बृहद् कोश और मध्ययुगीन भारतीय समाज का एक काव्यात्मक इतिहास है।

पृथ्वीराज रासो की भाषा

राजस्थान की अनुश्रुति या परंपरा के अनुसार पृथ्वीराज रासो की रचना पिंगल (ब्रज भाषा) में हुई। डॉ. उदयनारायण तिवारी के अनुसार लंदन की रॉयल एशियाटिक सोसाइटी में सुरक्षित पृथ्वीराज रासो की एक हस्तलिखित प्रति के ऊपर फारसी में लिखा है : "चंदरवरदायी लिखित पिंगल भाषा में पृथुराज का इतिहास"।[1] यद्यपि तिवारी जी ने उस प्रति के लिपि-काल आदि के विषय में कोई सूचना नहीं दी, फिर भी वहाँ की प्रतियों के बारे में जो विवरण प्राप्त हैं उनको देखते हुए कहा जा सकता है कि यह अनुश्रुति 17वीं-18वीं शताब्दी से पूर्व की ही है। इस अनुश्रुति की पुष्टि आधुनिक युग के फ्रांसीसी विद्वान तासी ने 1839 ई. में की और डॉ. तिवारी के अनुसार उसने लिखा है कि रासो की रचना कन्नौजी बोली ब्रज के अन्तर्गत हुई है।[2] कुछ दिनों बाद बीम्स ने पृथ्वीराज रासो की भाषा का विस्तृत अध्ययंन बंगाल की रा. ए. सो. जर्नल (जिल्द 42, खण्ड 1, सन् 1876 ई.) में प्रकाशित करवाया जिसका संभवतः सारांश देते हुए डॉ. धीरेन्द्र वर्मा ने लिखा है "ग्राउज (?) की दी हुई रासो के व्याकरण की रूपरेखा से यह स्पष्ट हो जाता है कि जहाँ तक व्याकरण के ढाँचे का प्रश्न है, रासो की भाषा प्रधानतया 16वीं शताब्दी में साहित्य के क्षेत्र में प्रयुक्त ब्रजभाषा है, न डिंगल अथवा प्राचीन साहित्यिक मारवाड़ी और न अपभ्रंश है, किन्तु शब्द-समूह में अपभ्रंशाभास और डिंगल रूपों का प्रयोग रासो में बहुत हुआ है। यह एक शैलीमात्र थी जिसका प्रयोग वीर रस सम्बन्धी स्थलों पर अनेक समकालीन कवियों ने किया है, जैसे केशव, तुलसी, भूषण, चन्द्रशेखर आदि। अन्तर इतना ही है कि युद्ध-प्रधान ग्रन्थ होने के कारण ही रासो में इनका प्रयोग आद्योपान्त और अधिक मात्रा में मिलता है। इस शब्दावली के कारण ही रासो की भाषा के डिंगल अथवा अपभ्रंश होने का संदेह पाठकों को होने लगता है।"[3] ग्राउज और बीम्स के साथ जब पृथ्वीराज रासो विषयक विवाद आरम्भ हो गया तो उस दौरान भी तेस्सितोरी और ग्रियर्सन ने रासो को पश्चिमी हिन्दी (ब्रज) की रचना बताया।

इसके विपरीत डॉ. दशरथ शर्मा तथा मीनाराम रंगा की राय में 'परंपरानुसार रासो प्राचीन राजस्थानी रचना है।'[4] किन्तु रासो को राजस्थानी रचना कहने वाली वह कौन-सी परंपरा है इसका उल्लेख उन्होंने नहीं किया है। 'पुरातन प्रबन्ध संग्रह' के पृथ्वीराज सम्बन्धी अपभ्रंश छंदों के प्राप्त हो जाने से उनकी राय रासो को

---

1. वीर काव्य, सं. 2005, पृ. 92
2. वही, पृ. 154
3. काशी विद्यापीठ, रजत, जयंती अभिनंदन ग्रन्थ, पृ. 177-78
4. राजस्थान भारती, भाग 1 सं. 1, सन् 1949, पृ. 101

'अपभ्रंश या पुरानी राजस्थानी' रचना कहने के पक्ष में हो गई।[1] वहीं अपने मत की पुष्टि के लिए उन्होंने पृथ्वीराज रासो के 'यज्ञ विध्वंस' प्रकरण के कुछ छंदों का अपभ्रंश रूपान्तर भी किया है।

आये दिन पृथ्वीराज रासो की भाषा पर अक्सर निबन्ध निकलते रहते हैं लेकिन जैसा कि नरोत्तमदास स्वामी ने लिखा है, इन विद्वानों ने न तो डिंगल की रचनाओं को देखा, न पिंगल की इन रचनाओं का ही अध्ययन किया और डिंगल क्या है इससे अपरिचित होने के कारण इन पिंगल रचनाओं को डिंगल कह डाला–केवल इसलिए कि इनकी रचना राजस्थान में हुई।[2] कुछ लोगों की तो भाषा परख-शक्ति ऐसी है कि जहाँ किसी छंद में कुछ व्यंजनद्वित्व देखा, चट 'डिंगल' कह उठे। ये भाषाशास्त्री केवल शब्द को भाषा समझते हैं।

वस्तुतः अपभ्रंश के बाद प्रायः पश्चिमी भारत में दो मुख्य भाषाएँ उत्पन्न हुई–दक्षिणी-पश्चिमी राजस्थान में डिंगल तथा पूर्वी राजस्थान और ब्रजमंडल में पिंगल। काव्य-परंपरा की दृष्टि से डिंगल में रचना करने वाले प्रायः चारण हुए और पिंगल कृति के कवि प्रायः भाट। पृथ्वीराज रासो पूर्वी राजस्थान में मूलतः चंद बलिद्द भट्ट द्वारा अपभ्रंशोत्तर युग में रचा गया और अनेक प्रक्षेपों के साथ अपने विभिन्न रूपान्तरों में भी वह पिंगल की ही रचना है। निस्संदेह प्रक्षेपों के साथ भाषा के परवर्ती रूपों का भी समावेश होता गया है, किन्तु आद्योपान्त बृहद् रूपान्तर (जिसे प्रायः सबसे परवर्ती कहा जाता है) की भी भाषा का आधार एक ही ब्रज भाषा अथवा पिंगल है। पृथ्वीराज रासो का वर्तमान रूप व्यक्ति विशेष की कृति न होकर अनेक पीढ़ियों का संकलन है, इसलिए उसमें भाषा के स्तर-भेद स्वभावतः आ गए हैं, लेकिन यह भाषा-भेद उस प्रकार का नहीं है जिसे कुछ समन्वयवाद प्रेमी विद्वान् पंचमेल या खिचड़ी भाषा कहते हैं। विद्वान् पृथ्वीराज रासो के इस अंतःसाक्ष्य 'षट्भाषा पुरानं च कुरानं कथितं मया' के सहारे उसमें षट्भाषा तथा अरबी-फारसी के तत्त्व खोजना अधिक प्रामाणिक समझते हैं। बात यह है कि रासो की भाषा को अपभ्रंश या डिंगल कहकर एकांगी अथवा पक्षधर कहलाने से तो कहीं अधिक सुरक्षित है इन सबका (तथा कुछ और भाषाओं का भी) सम्मिश्रण कहना। बीच का रास्ता निकालने वाली यह पंचऊ प्रवृत्ति मीठी भले हो, लेकिन वैज्ञानिक नहीं कही जा सकती।

'षट्भाषा' वाला पद्य निश्चय ही किसी-न-किसी रूप में सभी प्रकार के रूपान्तरों में प्राप्त होता है, लेकिन मध्ययुग में संस्कृत आलंकारिकों, प्राकृत वैयाकरणों तथा कवियों में 'षट्भाषा' शब्द रूढ़ हो चला था। इसके अतिरिक्त रासो के उक्त छंद में भाषावैविध्य की ओर संकेत नहीं है, बल्कि षट्भाषा में रचित साहित्य के सार

---

1. राजस्थान भारती, भाग 1, सं. 1, सन् 1949, पृ. 101
2. वही, पृ. 10

ग्रहण करने की घोषणा है। 'कुरान' के उल्लेख का भी यही प्रयोजन है। यों भी यह बड़ी मोटी बात है कि कोई काव्य एक निश्चित भाषा में लिखा जाता है, उसे दुनिया-भर की भाषाओं का अजायबघर नहीं बनाया जाता। वस्तुतः पृथ्वीराज रासो में शैली-भेद है, भाषा-भेद नहीं।

लेकिन पृथ्वीराज रासो को एक भाषा–पिंगल की कृति मानते हुए भी पंडितों का यह आरोप आड़े आता है कि 'उसमें व्याकरण आदि की कोई व्यवस्था नहीं है' और उसकी भाषा, "बिलकुल बे-ठिकाने है।' आचार्य रामचन्द्र शुक्ल जैसे विद्वान ने झुँझला कर कहा है कि 'न तो यह भाषा के इतिहास के और न साहित्य के जिज्ञासुओं के ही काम का है।' इस झुँझलाहट में इतना तथ्य तो है ही कि वैज्ञानिक ढंग से संपादित न होने के कारण लिपिकार की प्रमाद-जनित अनेक त्रुटियाँ रासो के पाठक को कदम-कदम पर परेशानी में डालती हैं। लेकिन जहाँ तक 'व्याकरण की व्यवस्था' का प्रश्न है, ध्यान से देखने पर वह मिलेगी। हाँ, इतना तो ध्यान रखना ही चाहिए कि यह काव्य है, व्याकरण ग्रंथ नहीं। जब रससिद्ध कवि गो. तुलसीदास के धर्मग्रन्थ की तरह पूज्य तथा सुरक्षित 'रामचरित मानस' में भी एक ही शब्द के अनेक रूप मिलते हैं, तो चंद बलद्दिय भाट कृत तथा मौखिक परंपरा में रूपान्तरित इस राज प्रशस्ति में शब्द-रूपों की किंचित् अव्यवस्था स्वाभाविक ही है। इतने पर भी वह 'भाषा के इतिहास के काम का' है या नहीं, यह तो अध्ययन के बाद ही कहा जा सकता है।

रासो में एक ही शब्द के विभिन्न रूपों को देखकर बीम्स ने दो प्रकार की व्याख्याएँ प्रस्तुत की हैं। एक तो छन्दोऽनुरोध और दूसरी भाषा की संक्रमणशीलता। निःसन्देह ऐतिहासिक दृष्टि से पृथ्वीराज रासो ऐसे युग की भाषा का प्रतिनिधित्व करता है जिसमें तद्भव शब्दों का रूप स्थिर नहीं हो सका था; फलतः एक शब्द के अनेक रूप प्रचलित थे। इस दृष्टि से रासो के तद्भव शब्दों में होने वाले ध्वनि-विकारों के सम्बन्ध में कुछ निम्नलिखित सामान्य नियमों की ओर संकेत किया जा सकता है–

1. छंद के अनुरोध से लघु अक्षर को गुरु बनाने के लिए कहीं (क) स्वर का दीर्घीकरण; जैसे–कमलनु>कमलानु, महिलनु>महिलानु; कहीं (ख) समास-रचना अथवा वीप्सा में व्यंजनद्वित्व; जैसे–वह दिसि> दहद्दिसि, मद गज>मदग्गज, गहगह>गहग्गह, खरखर>खरक्खर; और कहीं (ग) शब्दान्त में अनुस्वार; जैसे–कामं कला।

2. छंद के अनुरोध से गुरु अक्षर को लघु बनाने के लिए कहीं (क) ह्रस्वीकरण; जैसे–अपूर्व>अपुर्व, काया>कया; कहीं (ख) व्यंजन द्वित्व का सरलीकरण; जैसे–अप्पनो>अपनो, चालुक्क>चालुक; और कहीं (ग) अनुस्वार का अनुनासिकीकरण; जैसे–कंपइ>कँपे, गयंद>गयँद।

3. छंद के अनुरोध से संयुक्त रेफ का स्थान-विपर्यय; जैसे– धर्म > ध्रम्म, मर्यादा > म्रज्जाद इत्यादि।

4. छंद से इतर ध्वनि-परिवर्तनों में अपभ्रंशोत्तर युग की दो विशेषताएँ (क) उद्वृत्त स्वर का संकोचन और (ख) व्यंजन द्वित्व का सरलीकरण रासो में व्यापक रूप से दिखाई पड़ती हैं; जैसे नगर > नयर > नेर और किज्जइ > कीजइ अथवा चड्ढिउ > चढिउ।

5. घोषीकरण के कुछ विशिष्ट उदाहरण अधिकांशतः क, के; अनेग (अनेक), चातग (चातक) और कौतिग (कौतुक)।

6. कुछ विशिष्ट व्यंजन-विकार; जैसे–क > ह, ज > ग, ट > र और र > ल। उदाहरण–चिहुर, कनवग, भर, सलिता।

व्याकरण की दृष्टि से संज्ञा शब्दों की कारक-रचना में निर्विभक्तिक रूप, सविभक्तिक विकारी रूप तथा स-परसर्ग रूप तीनों ही विधियाँ दिखायी पड़ती है। जैसे–चंद, चंदु, चंदहि, चंदह, मनिनु, मीननु सुगंधनि इत्यादि। परसर्गों में 'ने' को छोड़कर कहुँ, कूँ; सो, संहु, सहु; तनु, तन, लागि; ते, तें, हुँति, का, की, के, कों, कउ, मधि, महिं, महं, परसर्ग मिलते हैं।

सर्वनामों में उत्तम पुरुष हूँ, मैं, मों, मोहि, हम; मध्यम पुरुष तुम, तुम्ह, तुम्हइ, तैं, तुज्झ, तोहि; दूरवर्ती निश्चयवाचक वह, उह; निकटवर्ती निश्चयवाचक इह, इहु, यह, इनि; सम्बन्धवाचक जु, जो, जासु, जिह, जिन, जिने; सो, तासु, तिहि; तिते, तिन, तिनै; प्रश्नवाचक को, कौन, किनहि इत्यादि दृष्टिगोचर होते हैं।

क्रियापद सामान्यतः प्राचीन ब्रजभाषा के हैं; किन्तु भूतकाल में करिग, चलिग जैसे विशिष्ट रूप भी मिलते हैं।

शब्द-समूह की दृष्टि से बृहद् रूपान्तर में अरबी-फारसी के शब्दों की बहुलता दिखायी पड़ती है पर अनुपात में बहुत ही कम है। किन्तु लघुतर रूपान्तरों में इनका अनुपात अत्यन्त न्यून है। शब्द समूह का अधिकांश तद्भव शब्दों से समृद्ध है; तत्सम शब्द भी पन्द्रह प्रतिशत से अधिक नहीं हैं।

संदर्भ ग्रंथ

1. सम्पादित संस्करण

बीम्स — *आदि पर्व* (प्रथम 173 छंद), *बिब्लिओथेका इंडिका*, न्यू सीरीज, संख्या 269, भाग 1, फैसीक्यूलस 1, 1873

होर्नले — *देवगिरि सम्यो* से *कांगुरा जुद्ध प्रस्ताव* तक (दस समय), *बिब्लि. इंडिका*, न्यू सीरीज, संख्या 304, भाग 2, फैसीक्यूलस 1, 1874.

श्यामसुंदर दास, मोहनलाल विष्णुलाल पंड्या इत्यादि — *पृथ्वीराज रासो* (सम्पूर्ण), काशी नागरी प्रचारिणी सभा, 1904-1912.

मथुराप्रसाद दीक्षित — *असली पृथ्वीराज रासो* (प्रथम समय), लाहौर, 1938.

हजारीप्रसाद द्विवेदी नामवर सिंह — *संक्षिप्त पृथ्वीराज रासो*, साहित्य भवन, प्रयाग, 1952.

विपिन बिहारी त्रिवेदी — *रेवातट*, लखनऊ विश्वविद्यालय, 1953.

कविराव मोहन सिंह — *पृथ्वीराज रासो*, प्रथम भाग (19 समय), उदयपुर 1954.

माताप्रसाद गुप्त — पृथ्वीराज रासउ, साहित्य सदन, चिरगाँव-झाँसी, 1963.

2. LINGUISTICS

Allen, W. S. — *Phonetics in Ancient India*, London, 1953.

Alsdorf, L. — *Apabhramsa Studien*, Liepzig, 1937.

Beames, J. — *A Comparative Grammar of the Modern Aryan Languages of India*, London, 1875. *Studies in the Grammar of Chand Bardai, JASB*, XIII, part 2, 1873.

Bhayani, H. V. — *Grammar, Sandes Rasak, SJS* 22, Bombay, 1945.

Chatterji, S. K. — *The Origin and Development of Bengali language*, Calcutta, *1942*.

Indo-Aryan and Hindi, Ahmedabad, 1942. *Varna-Ratnakar,* Introduction, *Bibliotheca India,* 1940.
A study of the New Indo-Aryan Speech Treated in the Ukti-vyakti Prakaran, SJS, 39, 1953.

Hoernle, R. *A Comparative Grammar of the Gaudian Languages,* London, 1880.

Katre, S. M. *Prakrit languages,* Bombay, 1945.

Kellog, S. H. *A Grammar of Hindi Language,* London 1938.

Saksena, Baburam *Evolution of Avadhi,* Allahabad, 1938.

Sen, Sukumar *Historical Syntax of Middle Indo-Aryan,* Calcutta, 1954.

Sharma, Dashrath & Ranga, Minaram *The Original Prithwiraj Raso : An Apabhramsa Work, Rajasthan Bharati,* April 1946.

Tessitori, L. P. *Notes on the Grammar of the Old Western Rajasthani with special reference to Apabhramsa and to Gujrati and Marwari, Ind. Ant.,* 1914-16.

Ziauddin, M. *Mirza Khan's Grammar of Braj Bhakha, Visva Bharati,* 1935.

धीरेन्द्र वर्मा *हिन्दी भाषा का इतिहास*, हिन्दुस्तानी एकेडेमी, इलाहाबाद, तृतीय संस्करण, 1949;
ब्रजभाषा, हिंदुस्तानी एकेडेमी, इलाहाबाद, 1954.

3. पृथ्वीराज रासो-सम्बन्धी साहित्य

अगरचंद नाहटा *पृथ्वीराज रासो और उसकी हस्तलिखित प्रतियाँ*, राजस्थानी, भाग 3, अंक 2, जनवरी 1940, *राजस्थान में हस्तलिखित ग्रंथों की खोज* (द्वितीय भाग)।

गौरीशंकर हरीचंद ओझा *पृथ्वीराज रासो का निर्माण काल*, कोषोत्सव स्मारक संग्रह, काशी नागरी प्रचारिणी सभा, 1928; *नागरी प्रचारिणी पत्रिका*, नवीन संस्करण, भाग 1, 1920; वही, भाग 9.

ग्राउज़, एफ. एस. *दि पोइम्स ऑव चंद बरदाई, जे. ए. एस. बी.*, जिल्द 67, भाग 1, 1878; *फ़र्दर नोट्स ऑन प्रिथिराज रायसा*, वही, भाग 1, 1869; *ट्रांसलेशंस फ्रॉम चंद*, वही; *रिज्वाइंडर टु मिस्टर बीम्स*,

	वही, भाग 1, 1879; *ए मेट्रिकल वर्शन ऑव दि ओपिनिंग स्टैंजाज़ ऑव चंद्स प्रिथिराज रासौ*, वही, जिल्द 42, भाग 1, 1873; *इण्डियन एंटिक्वेरी*, जिल्द 3.
जिन विजय मुनि	*पुरातन प्रबंध संग्रह*, सिंघी जैन ग्रंथमाला, 1935.
टाड, कर्नल	*ऐनल्स एण्ड ऐंटीक्विटीज़ ऑव राजस्थान*, 1829; *द वाउ ऑव संगोप्ता*, *एशियाटिक जर्नल*, न्यू सीरीज, जिल्द 35, कनउज खंड, *जे. ए. एस. बी.*, 1838.
दशरथ शर्मा	*पृथ्वीराज रासो की एक प्राचीन प्रति और उसकी प्रामाणिकता*, *ना. प्र. पत्रिका*, 1939; *पृथ्वीराज रासो की कथाओं का ऐतिहासिक आधार*, *राजस्थानी*, भाग 2, अंक 2, जनवरी 1940; *दि एज एण्ड हिस्टारिसिटी ऑव पृथ्वीराज रासो*, *इण्डियन हिस्टारिकल क्वार्टर्ली*, जिल्द 16, दिसम्बर 1940; वही, जिल्द 18, 1942; *पृथ्वीराज सम्बन्धी कुछ विचार*, *वीणा*, अप्रैल 1944; *संयोगिता*, *राजस्थान भारती*, भाग 1, अंक 2-3, 1946; *पृथ्वीराज रासो की ऐतिहासिकता पर प्रो. महमूद खाँ शीरानी के आक्षेप*, वही, भाग 2, अंक 1, जुलाई 1948; *दिल्ली का अन्तिम हिन्दू सम्राट–पृथ्वीराज तृतीय*, *इण्डियन कल्चर*, 1944; *सम्राट पृथ्वीराज चौहान की रानी पद्मावती*, *मरु भारती*, भाग 1, अंक 1, सितम्बर 1951; *पृथ्वीराज तृतीय और मुहम्मद बिन साम की मुद्रा*, *जर्नल ऑव न्यूमिस्मैटिक सोसाइटी ऑव इण्डिया*, 1954.
देवीप्रसाद, मुंशी	*पृथ्वीराज रासो*, *ना. प्र. पत्रिका*, भाग 5, 1901;
धीरेन्द्र वर्मा	*पृथ्वीराज रासो*, *काशी विद्यापीठ रजत जयंती अभिनंदन ग्रंथ*, 1946.
नरोत्तमदास स्वामी	*पृथ्वीराज रासो*, *राजस्थान भारती*, भाग 1, अंक 1, अप्रैल 1946; *पृथ्वीराज रासो की भाषा*, वही, भाग 1, अंक 2, 1946.
मथुराप्रसाद दीक्षित	*पृथ्वीराज रासो और चंद बरदाई*, *सरस्वती*, नवंबर 1934; *चंद बरदाई और जयानक कवि*, *सरस्वती*, जून 1935.
माताप्रसाद गुप्त	*पृथ्वीराज रासो के तीन पाठों का आकार-संबंध*, *अनुशीलन*, वर्ष 7, अंक 4, अगस्त 1955
मूलराज जैन	*पृथ्वीराज रासो की विविध वाचनाएँ*, *प्रेमी अभिनंदन ग्रन्थ*, अक्तूबर 1946.
मॉरिसन, हर्बर्ट	*सम अकाउंट ऑव दि जीनिओलॉजीज़ इन दि पृथ्वीराज विजय*, *वियना ओरिएण्टल जर्नल*, भाग 7, 1893.

मोतीलाल मेनारिया *राजस्थानी भाषा और साहित्य*, 1940; *राजस्थान का पिंगल साहित्य*, 1952; *राजस्थान में हस्तलिखित ग्रन्थों की खोज* (प्रथम भाग)।

मोहनलाल विष्णुलाल पंडया *पृथ्वीराज रासो की प्रथम संरक्षा*, 1888.

विपिन बिहारी त्रिवेदी *चंद बरदायी और उनका काव्य*, हिंदुस्तानी एकेडेमी, इलाहाबाद, 1952; *रेवातट (पृथ्वीराज रासो)*, लखनऊ विश्वविद्यालय, 1953.

बीम्स, जान दि नाइन्टीन्थ बुक ऑव दि जेस्टेस ऑव पिथीराय बाइ चंद बरदाई, एनटाइटिल्ड *दि मैरेज विद पद्मावती* लिटरली ट्रांसलेटेड फ्रॉम ओल्ड हिंदी, *जे. ए. एस. बी*, जिल्द 38, भाग 1, 1869; *रिप्लाइ टु मि. ग्राउज़*, वही; *ट्रांसलेशंस ऑव सेलेक्टेड पोर्शंस ऑव बुक फ़र्स्ट ऑव चंद बरदाई'ज़ एपिक*, वही, जिल्द 41, 1872; *लिस्ट ऑव बुक्स कंटेंड इन चंद्ज़ पोएम, दि पृथ्वीराज रासो, जे. ए. एस.*, 1872.

बूलर प्रोसीडिंग्ज़, *जे. ए. एस. बी.*, दिसम्बर-जनवरी 1893.

रामनारायण दूगड़ *पृथ्वीराज चरित्र*, 1899.

श्यामलदास, कविराज *दि एंटीकिटी, ऑथेंटीसिटी एंड जेनुइननेस ऑव दि एपिक काल्ड दि प्रिथीराज रासो, ऐज कामनली ऐस्क्राइब्ड टु चंद बरदाई, जे. ए. एस. बी.*, जिल्द 55, भाग 1, 1886; *पृथ्वीराज रहस्य की नवीनता*।

श्यामसुंदर दास *पृथ्वीराज रासो, ना. प्र. पत्रिका*, वर्ष 45, अंक 4, 1940.

हजारीप्रसाद द्विवेदी *हिंदी साहित्य का आदि काल*, बिहार राष्ट्रभाषा परिषद्, पटना, 1952.

होर्नले, रूडोल्फ *ट्रांसलेशंस फ्राम चंद* (रेवातट सम्यो 27, अनंगपाल सम्यो 28), *बिब्लिओथेका इंडिका*, संख्या 452, भाग 2, फैसीक्यूलस 1, 1881.

4. विविध

गार्सां द तासी *हिंदुई साहित्य का इतिहास* (अनुवाद), अनु. डॉ. लक्ष्मीसागर वार्ष्णेय, हिंदुस्तानी एकेडेमी, इलाहाबाद, 1953.

ग्रियर्सन, जार्ज अब्राहम *माडर्न वर्नाक्यूलर लिटरेचर ऑव हिंदुस्तान*, कलकत्ता, 1880.

चन्द्रधर शर्मा गुलेरी *पुरानी हिन्दी*, नवीन संस्करण, काशी नागरी प्रचारिणी सभा, 1948.

चन्द्रमोहन घोष *प्राकृत-पैंगलम्, बिब्लिओथेका इंडिका*, 1902.

तेसितोरी, एल. पी. *पुरानी राजस्थानी* (हिंदी अनुवाद), अनु. नामवर सिंह, काशी नागरी प्रचारिणी सभा, 1955.

नामवर सिंह *हिंदी के विकास में अपभ्रंश का योग*, साहित्य भवन, प्रयाग, नवीन संस्करण, 1953.

परशुराम लक्ष्मण वैद्य *हेमचन्द्र-प्राकृत व्याकरण*, पूना, 1936.

रामचन्द्र शुक्ल *हिन्दी साहित्य का इतिहास*, पाँचवाँ संस्करण, काशी नागरी प्रचारिणी सभा, 1948.

श्यामसुंदर दास *हिंदी साहित्य*, इंडियन प्रेस, इलाहाबाद, 1930.

सरयू प्रसाद अग्रवाल *अकबरी दरबार के हिंदी कवि*, लखनऊ विश्वविद्यालय, 1950.

सूर्यकरण पारीक, रामसिंह तथा नरोत्तमदास स्वामी *ढोला मारू रा दूहा*, काशी नागरी प्रचारिणी सभा, 1934.

हरगोविंद दास सेठ *पाइय सद्द महण्णवो*, कलकत्ता, 1923.